李才旺评传

韩玉峰 著

山西出版传媒集团
山西人民出版社

李才旺 1967年毕业于山西大学，曾任山西省晋城市委常委、副市长，山西省政府副秘书长兼办公厅主任，中共山西省委副秘书长兼办公厅主任，中共山西省委宣传部副部长兼省文联党组书记，山西省政协常委，山西省文联主席，山西省书法家协会主席。现任山西省文联名誉主席，山西省书法家协会名誉主席，中国扶贫开发协会书画院院长，山西老年书画家协会主席，山西当代书画院院长。

系中国文联全国委员，中国书法家协会理事，中国作家协会会员，中国美术家协会会员，中国曲艺家协会会员，中华诗词学会会员，中国书画收藏家协会学术委员，山西花鸟画学会名誉主席，中华名人书画院和中国市长书画院院士，山西大学、山西财经大学、太原师范学院客座教授。

出版有诗集《有伞的风景》、《无雪的冬天》、《丰收的季节》，作品被收入《中华诗词鉴赏词典》。曾荣获全国田园诗大奖。还出版有《百鸡图》、《百鹤图》、《李才旺书画选集》、《李才旺画作理趣》、《李才旺书法集》、《李才旺书画》等著作数十部。

近年来，分别在中国美术馆、上海美术馆、台北国父纪念馆、何香凝美术馆、山西美术馆、山西博物院及韩国、日本等地举办书画个展。多幅作品被毛主席纪念堂、人民大会堂、周恩来邓颖超纪念馆、中南海及国外政要收藏。

序·用艺术诠释中国梦

胡振民

山西评论家韩玉峰同志撰写的《李才旺评传》近日由山西人民出版社出版了。李才旺同志把样书送给我，希望我能写上几句话，作为序言。我大致翻阅了一遍，觉得是一本好书，有内容不空洞，有思想不说教，有文采不枯燥，有知识含量，有艺术启迪，好懂好读，读后会有收获，值得向大家推荐。

李才旺先生是一位由政界转入文艺界的作家、艺术家，被誉为"文蹊政径两驰名，宦况诗怀一样清"。才旺同志在山西省文联任职期间，多次到中国文联开会、办事，我也多次到过山西，一来一去，我们就渐渐地熟悉了，也就对他有了更多的了解。才旺同志给我的印象是热情、开朗、聪明、幽默，同他相处共事十分愉快。才旺很有才气，诗书画俱佳，在中国美术馆举办过书画展，在京城引起了轰动，都说山西出了一位能写会画的官员，应该成为国家干部的榜样，就是干部应该有很好的文化修养，有高雅的业余生活。

李才旺同志是一位十分勤奋的作家、艺术家，作品很多，可谓著作等身。诗有《有伞的风景》《无雪的冬天》《丰收的季节》，书画有《当代中国书法全集·李才旺卷》《李才旺书法》《李才旺书画选集》《晋山晋水——李才旺山水画》等多种。才旺曾在北京、上海、台北、深圳、天津、日本名古屋、韩国等地举办展览，受到广泛好评。李才旺书画作品大气磅礴、气韵生动的艺术风格，为广大读者和观众所赞赏。

党的十八大之后，以习近平同志为总书记的党中央提出实现中华民族伟大复兴的中国梦。中国梦是国家富强、民族振兴、人民幸福的梦。中国梦是当代中国最具凝聚力、感召力和最具广泛性、包容性的奋斗目标，反映了全体中华儿女的共同向往。广大文学家、艺术家有责任以优秀的文艺作品把人们寻梦的理想展示出来，把人们追梦的奋斗表现出来，用文艺创作勾勒美好的梦想，激励人们坚持中国道路、弘扬中国精神、凝聚中国力量，激发人们为实现中国梦而努力奋斗。

当前，全国文艺工作者正在深入学习领会习近平总书记在文艺工作座谈会上的重要讲话精神。习近平总书记的重要讲话，思想深刻，内涵丰富，是中国特色社会主义文艺论，是党领导文艺工作历史经验和实践探索的科学总结，是新形势下指导文艺工作的纲领性文献，对于激励和引导广大文艺工作者积极投入实现中华民族伟大复兴中国梦的宏伟事业具有里程碑意义，必将对我国文艺事业繁荣发展产生重大而深远的影响。

多年来，李才旺先生自觉践行党的文艺方针，始终沿着正确的创作方向，坚持以诗书画等艺术形式诠释中华民族伟大复兴的中国梦为己任，并为此殚精竭虑，奋斗不止。我以为这一点最值得广大文艺工作者学习。

李才旺的诗来自于人民群众，来自于现实生活。"他用诗表现他的心路历程，表达他的人生理想，抒发他的喜怒哀乐，闪现他的思想火花"（《李才旺评传》语），而这一切都是植根于现实生活的。李才旺诗歌独特的诗体是旧体诗的形式和新时代思想的统一。他的诗歌从内容到形式体现了他汲取中国传统文化精髓和坚持高水准艺术追求的努力。

李才旺的书法、绘画源于传统，勇于创新，领异标新，自成风貌。他"师古人"，继承中国书画"以形写神"、"形神兼备"的博大精深的优秀传统；他"师自然"，采撷宇宙天地之山水精英，"外师造化，中得心源"；他"师画友"，得益于当代书画大师的教诲和指点。这一切都体现了他坚守中华文化的立场。

创作体现社会主流价值的文化产品，丰富人民精神世界，增强人民精神力量，就是文学家、艺术家对实现中国梦做出的重要贡献。我们正是从这一角度来评价李才旺同志的作品，肯定他对发展有中国特色社会主义文化所作的贡献及其作品的社会价值和美学意义。

《评传》包括"苦难岁月"、"政艺生涯"、"诗坛大家"、"书画奇才"（上、下）、"箴言艺想"、"媒体聚焦"、"乡土情怀"共八章，内容翔实，资料丰富，行文流畅，比较详细地介绍了李才旺的人生道路，比较深入地评析了李才旺的艺术成就，特别是书中提到的李才旺的人生箴言和艺术随想会对读者有所启迪。作者韩玉峰是从山西省委宣传部出去的老同志，在宣传部时曾任文艺处处长，后来调到省文联任职。由于工作关系他对全省的各个艺术领域都比较熟悉。他发挥自己的长处，在占有大量资料的基础上为李才旺写这本书，体现了作者一贯的逻辑严密的思辨和朴实清新的文风，使这本书轻松好读。

《李才旺评传》的出版，无疑为我们走近李才旺、研究李才旺提供了方便，同时对我们弘扬中华优秀传统文化，树立高度的文化自信和文化自觉，开展以"中国梦"为主题的文艺创作活动，具有积极意义。

是为序。

胡振民（全国政协常委、教科文卫体委员会副主任，中国文联原党组书记、副主席、书记处书记）

目 录

引 言

第一章　苦难岁月
　第一节　从小是个苦孩子 　　　　　　　　　　　　　　　　　　003
　第二节　从壶关二中到壶关一中 　　　　　　　　　　　　　　　011
　第三节　大学生活的记忆：艰苦 　　　　　　　　　　　　　　　015
　第四节　一位学历史的大学生偏偏喜爱艺术 　　　　　　　　　　019

第二章　政艺生涯
　第一节　一位懂书画、善表演、会讲话的宣传干部 　　　　　　　025
　　一、多才多艺多面手 　　　　　　　　　　　　　　　　　　　025
　　二、乡音方言模仿秀 　　　　　　　　　　　　　　　　　　　027
　　三、妙语连珠演说家 　　　　　　　　　　　　　　　　　　　028
　第二节　从壶关到长治——十四年的宣传干部 　　　　　　　　　032
　第三节　晋城十年 　　　　　　　　　　　　　　　　　　　　　036
　　一、晋城市管县体制改革中的一个插曲 　　　　　　　　　　　037
　　二、刮遍晋城的"李才旺旋风" 　　　　　　　　　　　　　　　039
　　三、"十年甘苦等闲看，荣辱得失问后人" 　　　　　　　　　　045
　第四节　省府和省委大院的八年 　　　　　　　　　　　　　　　049
　　一、忙而有效，如坐春风 　　　　　　　　　　　　　　　　　049
　　二、省委书记和李才旺 　　　　　　　　　　　　　　　　　　054
　　　（一）省委书记的好助手 　　　　　　　　　　　　　　　　054
　　　（二）省委书记唱大戏 　　　　　　　　　　　　　　　　　057
　　　（三）民本思想和清官情结 　　　　　　　　　　　　　　　060

三、展览风波···063
第五节　从省委到省文联·······································067
　一、上任省文联···067
　二、从党组书记到文联主席···································068
　三、省八次文代会···075

第三章　诗坛大家
第一节　诗人和诗选···083
　一、《有伞的风景》···084
　二、《无雪的冬天》···086
　三、《丰收的季节》···086
　四、《李才旺诗选》···087
第二节　李才旺诗歌欣赏·····································091
　一、山水，田园，写景：表现太行情结、抒写家乡记忆和祖国风光
　　　的诗篇···092
　　（一）描绘太行雄姿的山水诗·································093
　　（二）抒写山乡情趣的田园诗·································097
　　（三）咏唱祖国风光的写景诗·································102
　二、感事，咏怀，随想：抒写人生际遇和生活哲理的诗篇·········104
　　（一）"为官存正气，从政树廉风"，呼唤官清风正的诗篇·······104
　　（二）"无怨无恨无人生，有风有雨有春秋"，反映人生道路
　　　　　的诗篇··106
　　（三）"此生不再官为谋，案上挥毫度晚年"，丹青伴人生的
　　　　　诗篇···109

三、诗中上品题画诗 ……………………………………………………… 111
　　　　（一）花中"四君子"和"岁寒三友"题画诗 ………………………… 113
　　　　（二）鱼虫禽鸟题画诗 ………………………………………………… 117
　　　　（三）雄鹰青松题画诗 ………………………………………………… 118
　　四、别具一格的砚边画案诗 ……………………………………………… 120
　　五、畅怀遣兴饮酒诗 ……………………………………………………… 123
　　六、佳作鉴赏之一："风皱千池水，伞开一街花" ……………………… 125
　　七、佳作鉴赏之二："太行垂首悼邓公，漳河呜咽哭小平" …………… 129
　第三节　李才旺诗歌艺术 …………………………………………………… 132
　　一、诗体——旧体诗形式和新时代思想的统一 ………………………… 132
　　二、语言——文采斑斓和通俗晓畅的结合 ……………………………… 140
　第四节　妙语佳联竞芳菲 …………………………………………………… 144

第四章　书画奇才·上
　第一节　李才旺的书法创作道路 …………………………………………… 157
　第二节　李才旺的书法作品 ………………………………………………… 161
　　一、《当代中国书法全集·李才旺卷》 …………………………………… 161
　　二、《李才旺书法》 ………………………………………………………… 161
　　三、《李才旺自书诗》 ……………………………………………………… 164
　　四、《李才旺书杜五安咏太旧诗词》 ……………………………………… 164
　　五、入选庆祝中国共产党建党九十周年《中国书法典集》 …………… 165
　　六、《当代影响力·书法名家李才旺》 …………………………………… 167
　　七、入选《中华书坛四大影响力名家》 ………………………………… 167

第三节 李才旺书艺欣赏 168
　　　一、作字先做人，人正则字正 169
　　　二、我作我写，言必己出 170
　　　三、笔底功力，纸上风韵 171
　　　　（一）笔法，结字，章法 171
　　　　（二）悬纸书法 172
　　　　（三）节奏和韵律 173
　　　　（四）题款 174
　　　　（五）形态美与内在美 174
　　　四、笔性墨情，独树一帜 175
　　　　（一）风格：书法的个性表达 175
　　　　（二）行草：书法个性的书体形态 176
　　　　（三）大气：书法个性的精神体现 176

第五章　书画奇才·下

第一节　一张小画片激起的画画梦 181
第二节　董寿平、孙其峰的得意门生 184
第三节　画艺惊艳田纳西州 191
第四节　李才旺书画集十四种 192
　一、《李才旺书画选集》（人美版） 192
　二、《李才旺书画选集》（台湾版） 195
　三、中国当代实力派画家系列《李才旺》 196
　四、李才旺书画系列《百鸡图》 197

五、李才旺书画系列《百鹤图》 201
　　六、《晋山晋水——李才旺山水画》 202
　　七、入选《中国画典藏·当代画史名家经典》 205
　　八、入选《中国画坛》 205
　　九、入选《中华美术收藏》 206
　　十、入选《水墨丹青国画四大家》 207
　　十一、入选《中国当代书画四大名家》 207
　　十二、《李才旺书画》（折叠本，两种） 208
　　十三、《才旺书画》插页 208
　　十四、《李才旺画作理趣》 209

第五节　李才旺书画作品的衍生产品十三种 212
　　一、《1997丁丑年李才旺花鸟画》挂历 212
　　二、《2001辛巳年李才旺诗书画》台历 212
　　三、《猴年大吉2004甲申年李才旺书画》200电话卡·台历 ... 212
　　四、《鸡年大吉2005乙酉年李才旺花鸟》插卡月历 212
　　五、《2006丙戌年李才旺诗书画"运交旺年"》周历本 213
　　六、李才旺敬书《千手千眼观世音菩萨大悲咒》 213
　　七、《2008戊子年李才旺自书联语》周历本 213
　　八、《2009己丑年李才旺书"盛世丰年"》台历 213
　　九、《2010庚寅年"新年快乐 虎运连年·才旺联语"》笔记本 ... 213
　　十、李才旺敬书《般若波罗蜜多心经》 213
　　十一、《2012壬辰年李才旺先生国画精品"龙脉"》挂历 ... 214
　　十二、《〈上海铁道〉2012年1月和谐号》动车读物 215
　　十三、《2013礼——"歌咏盛世·礼尚中华"李才旺诗书画》笔记本 215

第六节 李才旺书画展事 ··· 216
    一、《李才旺书画展》（北京） ··· 216
    二、《李才旺书画展》（上海） ··· 226
    三、《李才旺书画展》（台北） ··· 230
    四、《李才旺书画展》（深圳） ··· 237
    五、《李才旺书画展》（天津） ··· 239
    六、《李才旺书画展》（日本名古屋） ··· 241

第七节 李才旺画作欣赏 ··· 242
    一、以笔墨写高怀 ··· 243
    二、名家评点赏佳作 ··· 245
      （一）模山范水太行情 ··· 246
      （二）苍鹰古松浩气存 ··· 254
      （三）花卉禽鸟重情趣 ··· 259
      （四）瓜果蔬菜秋意浓 ··· 270

第六章　哲思艺谭

第一节 李才旺的人生哲理——"文溪政径两驰名"的辩证法 ··· 277
    一、从政与从艺 ··· 277
      （一）为政、从艺与驾驭矛盾 ··· 278
      （二）书法上的避让与工作上的互让 ··· 279
      （三）大胆落墨与小心收拾 ··· 281
      （四）字外功、画外功的较量 ··· 281
    二、业余与专业 ··· 282

三、"大把式"与"大角色" 284
四、领导与被领导 284
五、得意淡然，失意坦然 285
六、"公道"和"不公道" 287
七、苦与乐 290
八、过好退休这一关 292

第二节 李才旺艺术观之一——书画创作的美学思考 297
  一、书道画法 297
    （一）书品与人品 297
    （二）有法和无法 298
    （三）简约 298
  二、笔墨 301
  三、经意与不经意 302
  四、书画欣赏 303

第三节 李才旺艺术观之二——"诗书画相统一"的艺术主张 304
  一、"诗书画合一"的论述和典范 304
  二、李才旺的主张与实践 306
  三、大师、学者的评价 310

第四节 李才旺艺术观之三——"三分（奋）之说"和"三师"之道 311
  一、"三分（奋）"之说 311
  二、"三师"之道 316

第七章　媒体聚焦

第一节　《中华锦绣》《华夏英才》《华人风采》三刊中的李才旺 ——— 325
一、《中华锦绣》发表李才旺手书《为人民服务》——— 325
二、《华夏英才》刊登张平评介李才旺的长篇文章 ——— 326
三、《华人风采》的封面人物——李才旺 ——— 326

第二节　中央电视台和中国黄河电视台"走近书画"栏目中的李才旺 ——— 328
一、中央电视台书画频道制作的专题节目"诗韵、书韵、人韵" ——— 328
二、中央电视台书画频道制作的专题节目"品说李才旺——艺术上的奇葩异卉" ——— 329
三、做客中央电视台书画频道特别节目"6060——向祖国献礼" ——— 331
四、做客中国黄河电视台栏目"走近书画" ——— 333

第三节　电视专题片中的李才旺 ——— 335
一、"心似白云" ——— 335
二、"翰墨情怀" ——— 336
三、"上党石匠后人" ——— 337

第八章　乡土情怀

第一节　"方圆几十里的大孝子" ——— 341

第二节　妻子和儿女 ——— 345
一、"畅怀斋"里乐趣多 ——— 345
二、相夫教子好妻子 ——— 346
三、学优才赡众儿女 ——— 349

四、言传身教树家风	352
第三节 "带病的向日葵"	355
第四节 友情似海	359
第五节 李才旺和五集村	360
一、捐资办学，兴教育人	361
二、策划修志，功在千秋	362

李才旺年表   365
后　记   383
参阅图书、文章   386

引 言
YIN YAN

我和李才旺先生相识多年。他先后担任山西省政府、省委副秘书长兼办公厅主任,我在省委宣传部工作,我们同在一个大院里;后来他调到省文联担任党组书记和主席,我也早几年就调到省文联,我们又共处一个屋檐下。"近水楼台先得月,向阳花木早逢春",幸有芳邻,尽赏芳菲,耳濡目染皆学问,这是一种缘分,也是人生一大快事。在同李才旺先生交往的日子里,我能够读到他的书、他的字、他的画,参观他的展览,聆听他的报告、讲话,还能不时地听到他充满睿智和幽默的言谈笑语,日久天长,日积月累,使我走近了这位"为政从艺两怡然"的领导干部和诗人、书法家、画家,感受他独特的人生经历和丰富的艺术经验。他在政界所取得的显赫地位和在文学艺术领域所取得的卓越成就,以及同民间文艺天然的血肉般的联系,令我惊异,让我感叹,李才旺先生是位难得的奇才。我深深地为他的才气、豪气、胆气所震撼,几气合一是一种大气。李才旺,太行骄子,上党才子,人才难得,于是产生了为这位做人大气、作品大气的大家写点东西的冲动和欲望。我觉得李才旺先生从政途中的酸甜苦辣,艺术道路上的登攀跋涉,人生历程中的体验感悟,可以给读者以启迪,以激励,以借鉴,同时获得审美上的愉悦和享受。

我觉得李才旺先生是一部"历史",他的既一帆风顺,又崎岖坎坷,甚至带有几分传奇色彩的人生道路,可以给我们许多有益的启示;我又觉得李才旺先生是一座"宝库",他在诗、书、画方面所取得的杰出成就,不仅带给我们美的享受,而且揭示了许多艺术的真谛,让我们从中受益;我更觉得李才旺先生的从政经历和艺术实践是一个值得探索的五彩世界,是一片可以遨游的广阔天地。基于此,我愿意写李才旺,这不仅是为李才旺个人树碑立传,更是为社会奉献一份宝贵的精神财富。

山西拥有李才旺先生这样的大家,是山西文化界的幸运和骄傲。建设文化强省,发展文化产业,需要品牌。品牌就是旗帜,就是方向,就是效益。作品是品牌,如话剧《立秋》,舞剧《一把酸枣》、《粉墨春秋》,京剧《走西口》,晋剧《傅山进京》、《大红灯笼》,蒲剧《山村母亲》,说唱剧《解放》,电影《暖春》,电视剧《八路军》、《乔家大院》等等,使三晋文化美誉海内外。作家、艺术家同样是品牌。文化界的名家代表着文化软实力,能够增加一个地方的知名度和影响力。山西文艺界人才辈出,灿若群星。仅以当代书画界为例,就有力群、姚奠中、张颔、赵梅生、李夜冰、林鹏等大家。我们常常以和他们同处一个时代而自豪。李才旺先生同他们相比年轻得多,但亦当属此大家之列。研究大家,宣传大家,让大家走近读者、走向社会,同样是发展山西文化事业、建设文化强省的重要方面。我想把大家李才旺介绍给广大读者,于是就着手写《李才旺评传》这部书。

第一章
苦难岁月
KUNANSUIYUE

"苦难岁月"说的是李才旺的童年、少年和青年时代，主要是指李才旺上小学六年、中学六年和大学五年的读书时期。大学毕业，步入社会，李才旺是年24岁。

在这24年中，李才旺的生活概括起来就是两个词：勤奋、艰苦。学习勤奋使他的成绩历来优秀，初小毕业以第一名的成绩考入高小；初中毕业保送上高中；考大学，他是当年壶关全县被录取的4名大学生之一。生活艰苦使他的品格、意志和体魄得到很好的锻炼。正像孟子所说，"天将降大任于斯人也，必先苦其心志，劳其筋骨，饿其体肤，空乏其身，行拂乱其所为，所以动心忍性，增益其所不能。"（《孟子·告子下》）苦难的童年，刻苦的学习，生活的磨练，一个从太行大山里走出来的人才在茁壮成长。

第一节　从小是个苦孩子

李才旺现在是做了大官，成了大家，有了大名，可是把时间倒回去60多年，他却是一个出身贫苦的孩子。让我们穿越时空，同读者一起来到60多年前的壶关县，看看李才旺的出生地，看看那里的自然风貌、风土人情。

壶关，太行雄关，长治门户。壶关四周，东与河南林州、辉县接壤，西与长治为邻，北与平顺相接，南与陵川毗连。古时壶关城北有百谷山（今名老顶山），南有双龙山，两山夹峙，中间空断，山形似壶，且以壶口为关，故得名"壶关"。太行山脊从壶关县境中部由北向南贯穿境内，以山脊为界向东西两侧倾斜，山高坡陡，地势险峻。

东汉建安十年（公元205年），袁绍甥高幹降曹操后又反叛，屯兵壶关（今山西壶关县）。次年春，曹操自邺城（今河北临漳县西）率军越过太行山攻壶关，征途中写下了著名诗篇《苦寒行》。诗中称："北上太行山，艰哉何巍巍（太行山是多么高峻巍峨）。羊肠坂诘屈（地势倾斜的羊肠坂曲折盘旋），车轮为之摧（崎岖不平的山路使战车的车轮断裂毁坏）"，可见壶关境内高山之险峻，山路之崎岖，使一代枭雄曹操为之惊惧、感叹。

壶关山峦起伏，沟壑纵横，石厚土薄，沟多地少，是个典型的干石山区。再加上水源奇缺，十年九旱，多少年来壶关的百姓就生活在这交通闭塞、土地贫瘠的大山里，过着缺吃少穿的贫困日子。

李才旺的祖辈是清光绪年间从河南林县逃荒到山西壶关的。壶关苦，林县更苦。林县连年灾荒，颗粒不收，老百姓携儿带女，成群结队，逃荒进入山西，为的是找个能干活的地方，讨口饭吃。李才旺的爷爷、奶奶带着三个孩子（即李才旺的父亲和伯伯、叔叔），加入这成千上万的林县逃荒队伍之中。爷爷、奶奶随同乡亲们结伴西行，怀着一丝希望，走上艰难险阻、前程莫测的逃荒路。从林县到壶关，一道巍峨陡峭、绵延几百里的太行山横亘在两县之间。爷爷李春修一条扁担两只筐，担着幼小的孩子和简单的行李，同乡亲们在群山中转来转去，风餐露宿，日夜兼程，终于走出了林县，走进了壶关，但抬眼望去仍是一片山高坡广、人烟稀少的丘陵地。

　　进入壶关，对于逃荒的人来说，并不是就能找到存身活命处，而是白天讨吃要饭，晚上歇息住庙，更多的是"窜房檐"，就是晚上露宿在商店铺面的房檐下，等到天亮再走。就这样走走停停，停停走走，爷爷和奶奶带着孩子们，在壶关县前后落脚九处，但始终不如意，一直走到壶关与长治、陵川三县交界处的百尺镇五集村，才算定下来，就在这个村子落了户。

　　太行山脚下的百尺镇五集村位于壶关县城西南25公里处，是个"鸡鸣闻三县，道路通林州"的山村。五集村在壶关不算个大村，但也不是个小村，然其历史悠久，是一个可以上溯到仰韶文化晚期的先民聚居地，是一个历史延续五千年、文化底蕴十分深厚的古村落。加上这里民风淳朴，待人厚道，从不排外，诚心接纳四方移民，就使这个村子成了大家和谐相处的杂姓村。爷爷从河南林县逃荒几经迁徙，最后落脚在这里就不足为奇了。

　　五集村平时人烟稀少，走在村里，除去偶尔听到几声鸡鸣狗叫外，难得见到个人影。但是每逢五天一集的日子就使这个小山村顿时活泛起来，有了人气。四周八里的人们来这里赶集，熙来攘往，买卖交易，再加上走亲戚、看朋友的，使这个小山村慢慢地成了一个小集镇。因为是五天一集，这里的人们就给这个原名小槐庄的村子起了个颇有诗意的村名——五集村。这个村子一般人家还能吃上小米饭或玉米糊糊，不至于饿肚子。这里有小煤窑，地下水不深，沟里还有常年不断的小溪。种地能打下粮，打井能打出水，有粮吃，有水喝，对于山村的农民来说也就足够了。爷爷和父亲靠着自己的石匠手艺，再加上这里是干石山区，石头多，石活也多，渐渐地在五集村，扎下了根，在周边村子也就有了名，都说李家父子是老实厚道、手艺不错的好石匠。

在李才旺的印象中，父亲李正祥腰粗膀宽，身材魁梧，靠着一把锤子、一只凿子和一双布满老茧的大手，终日劳作，赚钱养家糊口。由于他手艺高，人实靠，在五集村周围享有盛名，人称石匠李师傅。

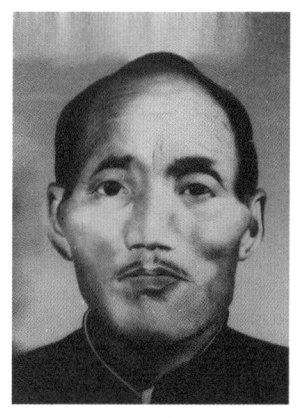

李才旺的父母

父亲李正祥的石匠活，构思精巧，风格独特，那些坚硬不成形的石头，在他那双粗壮有力而灵巧的手下，经过起石头、破石头、粗凿、成坯、细雕等工序，制造成玲珑剔透、惹人喜爱的各种石器。有浮雕着"二龙戏珠"、"龙凤呈祥"的石碑，有圆光油滑而有磨齿的石磨以及石碾、石磙子、石墩子等农户用来磨面、碾米、打秋、砘地的农用石器。父亲那张淌满汗水的脸和他手中的锤子和钢凿，在小才旺幼小的心灵里刻下了深深的烙印。小才旺从小受祖辈吃苦耐劳、勤劳节俭家风的影响，培养了许多好习惯，也从父亲做石匠活时，一锤一锤地敲，一凿一凿地琢，受到熏陶和启发，形成了他后来在书法上笔力强劲、节奏鲜明的特点。

李家在五集村落了脚，总得有个窝，在乡亲们的帮助下，盖起了几间土坯房，算是有了个遮风避雨的地方，有了自己的家。

土坯房很难经得起风吹雨打，一遇到下雨天，外头大下，屋里小下，外头不下，屋里滴答，下一场雨屋里地上的积水就有半尺深，还得一瓢一瓢地往外舀。生活虽然艰难，但日子也就过下来了。后来家里增加了一口人，就是李正祥的妻子、李才旺的母亲杨秋香。

杨秋香是离五集村只有一山之隔的大南山村人，出生在一个贫苦家庭里。杨秋香9岁时死了母亲，留下了一个弟弟，父亲难以养活两个孩子，就把女儿送到老实忠厚的李家，说是给李正祥做童养媳，其实是找个吃饭活命的地方。杨秋香的父亲出去打闹生活，结果冻死在陵川的平城岭上。那年杨秋香12岁。弟弟后来当了兵，也不知道是跟什么队伍走的，反正走了以后是活是死一直没有音信。爹娘死了，弟弟走了，家没了，从此杨秋香就再也没有回去过大南山村娘家。说是娘家，但是既没娘也没家，留在她记忆里的全是伤心和痛苦。杨秋香长大后，同李正祥圆了房，就成了李才旺的母亲。

母亲自小在苦水中泡大，同父亲一样没有文化，最大的本事就是能吃苦，能干活，成了父亲养家糊口的好帮手。在李才旺出生之前，父母先后生了8个孩子，由于生活贫困，家里没粮，母亲没奶，先后有6个夭折，只剩下一个比他大12岁的哥哥和一个比他大9岁的姐姐。

1943年2月1日，李才旺出生了。这一年是个大灾年。这一天是个大冷天。就在这一年的这一天，也就是壬午马年腊月二十七，眼看就要过年，小才旺出生了，来到了这个陌生的世界。李才旺是父母出生的第九个孩子，能保住吗？他们心里都没有底。

孩子出生了，怎么能养得活，成了全家的难题。小才旺的出生使这个本来就穷困的家庭更是雪上加霜，由于妈妈吃不上饭没有奶水，他几乎被饿死。有个人称"保国他娘"的邻居老太太过来看了看孩子，连眼睛都睁不开了，躺在炕上的妈妈哭着心都凉了半截。这位家境较好的老太太，见到孩子到了这个地步，就把藏在煤堆里的玉米粒一颗一颗地拣出来，捣成糊糊喂孩子吃，总算救了一条小命。因为当时日本人侵占了壶关城，不时地会到村里骚扰抢掠，怕日本人抢粮，人们才把玉米粒埋在煤堆里。这位好心的老太太不仅救活了小才旺，而且救活了全家人。妈妈牢记着这位救命恩人。她每向人家借一升粮食，就在墙上画一个道道，到秋收后一并送还人家。

怀着小才旺的母亲根本得不到照顾和休息。她拖着一天比一天重的身子，风里来雨里去，随着丈夫携儿带女打闹生活，艰苦度日，结果落下一身病。生下小才旺后，她的身体更是一天不如一天，病痛不断，日子难熬，挣扎着抚育和照看几个小儿女。兄妹几个的衣裳是大的穿完小的穿，缝缝补补，补丁摞补丁，逢年过节，孩子们从来也没有穿过一件新衣裳。过年的时候，村里家庭比较富裕的孩子们穿着新衣服，放着鞭炮，欢欢喜喜地玩耍。小才旺既没有新衣服穿，更没有鞭炮放，眼巴巴地看着那些孩子们满村喧闹。李才旺在追忆童年辛酸时伤感地说："穷，是我在这个世界上一睁眼就看到的全部内容；苦，是我来到这个世界上之后饱尝的唯一滋味。"

家里虽穷，生活虽苦，但做父母的对孩子还是充满了希望。孩子一出生，总得有个名字，世栖山野、蜗居茅舍的爹娘给孩子起了个十分吉祥的名字——财旺。小财旺上学后为了使名字写起来简单点，自己把"财旺"改为"才旺"，从此晋东南的大山里就出了一个后来大名鼎鼎的李才旺。从"李财旺"到"李才旺"，这个改名后来还引出了一段艺苑佳话。

不少朋友提出，李才旺的"才"为什么不是财富的"财"，为什么不叫"李财旺"而叫"李才旺"？这个问题，大画家范曾也提出过。1998年3月，李才旺在北京中国美术馆办展览的时候，曾去拜访范曾先生。范曾问："李才旺，你为什么叫李才旺？"李才旺说："名字是父母起的，从小到大一直就叫这个名字，有什么不妥吗？"范曾又问："你的这个'才'为什么不是那个带贝字的'财'啊？"李才旺说："原来是带贝字的那个'财'，因为家穷嘛，总希望能发财。但后来也没有发了财，而且那个时代也不提倡发财，写起来还麻烦，于是就去掉了贝字。"范曾听到这里哈哈大笑，说道："我送你一副对联吧！"他站起身来，走到案边，挥毫给李才旺题了八个字："何以少贝，只为多才。"真是慧眼识珠，一语中的。

李才旺祖辈三代都没有上过学，父亲是一个石匠，一辈子连自己的名字

李才旺夫妇与母亲在五集村老宅合影

也不认识。李才旺长大后曾为父亲刻了一个小木头图章，让他到生产队领个工分什么的，可是父亲分不清字的上下，常常把章盖颠倒了。就是这样一位连自己的名字都不认识的农民，因为饱尝了没有文化的痛苦，所以节衣缩食，倾其所有，要供儿读书。先是把大儿子李贵财（后改名李裕民）送进学校，念到高小毕业，后又让二儿子李才旺上学读书。小才旺8岁在本村——五集村上初小，12岁以考试第一名的成绩到离五集村5里地的百尺镇念高小。他分外珍惜这难得的求学机会，发奋读书，刻苦努力，成了他生活的全部。

后来，读书成才的李才旺特请著名歌唱家郭兰英的丈夫、国画大师李苦禅的弟子万兆元先生给自己刻了一枚篆书"大石匠"的印章，意在怀念自己没文化却有远见的老父亲。在中央电视台记者采访李才旺的专题片中称他为"上党石匠后人"。

说起上高小，可真不容易。1954年暑假，全镇各个村的初小毕业生共

700多人报考百尺镇高小。高小共招新生150名，李才旺考了个第一。一开学，校长就找到李才旺：问："你就是李才旺？"李才旺答："我就是。"校长高兴地摸了摸他的脑袋说："好好念书吧。"校长特别喜欢李才旺这个好学生。

小才旺自幼跟随父亲在山里务农，农田里的活儿他样样熟悉。为了减轻家里的负担，小才旺一放学就去放牛、割草、拾粪，晚上再回家做作业。上学，没钱买笔买纸，他就趁每年三月初一村里赶庙会时挑担卖水，一担水可卖五分钱，挣点钱买纸笔墨砚练习写字。

家里日子过得紧，没钱给孩子买鞋穿，小才旺就成年赤着一双脚在山野里奔走。夏天，砾石割破了脚底，地上留下了血迹。冬天，脚板开满了裂口，长了冻疮，一着地就钻心的疼，为了尽可能减少痛苦，他就用一块破布把脚包起来。妈妈看在眼里，痛在心上，给小才旺做了一双布鞋。对经常打赤脚的孩子来说，能穿上一双新鞋是很了不起的事。小才旺穿着妈妈做的新鞋，觉得十分舒坦，倍加爱惜。可有一天，他在爬树时不小心把妈妈做的新布鞋挂破了。小才旺很担心妈妈要狠狠地打他一顿。没想到，晚上妈妈见他的鞋挂破了，并没说什么，只是用无奈而又慈祥的目光看了他一会儿，轻轻地说："吃饭去吧。"小才旺觉得很侥幸，躲过了一关，吃完饭就睡了。

夜深人静时，他迷迷糊糊地听见一阵阵"哧哧哧哧"的声音，慢慢睁开眼睛，看见妈妈坐在昏暗的油灯下，正一针一线地补着那双挂破的鞋。他看到妈妈忧郁的眼睛里还含着晶莹的泪花。当即，小才旺的眼睛被泪水蒙住了。他真想扑在妈妈的怀里对妈妈说："妈妈我以后再也不惹您生气了，我长大了，妈妈……"他想着、哭着又睡着了，可妈妈看着他，眼泪不停地滴在孩子的身上。

妈妈虽然没有文化，但她时时关心孩子的学习。妈妈不识字，但每逢假期，成绩单送来时，她总是拿在手里看了又看，问孩子老师在上面写了些什么。有一次小才旺算术考了99分，妈妈连声说："哎呀，太可惜了，差一分就是100分了。"

晚上，小才旺坐在小油灯下写作业，妈妈总是坐在旁边，一边纳着鞋底，一边用她那慈爱的目光看着他。妈妈有时用针挑一挑灯捻，使屋里更亮些，小屋里充满了母爱的温馨和家的温暖。

小才旺读书一直很用心。一个风雨交加的夜晚，他顾不上吃饭，翻两座山向一个高年级的同学请教一个问题。在回来的路上，风大雪紧，肚子饿，一不小心，掉进山沟，跌伤了脚。他一瘸一拐艰难地走着，跌倒了，爬起来，再走，等到了家，快滚成了一个雪人。

天道酬勤，功夫不负苦心人，李才旺没有辜负父母的期待。1956年以优异的成绩考入壶关二中（初中），1959年保送入学进了壶关一中（高中），开始了他的六年中学生活。

李才旺2009年8月在为家乡五集村捐资兴建的小学竣工之际，赋诗《听雨》，回忆他的童年读书生活：

> 闭目窗前听雨声，依稀重温儿时梦。
> 雨中挥镰割饲草，赤脚放牧溪边行。
> 担水挑煤样样干，帮耕帮种学务农。
> 偶得闲暇炉边坐，捧读残本三字经。
> 由此立就苦读志，少小清贫益平生。

第二节　从壶关二中到壶关一中

1956年秋天,李才旺考入壶关二中,编在三班。二中设在壶关城南90华里名为真泽宫的一座大庙里,离五集村有50里。9月1日开学。一个身着学生蓝制服,身材高挑、前额宽阔、双目明亮有神的学生,正领着大家打扫教室。这个学生就是一年级新生李才旺。搞完卫生,他把一张课桌搬到教室门外,研墨展纸,开始写字。一笔漂亮的隶书使围观的同学眼睛一亮,大家啧啧称赞,也引起了老师们的注意,很快全校就知道了李才旺这个新生写得一手好毛笔字。

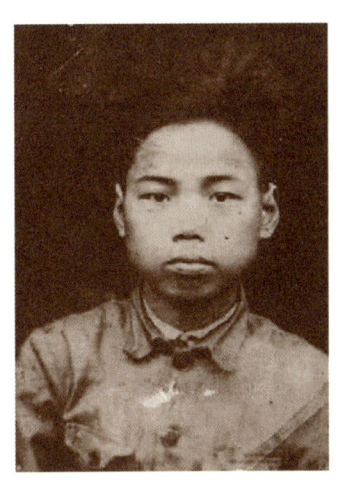

李才旺高小学生照

入校不久,李才旺靠着他的口才、笔才和文才,自然成了学生中的领袖,在学生会、团支部和班委会担任了诸多职务。课余时间要做许多社会工作,参加各种会议,出板报,办专栏,组织业余文艺演出,整天忙得不可开交。

有一学年,学校排演豫剧《朝阳沟》,银环、栓宝等大小角色都由学生扮演。李才旺扮演老社长。这个老社长,虽然没有几场戏,台词也不多,但李才旺吃透了剧情,进入了角色,加上他操着地地道道的河南口音和惟妙惟肖的表演,一亮相,一张嘴,就博得满堂喝彩。听说学校唱戏,周边十里八乡的老乡们都跑来挤在台下看戏。大家边看边议论说,老社长虽然不是主角,但就数老社长演得好。

李才旺的语文基础好,字又写得漂亮,还会画画,自然学校办板报、专栏,刻印复习资料的事情差不多都由他一人包揽了。出板报,办专栏,从组稿到抄写到插图,到报头设计,都是李才旺一个人干的,图文并茂,生动活泼,引人注目,人人说好,在班级评比中常常是稳拿第一。

说起刻蜡版,李才旺在全校可数第一。那时没有打字机,一些文件资料都要用铁笔刻制蜡版,再用油印机推印出来。这些事都是李才旺干的。那时更没有电灯,蜡版要在带玻璃罩子的煤油灯下,一笔一画地刻写,刻到凌晨一两点钟是常事,有时还要刻到天亮。特别是期终考试、毕业考试和中考前那几万、十几万字的复习资料都要工整地刻印出来,他的工作量之大是可以想见的。李才旺回忆说,上高中那年,学校要刻印一本《列宁主义万岁》的小册子,因为要得急,他夜以继日地赶着刻印,竟七天七夜没脱衣服睡觉。

李才旺在壶关二中上初二时,就牵头主编了一份名曰《新芽》的油印文艺月刊。同学们有了自己的园地,积极写作,争相投稿,刊物办得红红火火,在班里掀起了一股"文艺读写热"。同学们生活苦寒,经济困难,还省下钱分别订阅了《中国青年报》《少年文艺》《火花》《人民文学》《诗刊》等十几种报刊。课余读写成了壶关二中的风尚,培养出不少后来登上文坛的创作骨干。

当时壶关二中校长在全校师生大会上表扬李才旺说:"看看人家李才旺,学习好,干部也当得好,演节目靠人家,出板报还是靠人家。什么是榜样?我看,这就是榜样!"

1959年全县中考,二中比一中考得好,考到一中高中班的,二中毕业的学生占了多数。后来同学们相聚,谈到二中学生学习成绩好,都说除去校长领导得好、老师教得好外,同二中的复习资料编得好、印得好有很大的关系,这当然是李才旺的功劳。

就在1959年的秋天,李才旺被保送入学,上了壶关一中的高中。学校位于景色优美的龙丽河畔,开始了他同样是成绩优秀、工作出色的高中生活。

李才旺有一位既是壶关老乡又是壶关二中、一中同窗六年的好友,就是后来担任过省农业厅常务副厅长的诗人刘德宝。这位被李才旺称为"乡友、学友、诗友"的"三友"之交的刘德宝写过一篇文章《名家初步》，专门记述在壶关二中、一中时同李才旺的交往和对李才旺的印象。

刘德宝说自己从小就怕写命题作文。一到星期五下午上作文课就发愁，抓耳挠腮，苦思冥想，半天下不了笔，就像现在人们所说的"黑色星期五"。

他说：才旺写作是长项，每次作文如行云流水，落笔而就。于是，我就生了个法儿，等才旺写好之后，先看看受些启发，有时也抄其中一两句闪光的句子，使自己的作文顿然增色不少。但这样抄了后总有点惶惶不安，怕老师发现是抄来的。怕发生的事果然发生了。一天，上作文评讲课，代语文课的刘老师讲评了李才旺写的作文如何如何好，然后当堂问我："刘德宝，你作文中的'一辆绿生生的解放牌汽车奔驰而去'一句，怎么与李才旺写的一模一样？"我慌忙答道："解放牌汽车都是绿色的，我没有见过其他颜色的。"老师说："狡辩！你是抄的！"我赶忙回复："以后再也不抄了。"后来刘德宝想起当时那种尴尬场面，随口作了一首小诗："周五作文觅捷径，抄来佳句好轻松。珠掺土里慧眼识，不服口中服心中。"刘德宝说，以后虽然再没抄过才旺的作文，但才旺写了作文，我看了再写这个程序一直坚持到毕业。

刘德宝先生说得很有趣，很真诚，也确实说明了李才旺当时在壶关中学的学习成绩是出类拔萃的。

几十年过去了。1996年李才旺出版了第一本诗集《有伞的风景》；刘德宝受到李才旺的启发也开始写诗。5年后，即2001年也出版了他的第一本诗集《绿屋铭》。李才旺为刘德宝的诗集《绿屋铭》写了题为《诗人本无种 勤奋自得之》的跋。文中说：

> 我和德宝，是乡友，是学友，也是诗友。我们都在小米饭、旱井水养育的太行山里长大，都就读于真泽宫里的壶关二中、龙丽

河畔的壶关一中。此后流年似水，或聚或散，也都有过一段相似的不算短的文字生涯。俱为舞文弄墨之徒，不乏吟诗赋句之癖，每每相逢，互出篇什实有佳作同吟、奇句共赏之快。①

李才旺对刘德宝的诗歌创作的特色和成就作了充满感情、文采斐然、准确到位的评价。李才旺还写了《读德宝〈绿屋铭〉感赋》一首：

欣读老友绿屋铭，满卷馨香满卷情。
最喜亦庄亦谐处，舒心堪比沐春风。

李才旺天资聪颖，又勤奋刻苦，他在壶关二中、一中上学时就把古今中外名著凡是能够找到的都读过了，诸如《钢铁是怎样炼成的》《林海雪原》《青春之歌》《红旗谱》《三国演义》《水浒传》等。有一次上体育课跳跳箱，李才旺不小心把脚崴了，俗话说"伤筋动骨一百天"，他只好躺在床上看书。好多书都是他养伤躺在床上看完的。

难以忘怀的壶关二中、一中的读书生活，使李才旺打下了坚实的知识基础，也锻炼了他做社会工作的能力，为他日后的成长做了充分的准备。

---

① 见《绿屋铭》第471页，人民日报出版社2001年1月。

第三节　大学生活的记忆：艰苦

李才旺 1962 年考入山西大学历史系。那年，山大历史系在全省只招新生 27 名，李才旺榜上有名；那年，壶关全县考上大学的只有 4 人，李才旺是其中之一。壶关的 4 个考生，李才旺和另一个同学考上山大历史系，一个考上山大数学系，一个考上太原工学院。李才旺成了世代都是贫苦农民的李家出来的第一个大学生。

离开壶关到太原上大学的那一天早上，妈妈和乡亲们给李才旺的包包里装满了干粮。妈妈和乡亲们带着热切又不舍的目光看着他离开村子走向通往城里的路上。李才旺边走边回头张望，直到看不见亲人们的身影，他的眼睛湿润了，他感到这是父母和乡亲们对自己这个走出山村的第一个大学生的期盼和重托。

当年的高考作文题有两个：一个是《说不怕鬼》，一个是《雨后》。李才旺选的是《说不怕鬼》。他的作文开头是："要说怕不怕鬼，首先要弄清楚什么叫鬼。鬼，大体上有两种：老百姓说人死了就变成了鬼；社会上说帝国主义是鬼，地富反坏是鬼……"这开宗明义的破题，起笔不凡的开头，显示了李才旺扎实的文字功底，使他取得了高考作文的好成绩。

李才旺上小学，升中学，再到大学，始终是学习成绩名列前茅的好学生，而且是个天生的"当官"料，从小就是一个"小干部"，长大成为大干部。我们向读者介绍一下李才旺在大中小学不同阶段的"从政"简历，也很有趣。这对他后来成为"公仆李才旺"也是一种很好的预演和准备。

李才旺 1950 年入五集村小学读书，担任班长；1954 年以第一名的优异成绩考入壶关县百尺镇高小，担任少先队大队长；1956 年考入壶关县二中（初中），加入中国共产主义青年团，担任校团委副书记；1959 年保送壶关县一中（高中），担任学生会主席；1962年考入山西大学历史系，担任校学生会副主席、系分会主席，在校期间加入中国共产党；1967年大学毕业，因"文化大革命"推迟分配，到天津军粮城4568部队农场劳动锻炼，担任班长、党支部宣传委员兼宣传队指导员。一个十几岁的农村出来的孩子，在学习的征途上挑着"干部"的重担一路走来，简直是个不可理喻的奇迹。

李才旺即使上了大学，当了学生干部，仍然是艰苦度日。李才旺记得一个冬天的晚上，宿舍里停了暖气，他被冻醒了，看着对面床上的同学，一位市领导的儿子，盖着厚厚的棉被甜甜地入睡，自己摸着压在被子上又小又破的棉袄，不禁一阵感慨，随口吟出一首小诗，后来加了一个《自嘲——忆大学生活》的诗题：

一件棉袄穿六冬，又小又破难御风。

如此困苦寒酸样，却居高等学府中。

这首《自嘲》诗道出了早年生活的艰辛和踏入大学殿堂的喜悦，可谓酸甜苦辣尽在其中。这首诗是自嘲还是自豪，说不清楚，大概在自嘲中不乏自豪之感。这首小诗，李才旺至今不能忘怀。

李才旺大学五年只回过一次家，还是在父亲病危的时候。当时连4块钱的汽车票都买不起。至于学习、生活费都得靠寒暑假期间勤工俭学挣取。他扛过麻包，拉过板车，当过装卸工，干过泥水活，用蜡纸刻过讲义。由于李才旺字写得好，主要的挣钱门路就是刻讲义。刻一张蜡纸可赚4毛钱，一天可刻两三张，也就是能赚个块儿八毛。一个学期下来，也就有三四十元的收入，虽然顶不上大用，但买个参考书什么的也就基本够用了。

山西大学校庆90周年，李才旺写了一篇题为《殷殷母校情》的回忆文章。他说：对每个同学来说，母校留给他的印象，或这样，或那样，因各自的经历不同，当是千差万别的。就我本人来说，感受最深的两个字：艰苦！

我山大学习的时间是1962年至1967年。这段时间，正是我们国家的一段困难时期。首先是粮食的定量少，品种差，基本以高粱面、红薯为主。师生们营养不良是普遍的。像我这1.7米的个子，按说该有一百三四十斤重，才算达标，然而当时只有110多斤，可谓"打不住定盘星"。吃得不好，穿得也不行，无论是学生还是老师，身穿补丁衣服是很平常的事。不怕今天的同学们见笑，我在大学毕业前，没有穿过一件衬衣，老是"里外一张皮"。当时进城大都以步当车。为什么？为了省0.32元的车票钱（指山大到五一广场的往返公共汽车票钱，单程是0.16元——引者注）。我在校5年，只回过

1963年8月，暑假勤工俭学，在太原市委整理档案（中排左二为李才旺）

一次家，还是因为父亲摔伤发来病危通知的情况下才回去的。为什么？是不想回去吗？显然不是，问题还是因为没钱，买不起车票。[①]

---

① 《群星璀璨话摇篮——山西大学建校九十周年校友回忆文集》第232~233页，山西高校联合出版社1992年8月。

这一切并不能使李才旺消沉、退坡。他觉得像自己这样生在穷山沟、活在苦水中的农家子弟，能够到大学读书，哪怕穿的再破点，吃的再差点，也就知足了。那时学校的风气也好，大家的日子过得都很艰苦。李才旺说，现在的大学生没戴手表的大概是极个别的，可那时能戴起手表的却是极个别的。全班30个同学，只有一个同学有一块苏式表，成了大家争相一睹的稀罕物，要想知道现在几点了，大家都得问他。

李才旺深情地回忆当时学校的好风气："那时候，同学们之间不是比吃比穿，而是比谁在思想上要求进步，学习上顽强刻苦，生活上艰苦朴素。正确的苦乐观给校园带来了积极向上的气氛。""不经一番寒彻骨，安得梅花扑鼻香"，李才旺在艰苦的环境中奋斗，收获的是能够吃苦耐劳、终生受益的宝贵的精神财富。

青少年时期的贫苦生活和人生旅途的历练，使李才旺具有正确的苦乐观，正如他的一副长联所说：

坦然面对 品尝人生五味 酸甜苦辣咸皆有营养
旷达为怀 笑看世态炎凉 士农工商儒谁无短长

正如一位当代作家所说："缺乏苦难，人生将剥落全部光彩，幸福更无从谈起。"[①]在人生征途中，寂寞是美，孤独是美，悲怆是美，苦难何尝不是人生的大美。

---

① 马丽华：《渴望苦难》，《中华散文百年精华》第691页，人民文学出版社1999年3月。

第四节　一位学历史的大学生偏偏喜爱艺术

李才旺在山西大学上的是历史系，但是他对艺术有着浓厚的兴趣。每逢艺术系师生下乡采风回来举办展览，他是有展必看，而且是认真观赏，细心琢磨，心领神会，多有收获。每有不解，常向在展览现场的艺术系师生虚心求教。他尤其对山水花鸟画情有独钟，常常在一幅画前，凝神聚气，痴醉入迷，久久不肯离去。

有一次，李才旺从山大进城到柳巷，走到一个炭精画像社门前，看到橱窗里摆设的齐白石的炭精画像，飘逸的白胡须画得惟妙惟肖，真切生动。这引起李才旺的好奇。这胡须是怎么画出来的，他想进去一看究竟，但是人家不让进，他只能心中存疑。有一年他回老家，听说附近村子赶庙会，有一位姓宋的高平人在庙会上搞炭精画像。他跑到邻村庙会上，找到画像的地方，一进去看，人家就不画了。后来这位宋师傅到了李才旺家的五集村赶庙会。因为李才旺已经在邻村庙会上认识了他，就帮助找房子，借桌凳，还请人家吃了一顿饭。人熟了，话也就多了。宋师傅问李才旺是学什么的，李才旺说是学历史的。又问，为什么想看画画？李才旺说好奇。他就放松了警惕，破例让李才旺进屋观看。李才旺找了一张长着白胡子的老人的照片，请他画像。原来宋师傅是用九宫格放大尺画像。这种放大尺是把两把尺子折叠在一起联动，左手用一把尺子描画照片，带动右手用另一把尺子把放大了的照片轮廓线条描绘下来，然后用炭精笔在放大了的照片图样上涂抹，一副炭精画像就出来了。至于白胡子的处理，那是用橡皮在已经涂了炭精的胡子部位擦拭出飘逸的效果。李才旺学会了这一手，就给自己的父亲画了一张，别人一看还挺像。李才旺掌握了炭精画像，还给人画过，画一张收一元钱，也算是一个"以艺谋生"的小手段。炭精画像对后来成了大画家的李才旺来说，只能是小技一端，但也能说明好奇和爱好是他在艺术上执著追求、笃志好学的动力，是使他走向成功、登堂入室的阶梯。

李才旺在山大上学期间不仅对画画有兴趣，对戏剧也很喜爱。有一次他去海子边办事路过省话剧团，听说里面正在排戏，就进去看。当时排的戏是《3211钻井队》。只见排练场上上来一位穿着风衣扮演领导干部的演员，登台，撩衣，亮相，做得像模像样。但是，导演说："不行，重上！"就这样反复了三五遍，才算通过。李才旺看到这里，就想，这导演可真是重要。本来在家乡就喜欢上党戏的李才旺在省城看排演新戏，就让他更加增加了几分对戏剧的喜爱。

"文化大革命"的来临使李才旺学会了说山东快书和数来宝的技艺。当时学校的学生分为两大派。李才旺是贫雇农出身，又是党员，看不惯斗争所谓的"走资派"。"造反派"也认为这些贫下中农出身的党员学生是"保皇派"，不准他们参加活动。这样的"保皇派"两派群众组织都不要，李才旺成了游离于两派之外的"逍遥派"。

在学校不让"革命"，李才旺就带了17个同学，组成"毛泽东思想宣传队"，徒步出省串联。他们过黄河，上延安，下西安，转河南，再到湖北，4个月走了4个省4千里，坚持徒步不坐车，搞社会调查，进行毛泽东思想宣传。到了西安一些同学不愿意再走了，回了家，只剩下5个人。他们在西安住了半个月，到西安市文工团学习文艺。有的学乐器，有的学唱歌，李才旺学的是山东快书和数来宝。

李才旺在家乡时就会说壶关快板，唱壶关秧歌，就有说唱的才能。他模仿壶关快板大王王雪山，参加了村里的业余剧团，经常在村里演出，说快板。李才旺祖籍河南，与山东相连，加上他的语言天赋，学说山东快书并不困难，所以他很快就掌握了说快书的技艺。他在西安花了两块六毛钱，买了一副月牙板，从此他说山东快书一直说了40多年，成了他下农村召开群众大会、在单位参加联欢会的拿手节目。

这5个人的宣传队，大都是一专多能，吹拉弹唱样样在行。他们用煤油灯放幻灯，自编自演各种小节目，有的吹笛子，有的说快板，有的唱歌，李才旺的节目是说山东快书。5个人能演两个小时，深受沿途群众欢迎。

"文革"中李才旺成了"逍遥派"，谁能想到这既让他学会了说山东快书，掌握了一门搞宣传工作的技艺，也对他的工作安排起到了积极的作用。当组织上要重用他时，派人到山西大学调查，了解他在"文革"期间的情况，知道他在"文革"中是"逍遥派"，没有什么问题，就顺利地通过了组织考察。这个"逍遥派"的身份倒是在政治上帮了李才旺的忙。世界上的事儿就是这样充满了辩证法。

从小热爱艺术的李才旺上大学期间在攻读历史专业的同时，广泛接触了各个门类的艺术，也使他加深了对艺术的认识。他说："艺术是神圣的。对艺术要有一种敬畏感。一旦交上了艺术就交上了孤独与苦恼，要耐得住冷清和寂寞。搞艺术就不能心有旁骛，不能急功近利，要一步一个脚印地踏踏实实地走下去。在艺术上要有一点进步，要达到一个新的境界，非常不容易。这个过程是十分苦恼的。"李才旺在大学期间所培养的对艺术的浓厚兴趣和对艺术的深刻感悟，对他毕业后在宣传工作中大显身手，并成为诗书画全才，是一种很好的锻炼和准备。

第二章
政艺生涯
ZHENGYISHENGYA

在李才旺的经历中，好像"当官"伴随着他的整个人生。自小学、中学到大学，他一直担任班、校干部，不是当班长，就是当学生会主席。大学毕业正式参加工作后，他更是从县到市到省，从科级到县处级到地市级，一直到在全省最高领导机关中担任要职，虽然也风风雨雨，坎坎坷坷，但基本上可谓"官运亨通"，一帆风顺。李才旺也常常调侃当官这件事。他说，当官有"三不当"：开会别当小组长，因为当小组长别人发言自己得作记录，散了会还得去汇报，太费心；出国别当团长，因为当团长得应对各种场面，还得操心团里别出了事，太操心；在领导机关工作别当秘书长，因为当秘书长得随着领导转，随叫随到，领导在走不开，领导不在不能走开，没有节假日，没有上下班，太劳心。对于当秘书长来说，李才旺还有一段顺口溜自我调侃："领导来了领领路，吃饭桌上倒倒醋，召开大会挂挂布（会标），交办事情不敢误。"有趣的是命运捉弄人，李才旺说"三不当"，可小组长、团长、秘书长，这些费心、操心、劳心的"官"他都当了，还当得都不错。

李才旺在不同的领导岗位上，都能够取得政绩，深得民心，受到上级的赏识、同事的信任和大家的敬重，原因是什么？我想主要是因为他政治上的成熟、工作上的干练和使命感、责任心。另外，也是因为他在文化艺术方面的修养，使他在长期的宣传文化部门的领导工作中如鱼得水，得心应手。李才旺是走上领导岗位之前各个方面都有很好准备的干部。

第一节 一位懂书画、善表演、会讲话的宣传干部

李才旺擅长诗书画，还会表演，打鼓板，唱秧歌，说快板，讲故事，写剧本，书画说唱，诸般才艺，简直是无所不会，无所不能，令人惊异和艳羡。李才旺自己调侃做宣传干部是"吹拉弹唱，打球照相；召开大会，布置会场；领导讲话，带头鼓掌"。

一、多才多艺多面手

李才旺参加工作后，曾在县、区宣传文化部门工作了十四个年头，先后担任过壶关县宣传部干事和团县委委员，原晋东南地委宣传部宣传、文艺科副科长、科长（处级，并主持过行署文化局工作）。

李才旺是植根于上党文化土壤的才子。他对上党梆子、上党落子、壶关秧歌等地方民间艺术都非常热爱。他熟悉剧种、剧目和演员，同艺术家们有着密切的交往，很多艺术家都是他的朋友。他对家乡的壶关秧歌更是情有独钟。他喜欢壶关秧歌的表演形式和内容。壶关秧歌

1979年在原中共晋东南地委宣传部工作时的留影

演出的剧目多是反映一村一事或一家子的故事，通俗易懂，很受当地群众欢迎。他也喜欢民间音乐八音会。这种主要用于婚丧礼仪和各种庆典活动的形式，以粗犷高亢、激情奔放的吹奏为群众喜闻乐见。李才旺对这些民间艺术都给予大力的支持和宣传。他赋诗《赵树理故居听上党八音会吹奏有感》，述说"倘若今宵老赵在，非他莫属掌板人"；他歌吟《高平县艺训班》，赞扬"殿堂权当练功场，琴伴童音育新苗"；他谱写《群星赞——高平县剧团演出观后》，描写剧中音乐"急如奔腾黄河水，缓似涓流绕芳洲"；他诵读《赞陵川县曲艺队》，颂扬曲艺队"僻寨遥乡留美誉，长街闹市赞芳菲"。

上党梆子著名表演艺术家段二淼逝世于"文革"期间，1979年平反昭雪。李才旺写了《悼上党梆子著名表演艺术家段二淼同志》一诗，表达了对这位艺术家深深的怀念：

> 月暗风凄殒剧星，春回艺苑祭英灵。
> 芳行感众常思念，妙唱惊天久动情。
> 名噪漳流磨砺就，誉满上党锻锤成。
> 而今盛话吾君好，舞榭长歌段派声。

李才旺歌吟上党艺术团体，颂扬上党艺术大家，反映了他对上党艺术的熟悉，表达了他对上党艺术的热爱。

李才旺还执笔创作了戏曲剧本《金钗案》，由长治落子剧团和长治戏校排演。他拿着剧本到剧团给演员们说戏。他讲得头头是道，还唱得有板有眼，深受大家欢迎，因为他懂得上党戏曲。后来，《金钗案》一剧还由高平人民剧院二团排演，得到观众好评，在省里获了"杏花奖"。

李才旺对剧团写剧本的同志说，写戏曲剧本一定要注意合辙押韵，演员不一定都懂得韵律，而编剧一定要懂得。你写的戏，观众有个听起来顺耳不顺耳的问题，演员有个唱起来顺口不顺口的问题。你写的剧本符合韵律，讲究合辙押韵，演员唱起来自然顺口，观众听起来自然顺耳。这"顺口"、"顺耳"之说，说明李才旺确实是懂戏曲的行家里手。

由于李才旺懂行，通晓各个艺术门类，这就使他在宣传文化部门的领导工作中，拉近了与群众的距离，团结了众多的作家、艺术家，取得出色的成绩。

在一次北京国际计划生育研讨会的联欢会上，李才旺表演的山东快书倾倒了所有代表，同他白天在大会上发言一样，掌声如潮。许多代表叹服地说："白天听你的发言，觉得你好像是学医的；晚上看你的节目，又认为你好像是学艺术的；参观时到一些地方，看你写写画画，又感到你是搞书画创作的；你身份是市长，又似乎是学政治的。"不错，李才旺在艺术上可谓多面手。他的快书表演具有专业水平。在不同的联欢会上或大会中间休息时，李才旺的山东快书都是深受大家欢迎的保留节目。

二、乡音方言模仿秀

方言属于非物质文化遗产，是最具地域特色的乡土文化。人生旅途中，每遇乡亲乡友，听到乡音方言，总是最为开心，最觉愉悦。这就让一些会学说、模仿各地方言的人，备受欢迎和喜爱。李才旺就是这样的一位很受大家欢迎的方言模仿秀。

李才旺说起晋东南地区各县的方言，地道本色，韵味醇厚，常常使得大家开怀大笑。

李才旺掌握晋东南地区各县方言如此娴熟，是因为他经常下乡，同群众接触，对当地方言有特殊的兴趣，入乡随俗，学来学去，成为方言模仿秀。晋东南地区17个县，县县方言不同，李才旺都能说一点，特别是他对阳城、晋城、黎城和高平这"三城一平"的方言尤为娴熟。李才旺学说方言，主要是善于抓住各地方言的特点。如阳城话的特点是卷舌音，沁县话的特点是唇齿音，只要抓住这个特点就学什么话像什么话。李才旺认为，学说、模仿方言也不能太像了，太像了就没有艺术性，人家听当地人说话还不比你说得好！当然也不能一点也不像，如果一点也不像谁知道你说的是什么话。模仿方言要夸大它的特点，比如学说阳城话就要夸大"卷舌"的特点，如阳城人说"饺子"（jiǎo zi）为"饺子"（jiǎo zhi）。模仿方言贵在似与不似之间。学说阳城话就要既似阳城话又不完全似阳城话，这样才能模仿出阳城话的味道。李才旺有两位学友和乡友都是阳城人。他俩在政坛多年，但乡音不改，说话爱"卷舌"是共同处，但讲话时又在相同的阳城腔中有各自不同的特点。李才旺模仿这两位乡友讲话，地道的阳城味和不同的腔调、语气，绘声绘色，惟妙惟肖，能笑翻所有的人。

三、妙语连珠演说家

做领导干部，特别是做宣传工作的领导干部，极其重要的条件之一，就是要有很好的口才，会讲话。在一些会议场合中，我们常常看到，有的领导讲话不拿稿子，会场掌声不断；有的领导讲话念稿子，会场人走一半。会后，领导怨干事没写好，干事怨领导没念好。

李才旺认为，讲话是一位领导干部随身携带的"武器"，对上、对下、对同事、对群众都需要讲话。在什么场合下，讲什么话，怎么讲话，是一门学问，也是一种艺术，是领导干部的一门必修课。李才旺强调，领导干部讲话，不要讲空话、套话，讲空话、套话念起来没劲，听起来没味，要讲真话、真讲话，才能把内心的东西讲出来，才能够同群众交心，产生共鸣。

李才旺口才好，会讲话，上大学时就是校内外闻名的演说家。他曾代表山西大学学生在太原湖滨会堂演讲。演讲的内容，表达的能力，演说的风度，赢得了湖滨会堂数千名大学生的喝彩。大学毕业后回到晋东南，在他后来

主持晋东南地区文化局工作时的李才旺与演员合影

14年的基层宣传工作中更是使他的演说能力得到很好的锻炼。李才旺讲话，不讲套话，不讲那些穿靴戴帽的八股话。他讲的是实实在在、朴朴实实的心里话。李才旺讲话的特点是具有鼓动性、知识性、趣味性和幽默感，常常是出口成章，语惊四座，赢得满堂喝彩。他的讲话能够同听众互动、交流，充满魅力。人们说，听李才旺讲话是一种享受。大家也愿意请他主持会议，使会场气氛热烈，群众情绪高涨。李才旺会讲话，还特别喜欢到场的人多，听众越多，他情绪越高，讲得越生动、越带劲。

上世纪80年代初，李才旺在晋城当市长时，有一次召开市、乡、村三级干部会，安排演一台戏，要调市剧团回来。剧团正好在一个村里唱戏，村里强调是已经写下的戏不让剧团回来。李才旺长期在文化部门工作，他知道群众一年唱一次戏也不容易，但市里召开三干会是个大事，也是一年一次，调剧团回来演出也是应该的。李才旺就同村支书商量，由市里派电影队给村里免费放映一场电影，村支书还是不同意。李才旺在大会上讲到这件事，村支书很紧张,但是没有点他的名,只是说,这位书记虽然没有全局观点,但是很有群众观点,为老百姓考虑。村支书听了很高兴,说:"李市长这样一讲,我没有意见了,就让剧团回来吧。"李才旺说,同样一件事,就看你话怎么讲,讲得好,事情办了,大家还都高兴。要用充满善意的语言、客观的态度做工作,不能强迫命令,那样办事只能是事与愿违、适得其反。

2007年6月,李才旺在郑州参加中国书协理事会。小组召集人说:"明天上午大会发言,请山西的李主席代表咱们组发言吧,他当过省委秘书长,好把式,大家没意见鼓掌通过。"就这样弄得李才旺一下午不轻松,听发言,作记录,晚上还得加班整理发言稿。第二天上午上去讲,15分钟的发言赢得多次掌声。组长很满意,说你这汇报才叫汇报呢!大家说,数咱们组汇报得好呢!李才旺到底是怎么汇报的?他的发言大致意思是:"我们组总共30个人,有13个发了言,有些同志没有来得及发言引以为憾。会上气氛热烈,情绪高涨,发言踊跃。概括起来有三点……"李才旺在发言中提到,某某理事说了什么,某某理事说了什么,他们的发言经过李才旺的加工整理,精辟有加,效果极好!李才旺在大会发言中最后加了一段"小广告":"今年是傅山先生诞辰400周年,我们山西省文联、书协和太原市要举办个书法邀请展,届时欢迎各位光临指导。我们山西可看的地方很多。河南风光好,山西好风光。你们河南省委宣传部介绍说地上文物河南第二,不妨问问谁是第一?我说,就是咱们山西。大家来看看吧。细细看一个月,粗粗看半个月,走马观花看一个礼拜,乔家大院什么的都能看。山西没有好茶饭,有的是汾酒山药蛋,酒管喝好、饭管吃饱,大家来吧!"李才旺的大会发言变成了宣传山西的演说,赢得大家一片叫好声。

2012年7月21日,是日天气炎热,酷暑难当。李才旺在交通大厦参加省诗词学会举办的《诗咏五台山》首发式,即兴讲话,以他独到的见解讲了五台山和五台山诗词,在讲话结束时说,"赤日炎炎似火烧,说到这里算拉倒",引得全场听众开怀大笑。

2012年7月25日，省公安消防总队为纪念建军85周年举办书画摄影展，请李才旺出席开幕式并讲话。面对着装整齐、表情严肃的公安消防战士，李才旺开口第一句话就是："同志们，见到你们格外亲！你们都是立正站着，现在请你们稍息！"李才旺一声"命令"使大家不再紧张，听他激情洋溢、引人入胜的讲话。

李才旺讲话善于开场白，一开口就能抓住听众，让会场顿时静下来，根本不需要主持人再三地吆喝要大家"静下来"（旧时称"雅静"）。2013年1月13日，作为山西省图书馆"文源讲坛"开年第一讲，李才旺在省图做了以《我的政艺生涯》为题的报告。他开头就说："现在的课不好讲，不好讲就讲不好，讲不好就不讲好。可是省图书馆组织安排，大家热情而来，讲不好也得讲。啊！我姑妄言之，大家姑妄听之吧！"开头几句就使讲的和听讲的都精神放松，成了一个气氛热烈、情绪欢快的讲堂。李才旺接着说："人到什么时候说什么话，到什么山上唱什么歌。今天有好多年轻的同志在座，自己就觉得很另类，但也觉得年轻了许多！"一句充满机智、毫不"另类"的话倒是得到大家会心的赞许，显示了演讲者的时尚。

台湾作家张晓风说：散文其实是"易学难工"的。"好水比好酒难求"，"善于美姿走路的"比"善舞者"难求，"善说话的人"比"善歌者"难求。[①]李才旺确实是一位十分难求的"善说话的人"。当然，讲话也得讲分寸，分场合。李才旺说："当领导干部少不了讲话。但是，该讲的时候讲，不该讲的时候就不讲。不能时时、处处都讲。要懂得'沉默是金'的道理。"

李才旺有《口才小议》一诗：

快人快语诚可爱，言不及义非辩才。
沉默是金真良训，口无遮拦是蠢材。

这是李才旺关于讲话的辩证法。

[①] 果子：《重识美文的内功》，2012年9月21日《文艺报》。

第二节　从壶关到长治——十四年的宣传干部

1967年，李才旺从山西大学历史系毕业后，没有直接安排工作，而是同大家一起被分配到北京军区天津军粮城4568部队农场劳动锻炼两年，叫学生连。用他的话说，他们在军粮城是"四不像兵"，即学生的身份、农民的工作、干部的工资、战士的生活。

在农场锻炼，主要是种水稻，就少不了干农活。有一次在地里插秧，适逢大雨，学生们纷纷往回跑。团长正好在营房门前，看见学生没有他的命令就跑回来了，非常恼火，厉声说道："臭知识分子！怎么下了一点雨就跑回来了？听口令：向后转！目标！稻田！"学生们随着团长的口令，又冲进雨幕，奔向稻田。

收割稻子，本来农场有车，有马，但就是让学生们往回背。一句话，就是要让学生们进行艰苦锻炼。当时在农场流行一首顺口溜："割了稻子盖房子，盖了房子接嫂子，接了嫂子生小子，生了小子替老子。"李才旺至今还记着的这首顺口溜，反映的同样是部队农场艰苦、枯燥而乐观的生活。

35年后，即2002年6月，李才旺重返军粮城，作《天津军粮城忆事》一诗，书写这段难忘的日子：

当年曾住军粮城，半是学生半是兵。
挖渠整地种水稻，割苇和泥搭窝棚。
晨号惊梦操步急，月光常引思乡情。
而今重游忆往事，几多感慨在其中。

李才旺忆往昔岁月，难免生出无限感慨。

1969年底，李才旺从部队农场锻炼回来，分配到壶关县革命委员会宣传办公室工作，从底层做起，担任干事，踏上了他的仕途之路。1970年，当选为共青团壶关县委委员。在壶关工作两年，1971年末调到原晋东南地区革命委员会宣传办公室工作。1972年，任晋东南地区对台办副主任。1977年，任晋东南地区革命委员会宣传办公室宣传科副科长（副处）。1978年，由宣传科副科长调任文艺科副科长。1982年，任晋东南地委宣传部文艺科科长（正处），同时主持晋东南行署文化局工作，直至次年调晋城市工作。

从1969年到1982年，也就是从26岁到39岁，整整十四年的黄金岁月，李才旺在太行老区的宣传战线上摸爬滚打，锻炼成长为党的一位优秀的宣传干部。李才旺是喝着老区人民的乳汁成长的儿子，老区的革命传统使他具有坚定的信念，太行的崇山峻岭使他具有广阔的胸怀。从一个农民的儿子，到一个大学毕业生，再到一个称职的宣传干部，李才旺一步一个脚印走着一条坚实的道路。

这十四年，李才旺出色的工作成绩、严谨的工作作风和开朗幽默的性格，给周围的同志留下了深刻的印象。

壶关县革委宣传办公室是李才旺参加工作的第一站。他在办公室搞内务，公务繁杂，头绪很多，但处理得井井有条，工作从不拖拉。特别是他诙谐有趣，见多识广，口开口闭，不是段子就是笑话，办公室很快就成了机关年轻人工作之余聚会聊天、谈天说地的场所，人气很旺。

李才旺的初、高中同班同学刘德宝，有一次和几个年轻人一同去了李才旺的办公室。他们不约而同地被挂在墙上的一块记事板吸引住了。原来是记事板上写了十件事，前九件办了的已被勾去，第十件事没有文字，是一幅几笔勾勒出一个骑自行车的年轻人迎坡力蹬的速写画。在场的人均不解其意，问李才旺，他笑而不语。只有刘德宝不愧是李才旺的同窗好友，他人也聪慧，一语揭开了谜底："出了壶关城，只有清流是上坡，这是完成工作后要回清流度周末。"原来是李才旺和冯涛清新婚不久，冯涛清在清流瓷厂上班。这第十件事是暗示李才旺下班后要回清流家中同妻子团聚。刘德宝的破解使大家哄堂大笑。刘德宝还就此事赋诗一首，以记其趣："本周记事有蹊跷，几件楷真一素描。滚滚车轮前把矮，匆匆骑者后臀高。新朋半日猜谜底，老友一时解玄奥。寓在办公诸事毕，赶回瓷厂且逍遥。"这真是：李才旺多才多艺，刘德宝巧解画谜。二同学知根知底，一席话笑破肚皮。

这十四年，李才旺在他具有的深厚传统文化的基础上，开始研习旧体诗词创作和书法绘画艺术。他的书法作品参加过地区和晋城市的书画展览和比赛；他的书法"黄河"被选用《山西日报》副刊栏题；他的诗歌处女作《书斋随吟》在报纸上发表；他创作的剧本《金钗案》上演后反响强烈……这十四年的学习、实践使李才旺真正成为宣传战线的行家里手，成为人们逐渐关注的诗人和书画家。

十四年的基层宣传文化工作，使李才旺明确了一个观点，就是作为一个宣传文化干部要有一定的文化素养和艺术修养，特别是作为一个宣传文化工作的领导干部，不仅要在贯彻党的文艺方针、完成工作任务方面下工夫，同时还要自觉地提高自己的文化素养和艺术修养。他说："作为一个宣传文化部门的负责人，少不了要同艺术家们打交道，参加各种文化艺术活动，必须和他们有共同的语言，这样对做好领导工作有帮助。如果请你看书法展览，你分不清真草行隶篆；看美术展览，你分不清油画、版画、国画，不懂得工笔和写意；研究戏曲剧本，你不知道音韵十三辙，分不清生旦净末丑……你就不会与艺术家们有共同的语言，也很难与艺术家们交成知心的朋友。别人认为你是外行，你就不好工作。"李才旺还说："平时闲下来编剧本，搞创作,钻研诗书画艺术,不仅可以提高自己的鉴别和认识能力,而且拉近了自己同文艺家的距离,既陶冶情操,又增长学识,还利于工作,这等的好事,何乐不为!"李才旺强调做宣传文化工作的领导干部,一定要不断地提高自己

天作之合

的文化素质和艺术修养,由外行变成内行。李才旺这样告诫大家,他自己就是这样做的。他在工作中经常向艺术家们讨教艺术方面的各种问题。他见到书法家请教书法问题,见到画家探讨绘画问题,到了剧团看导演怎么排戏。他有不少艺术界的朋友,使他在不断地同艺术家们的交往中汲取知识,增长见识,对他在艺术上的提高起了很好的作用。

这十四年,在李才旺的组织领导和参与影响下,晋东南地区的文学艺术出现了新人辈出、佳作纷呈的空前繁荣景象。一批继承赵树理文学传统的青年作家如潘保安、田澍中等崭露头角;一批传承上党梆子和上党落子古老剧种精华、荣获"梅花奖"的戏曲新秀如张爱珍、吴国华等唱响城乡舞台;一批记忆历史、反映现实的,荣获"飞天奖"等奖项的优秀电视剧如《上党战役》等出现在全国荧屏上;一批书画艺术家在国内外举办的各种类型的书画展上精彩亮相……这一切引起文艺界的赞叹:李才旺的出现,使晋东南的文化艺术"朵朵红梅齐争春,枝枝红杏出墙来"。

第三节　晋城十年

李才旺的晋城十年，恰恰与晋城的建市、升格同步。

晋城，古称泽州，位于太行山南端，是上党通往中原地区的门户。晋城，历史悠久，秦汉置县，称高都；隋称丹川；唐贞观元年始称晋城县；清改名凤台县；民国元年复称晋城县；新中国成立后一直沿用。晋城，自古以来有过多个动人的名字：高都、丹川、凤台、泽州，但它在上个世纪80年代初，尚属山区小县城的格局，缺水少电，街道狭窄，公用设施落后。这就是李才旺到任前晋城的城市现状。

1983年8月，晋城改设县级市，就在此时，李才旺调晋城市工作，任市委副书记、市长，主持全面工作，重点是抓城市规划和建设工作。

1985年5月，晋城升格为地级市，辖泽州、城区、高平、陵川、阳城、沁水6市县区，总面积9490平方公里，总人口203万。也就在此时，李才旺任晋城市第一届政府副市长，分管公检法、城建环保、文教卫生等工作。

从1983年任职晋城到1993年离开晋城调省城工作，任省政府副秘书长、办公厅主任，李才旺在晋城整整工作了十年，把他从39岁到49岁的壮岁年华献给了晋城，为晋城的十年变化书写了精彩的一笔，至今人们都不忘他们的李市长。

一、晋城市管县体制改革中的一个插曲

李才旺的仕途之路，总体上说还是比较顺当，但也有坎坷，完美人生应该是一种理想。

2002年5月，山西大学百年校庆时，李才旺应邀回到母校给同学们做过一次讲演。他说，自己从政四十多年来，有平步青云、一帆风顺的时候，也有风雨如晦、波澜四起的日子，有"过五关斩六将"的辉煌，也有"败走麦城"的失落，欢乐和苦恼，成功和失败，经验和教训，总是结伴而生的。这是李才旺的人生体验。在这种宦途沉浮的磨炼中，李才旺不论面临什么样的处境都有一个达观的

1983年出任晋城市（县级）市长时留影

人生态度，遇事能够洞察利弊，化险为夷。在晋城市由县级市升格为地级市的过程中，李才旺就曾有过一次前程莫测、峰回路转的经历。

1985年，晋城市由县级市升格为地级市。在筹备升格期间，省领导找李才旺谈话，拟任命他为升格后的晋城市副市长，并让他参与建市筹备工作。领导交付重担，李才旺欣喜的心情自不待言。正当他一心一意地扑在晋城市管县的筹建工作中时，一天早晨，市领导找他谈话，让他先到阳城担任县委书记。领导又说，不是马上就任书记，而是先任县委副书记，主持工作，待原县委书记调离后，再正式就任县委书记。这突如其来的变化，李才旺也如常人一般，心中顿起波澜，产生了一种情绪。李才旺觉得事情过分突然，而且不明缘由，他想不通，觉得待他不公，但当时也不好说什么。

晚上回到家里，李才旺述说此事，家人和秘书、司机等身边工作人员都感不平，事情为什么会变成这样。就在这时，说来也怪，突然狂风大作，电闪雷鸣，暴雨倾盆，直泻而下，大雨打着院子里的梧桐树哗哗作响，雨水流泻在玻璃窗户上如泪水千行。这时的李才旺再也抑制不住自己的愤懑情绪，灵感突发，大呼："拿笔来！"于是一首充满激情的诗篇《偶感》便出现在大家的面前：

狂风和着悲哭起，暴雨犹随苦泪流。
无怨无恨无人生，有风有雨有春秋。

写罢把笔一掷，在洁白的墙壁上留下了墨汁四溅的一团黑花。后来有朋友到他家里看到墙上一团墨迹，问其所以，李才旺告之，朋友开玩笑地说："这是李东坡的笔迹！"

这使我想起古人题壁的书写方式。大抵是三五好友相聚一室，酒酣面赤，诗兴大发，叫得酒保来，笔墨伺候着，把席间吟出的诗文书写在粉壁上，可谓兴会无前的文人雅事。这也使我想起怀素的一首诗："粉壁长廊数十间，兴来小豁胸中气。忽然绝叫三五声，满壁纵横千万字。"

此时此际，李才旺奋笔疾书，挥毫泼墨，抒发了心中的不平之气，情绪也就慢慢地平静下来。他想，人世间没有怨没有恨也就没有苦乐人生；大自然没有风没有雨也就没有春夏秋冬。一年四季，每天骄阳似火，热浪滚滚，你也不能活；每天冰天雪地，五谷不生，你又怎么活！这就是人生。李才旺的《偶感》诗是对无奈世事的激愤，也是对莫测人生的感悟。只要明白个中道理，就会胸襟开阔，笑对人生，不再考虑其他。他的经历告诉自己，遇到一些事情会产生一些不快和情绪，想明白以后，也就顿觉释然。他对家人和身边的工作人员说："这突如其来的变化，必有各种原因。人生道路上什么事情什么情况都会发生,还是坦然面对吧!"李才旺这样宽慰自己,也说服别人。他想还是服从安排,打点行装,让去阳城就阳城吧。他想到阳城做一段县委书记也有好处,对自己来说也是一种历练。

过了半个月,李才旺准备到阳城赴任。阳城县已经派人到晋城来接。阳城的同志在晋城开了个座谈会,欢迎李书记上任。会后在饭桌上,李才旺饮酒微醺,谈笑风生,同大家说,到阳城搞"副"(指担任县委副书记)也好,如果县里搞不起副业来,咱们阳城山上有猴,咱弄上几只猴,砍上两根竹子,买上一面铜锣,扯旗放炮,耍猴也能行啊!说到这里,李才旺心中不知道是苦还是乐,倒惹得大家大笑不止。

第二天早上就准备走,晋城有上百人要送李才旺到阳城。他立即劝阻,说这样兴师动众不好。大家不肯,说我们不吃阳城的饭还不行,我们送到县边就回来了。晋城的同志如此热情,使李才旺感到十分为难又无可奈何。正当李才旺准备赴阳城上任之时,事情又发生了变化。

李才旺准备第二天一早到阳城上任,晚上突然接到市领导打来的电话,问他准备好了没有?李才旺说:"准备好了。万事俱备,只欠东风,就等走马上任。欢迎领导到阳城指导工作。"领导说:"明天你先别走吧!"李才旺以为是市领导听说了晋城送他的人多,就说:"明天可能送的人比较多,这事我不好说,希望市里劝阻一下。"领导说:"不是这个意思。你不要走了。"领导让李才旺明天上午就随省建设厅高厅长在晋城下乡。就这样,留晋城,下阳城,再留晋城,一事三变,当时连李才旺本人也说不清这到底是怎么回事。

二、刮遍晋城的"李才旺旋风"

1985年5月,晋城升格为地级市。原晋东南地区撤销,晋城与长治并列,实行市管县。新组建的晋城市市级机关大本营还在长治市。省委、省政府要求两三年内完成机关南迁。城市建设就成为摆在晋城市的头等大事。这件头等大事就落在刚刚上任的副市长李才旺的身上。

实际上在李才旺担任县级市的晋城市市长时，就把抓城市建设、改善民生放在首位，制定了一条以城建为突破口、带动其他工作和经济发展的方针。晋城市升格后，他延续了原来的工作思路，只是比原来的城建要求更高、规模更大、进度更快。

1985年任晋城市（地级）副市长时主持研究城市规划

李才旺作为"撤县设市"这一中国现代化进程中重大举措的开路先锋，上任伊始，便审时度势，组织人马精心编制了城市总体规划。李才旺运筹帷幄，不负众望，雷厉风行，狠抓落实，使蓝图变成了现实，使晋城这个偏远小县变成了一座崭新的现代化城市。

李才旺面对一片荒滩野地，着手城市建设。他从规划设计入手，确定建设项目，规划道路红线，设计城市绿化，通盘考虑，一一落实。为了搞好道路两旁绿化，李才旺到河南洛阳考察，引进优良树种塔松。栽种后，为了过冬，一棵树围了两层席子，成活率达到97%。

在李才旺负责城建的工作中，遇到的最大问题，一是资金，二是"钉子户"。资金不到位，工程无法上马；"钉子户"问题不解决，工程上了马也得停下来。这两个问题困扰着李才旺，食不甘味、夜不能寐，他本来就稀疏的头发更是一根根地直往下掉。

人们常说一句话："钱不是问题，问题是没钱。"李才旺遇到的第一个，也是最棘手的问题就是钱。机关南迁，办公楼要建，宿舍楼要建，供电、供气、供热工程也需要建，市政道路、学校、医院更需要建。百业待举，什么都需要建，建就需要钱。据初步测算，晋城建市，机关南迁，精打细算，也需投资4亿元。

钱从哪来？李才旺伸出四个手指：上边要一点，下边挤一点，社会集一点，工程省一点。为了钱，李才旺恳求省里各方面："有钱的帮个钱场，没钱的帮个人场，没钱没人，给点政策和精神鼓励，我们也感谢。"登门拜求，磕头捣蒜，李才旺利用自己的一切关系资源，凭借自己的人品、口才和轻易不言放弃的精神，感动了"上帝"，得到了支持，资金问题逐步地得到解决。晋城城建实际完成投资8亿元，其中农民投资占三分之一。资金逐步到位，工程逐项上马，整个晋城成了一个大工地。

随着工程的上马，各种问题接踵而来。摆在李才旺面前的是一个个大小难题。"停电"，工地上打来了紧急电话，他得跑电业局、电力公司协调解决。"停水"，又是一个紧急报告，他得跑到自来水公司求援。影响工程进度的"钉子户"是其中最大的一个难题。李才旺从调查研究入手，以关注民生为本，合理地解决拆迁户的搬迁问题，给予妥善安置，依法拆迁了一批影响工程的"钉子户"，保证了城建工程的顺利进行。

解决"钉子户"问题，既要解决拆迁户的搬迁问题，还要解决违章建筑的拆除问题。影响城市规划和建设的违章建筑必须拆除，但在拆除过程中有些群众一时想不通，就到市政府找李市长上访。有一次几十个人围住了李才旺的家，办公室的同志让他回避一下，他说："回避什么？哪有共产党的市长怕见市民的道理，应该面对面地给他们讲清楚。"李才旺就同他们进行交谈。他说："你们有意见我理解，但城市的规划是必须执行的，不能'要想富，占马路'，那只能富了少数人，堵了大家的路。希望你们按规划办事。这样你们也能挣钱，市容也能改观，不是两全其美的事吗？"他们说："我们已交过钱了。"李才旺说："正因为你们交过了钱，所以我才批评城建部门，没有批评你们。我要求他们重新规划地方搞市场，这次就不再收你们的钱了嘛。如果你们觉得我处理得还可以，我答应给你们题写牌子，希望你们财源茂盛、买卖兴隆！"李才旺这样一说，群众就理解、满意了，原定三天的拆除期限，实际上两天就拆完了。这件事情更使李才旺坚信，作为领导干部只要满腔热情地给群众把道理讲清楚，是能够得到群众的理解和支持的。

为了确保工程的进度和质量，李才旺经常是夏天戴一顶小草帽，冬天披一件棉大衣，风里来，雨里去，奔跑在工程第一线。据工程指挥部的粗略统计，在工程最紧张的日子里，李才旺一天要处理五十多个问题，有时甚至要24小时连轴转。人们看着一座座高楼矗立，看着一条条马路延伸，也看着李市长日益消瘦的面孔，他们掉泪了！一股"李才旺旋风"刮遍晋城，为他们办事的李市长赢得了老百姓的爱戴。

李才旺抓晋城市的城建工作，日夜操劳，尽职尽责，过程进度，各种数据，了如指掌。有一次，他代表晋城到省里汇报，在省领导和有关厅局以及各地市政府领导面前，他一手持话筒，一手指着图版，汇报晋城市的城建工作，各项工程进展情况娓娓道来，各种数据几百个，他都脱口而出，内容翔实，数据准确，得到省领导和到会人员的一致称赞。

李才旺在晋城创业十年、奋斗十年，十年使晋城发生了巨大的变化，由一个落后的小县城成为一座高楼林立、道路纵横、树绿花香的崭新的现代化城市。晋城十年，城建投资达 8 亿元，建成 5 条大街（其中两条大街是宽 70 米的长街，当地人称为晋城的"长安大街"）、4 个住宅小区、300 多幢大楼，居民住房由人均 4 平方米提高到 8.7 平方米。在每套职工住宅里都安装有脸盆、浴盆和便盆。这"三盆"俱全的住宅设施当时不仅在晋城恐怕在全省也是少有的。这反映了李才旺在基建时就考虑到提高居民生活质量的远见。城市规模由原来的 12 平方公里增加到 25 平方公里。城市煤气化从零开始，已初具规模；供水、排水、绿化、环保都跃上了一个新台阶。城市面貌发生了根本的改观。晋城市连续数年被评为全国精神文明建设先进典型，全国城建系统先进典型，国家卫生城市。省委领导对晋城的建设给予高度评价："投资少，效益好，速度快，质量高。"还特别指出："吸引农民资金搞城市建设，是一条具有中国特色的城市建设之路。"时任国务院副总理的朱镕基视察晋城时说："没想到太行山上还有这样一座美丽的城市！"时任国务院副总理的邹家华代表国务院授予该市新区"国家级环境优美小区"称号。当地老百姓叫晋城是晋东南的"小香港"，文人们称晋城为"太行山上的一颗明珠"。

李才旺给晋城留下来的是一座美丽的城市，而晋城送给李才旺的是老百姓的口碑，这是对他身体力行"权为民所用，情为民所系，利为民所谋"的回报。

1991 年，中共山西省委作出选派干部到山东学习的决定。晋城市委选派了两区三县 16 位负责同志，由副市长李才旺带队，于 9 月 15 日来到山东省淄博市学习考察三个月。李才旺挂职淄博市副市长。他总结的"坚定不移地以经济建设为中心，把中央精神与当地实际结合起来，说淄博话，唱地方戏；上上下下心心相印抓经济，左左右右齐心协力图发展，干部群众拧成一股劲，大胆探索，真抓实干"的淄博经验，对大家启发很深、教育很大。李才旺不仅带队学习考察好，而且亲自动笔写《借鉴山东经验 振兴晋城经济》的长篇赴鲁学习考察报告。李才旺的《考察报告》包括"淄博市的发展引人注目"、"淄博市振兴经济的主要经验"、"对发展晋城经济的几点建议"三个部分。他在"建议"中以淄博经验结合晋城的实际提出：

（一）千方百计创造上下左右以经济建设为中心的大氛围；

（二）千方百计推进我市乡镇企业的第三次飞跃；

（三）千方百计促进市场的发育；

（四）充分研究和利用晋城市周围的两个"大粮仓"，积极调整我市的农业结构；

（五）调动各方面的积极性，千方百计加快教育事业的发展；

（六）建立健全激励机制，调动更多的人全身心地投入经济建设。

李才旺在《考察报告》中特别强调：要"像淄博市那样，从政策上鼓励和保证那些愿干事业、有能力干事业的人集中精力干事业，放开手脚干事业，心情舒畅地干事业。把那些不会干工作只会挑毛病，不会为企业铺路搭桥，为经济添温加热，只会设障碍、添乱子的人的手脚'捆'起来，真正形成一种能干者上，立功者奖，平庸者让，捣乱者罚的机制。让那些有真才实学的人能充分发挥聪明才智，让那些愿为振兴晋城经济出力流汗的人能甩开膀子大干。"他说："学山东经验，走淄博之路，就要像淄博人那样，进一步解放思想，进一步振奋精神，把以经济建设为中心的观念树得更牢，把争先向上的劲头鼓得更足，把发展经济的措施抓得更实，一步一个脚印地把晋城市的经济建设推向前进。"李才旺撰写的《考察报告》实际上就是一个振奋晋城干部群众精神、提升晋城经济发展水平的战略措施和动员令，对晋城市的社会经济发展起到了积极的作用。

李才旺作为主编还把参加学习考察组的成员所写的综合报告和专题报告汇集成《来自齐鲁的报告》一书，1992年5月由中国经济出版社出版。

三、"十年甘苦等闲看，荣辱得失问后人"

作为人民的公仆，李才旺下乡时，给五保户挑水；过年时到工地给工人

李才旺在晋城市综合办公大楼奠基仪式上讲话

拜年；中秋节，他不回家过节，到工地给工人们送月饼，同大家团圆；工程师误了吃饭，他亲自张罗安排；工人病了，他到医院看望、关照……城市建设靠工人，李才旺把工人当亲人，工人们感动地说："李市长，建不好晋城，我们都不回家！"

在遇到困难、危险的情况，李才旺更是身先士卒，奋力冲上，排险解难。

晋城矿务局油库失火，他闻讯立即奔赴现场，因是星期六，一时找不到单位领导，他自封"总指挥"，调集各路消防人员，奋力扑救，直至大火彻底扑灭。

梨树沟煤矿发生瓦斯爆炸，一接电话，李才旺最先赶到现场，组织救援。李市长成了突发事故的"灭火队"、"救援队"。

晋城煤气站建成，为了确保按时试车、安全试车，李才旺昼夜坐镇现场，亲自指挥。试车那天，在最紧张的时刻，电机出了毛病，工地上一片嘈杂，人们最担心排除故障时气柜会不会着火、爆炸。一个小小的电火花就可能造成一场大灾难，让所有在场的人粉身碎骨。为了尽快排除故障，李才旺让干部和群众都撤离到离工地较远的地方，只身奔向现场。临行，他半严肃半开玩笑地对市政府秘书长说："老平，万一我今天壮烈了，家中老小就拜托你了！"在场的人无不为之动容。李才旺到了工地，坐镇现场指挥。他镇定地对工人们说："不要慌！我陪你们一块儿修。"直到故障排除。当工人们端着用煤气烧开的第一杯水敬给他时，李才旺和大家都流下了激动的泪水。

李才旺负责晋城的城建工程，重任在身，干系重大，但在一些人的眼里这是"生财之道"。李才旺牢牢地记着省委领导语重心长的话："搞建设，可以锻炼一批人，也可能毁掉一批人"，严格要求自己，不敢稍有懈怠。

晋城长街工程破土动工之时，他戒烟铭志，向部属约法三章：不准擅自决定施工单位；不准吃请、收礼、受贿、索回扣；不准拿工程上的任何东西。同时采取三条重要举措：制定设计、施工招标承包责任制；建立健全工程质监体系；实行工地挂牌施工制度，便于群众监督。

李才旺对部属要求严格，自己以身作则，率先垂范，恪守规矩，从不拿工程做交易，对老乡、亲友、熟人，一视同仁。他自从负责城建工作后，自始至终没有吃过工程队的一次饭，没有在自己家里接待过一个工程队的承包人员。

李才旺负责晋城城建工程的几年，找他的人明显增多，有亲戚朋友，有同学老乡，找上门的大都想通过他揽点工程，但他始终坚持一条，按规矩办事。他对这些熟人们说："不能因为我管工程，你们就不能来晋城揽工程，但也不能因为我管工程，你们就可能随便揽到工程。"

有一次，李才旺在工地上发现一个施工队的活做得不地道，工头赶忙附耳低言："李市长，咱们是老乡，请高抬贵手。"李才旺严肃地说："我的手不贵，也不能高抬。咱们既然是老乡，你们就应该给老乡脸上增光。"坚持让这位声称是"老乡"的工头返了工。

还有一次，在建筑质量评比会上，李才旺表彰了六家施工单位，黄牌警告了两家，其中一家被警告的施工单位的头儿就是他的老乡。

在当今社会，分管城建、手中掌握着数亿元工程的领导干部，也就会成为一些想揽工程的工程队和建筑公司的头头们的工作对象。有的凭靠实力积极地争取，有的却不免搞一些邪门歪道，或送物送钱，或许以回扣，或托人说情，或借势相逼，千般手段，万种心术，无所不用其极。李才旺身居此位，岂能置于世外，自然也会成为他人的攻略目标。但是，凡在晋城市干过的工程队和建筑公司都知道一个绝不敢逾越的红线，就是绝不能也不敢给李市长送礼，否则，立马走人，别无二话，且今后再也别想在晋城揽到工程。李才旺早就有言："你给我送礼，其实是小看我，蔑视我，是侮辱我的人格！给我送礼，不只害我，还害老百姓，害国家，害共产党！"

李才旺为了晋城城建工程废寝忘食、日夜操劳，但并不能杜绝一些人的凭空臆断，流言蜚语，甚至向上告状。几番迎送调查组，李才旺皆坦然笑对，但心中也有说不尽的苦楚。他一边接受组织调查，一边更加勤奋地工作。回到家里，在妻子儿女面前，这位铁汉子竟然也常常流下了眼泪，他无法在家人面前掩藏心中的无数委屈。他又不好对家里人说什么，只能把这种委屈倾向笔端，赋诗作画，发泄心中愤懑。

李才旺在晋城干了几年，有人告了几年，上面查了几年。他对身边的人说："行止无愧天地，褒贬自有春秋。相信历史是公正的。"这正是：谗夫毁士，如寸云蔽日，不久自明。

李才旺除主抓城建外，在他分管的公检法、文教卫生等各条战线都取得了骄人的成绩，屡获国家和省里的诸项大奖。1993年，李才旺离开晋城，赴省上任，临行前赋诗《感怀》：

街宽楼高树森森，说长道短语纷纷。
十年甘苦等闲看，荣辱得失问后人。

人们得知李才旺要调离晋城，到省里工作，数以千计的群众和干部含着热泪前来相送。一位80多岁的老政协主席也坐着轮椅来给李才旺送行。市领导握着他的手，深情地说："李市长，你对晋城的建设是有贡献的。晋城的大马路、高楼房都是你的无字丰碑。晋城人民不会忘记你。"李才旺，这位硬汉子潸然泪下，送行者莫不唏嘘感叹。

晋城十年，才旺无憾，胸怀坦荡心，踏上新征途。

第四节　省府和省委大院的八年

1993年，对李才旺来说是他人生道路上的又一重大转折。李才旺由晋城市上调省里，担任省政府副秘书长兼办公厅主任，成了山西省政府的"大管家"。过了四年，又同级调到省委，担任中共山西省委副秘书长兼办公厅主任。他在这两个极其重要的岗位上整整工作了八年，直到新世纪来临——2001年调到山西省文联。这八年，对李才旺来说，是身世显赫的八年，也是他诗书画水平、技艺与日俱进的八年，构成了他"为政从艺两怡然"的峥嵘岁月。

一、忙而有效，如坐春风

李才旺担任省政府副秘书长兼办公厅主任，按照分工，主持办公厅的全面工作，并协助省长协调财贸等方面的工作。这两块工作都有很强的政策性、综合性、事务性，任务十分繁忙。忙是办公厅工作的常态，不忙是不可能的。但是，如何忙而不乱，忙而有效，忙在点子上，这是李才旺经常考虑的问题。李才旺认为，办公厅是省委省府的中枢机构，如何真正为领导服务好，为群众服务好，搞好品质服务，树立机关的良好形象至关重要。为此，他提出，"机关园林化、卫生经常化、办公自动化、服务规范化"的"四化"要求，并推行"新效率工作法"。在李才旺的大力倡导和认真落实下，机关大院的环境建设、卫生工作出现了新的面貌，受到有关部门的表扬；在服务规范化建设上，取得明显成效，提高了机关工作的质量和效率。国务院在这里召开了办公自动化现场会。

李才旺对机关工作目标明确，敢抓敢管；对自己的要求更为严格，为大家做出了表率和榜样。在文件处理上，他反对拖拉，坚持文件随到随阅，随阅随签，绝对不能在自己的手上积压文件，做到上传下达，及时到位，不能误事。

李才旺有一个好习惯，就是无论是上班、下班，身边总是带着一个小本子，随时记下要办的事情。他牢记老百姓说过的一句话："好脑筋不如个赖笔头。"所以，在工作中事无巨细，都不会耽误。

任山西省政府办公厅主任时留影于吕梁

在办公厅，李才旺的工作精神人人钦佩。1996年春节前，因连续出差，李才旺腊月二十八、二十九都是在火车上度过的，还患了重感冒。虽然身体不适，精神疲惫，但正月初一，他还是按照统一安排带病去了引黄工地，紧接着又组织了正月十五的引黄工程现场会。

从1993年3月到2001年3月，李才旺担任省政府、省委副秘书长兼办公厅主任，工作了八年。他说，办公厅主任不是"官"而是"僚"，用过去的话说叫"幕僚"，要认准自己的角色，做好服务工作。

在办公厅工作，李才旺一直告诫自己，提醒大家：办公厅工作，要小中见大，见微知著，凡事只能办好，不能办坏；一定要勤政敬业，坚守岗位；要干着手头活，想着全局事，大事小事都不能掉以轻心。尤其在领导身边工作，言谈举止必须得体。没有根据的话不能乱说，没有指示的事不能乱做，要找对自己的位置。

李才旺经常对办公厅的同志们讲："在这里工作，必须有一种心态，那就是如临深渊、如履薄冰，任何工作都不敢掉以轻心。"他说，办公厅没有小事。十件事九件你办好了，一件事办砸了，你就得卷起铺盖走人，不要埋怨。即便说，你干了的都是小事，而你误了的却是大事。比如省委书记要跟总书记通电话，你忘了，那是多大的事！不能认为不就是打个电话嘛！省长要跟总理通电话，你说，我现在正忙，一会再打吧！这行吗？不行！

李才旺还对办公厅的工作人员讲，自己当过领导，也做过工作人员，特别是普通工作人员。在领导机关工作，特别是在领导身边工作，一定要注意细节。他说，细节决定成败，做事要讲究细节，做人更要讲究细节。一个人不注意细节，可能会影响自己的前途和命运，最起码也会造成个人的尴尬和难堪。李才旺用自己的切身感受告诉大家在领导面前应该注意的细节。进领导办公室请示问题，领导不让座，你不要坐。领导让座，你再坐。请示完以后，领导不再说什么，你就离开，不要待着不走。李才旺说，在中国的传统文化中等级观念很强，我们今天当然不必沿袭，但是注意自己的身份还是必要的，以免讨人嫌。注意细节是对领导的尊重，也是对自己人格的尊重。

李才旺讲过一个颇有几分苦涩的笑话。某县机关有一个干部，给县委书记送材料，县委书记拿出了烟，他马上说："我不抽，我不抽。"回去一想，不对，人家书记是自己要吸烟，并不是让咱抽的，又返回去对县委书记说："你刚才不是要给我烟，我那个'我不抽'的话是多余的。"其实这位干部再回去向县委书记作解释就更是多余的。

李才旺在办公厅做领导，严格要求所有干部要礼貌待人，衣冠整洁。他自己以身作则，在正式场合，一定是着西装，扎领带。在参加书画笔会一类的场合，他也身着唐装，风度翩翩，更有一种中国传统文人的风度。正像他的恩师董寿平先生,"十分注意仪表和着装,须发总是理得整整齐齐,脸部刮得干干净净。在社交场合总是衣冠楚楚,颇有绅士和学者风度。"董寿平先生说:"一个人的仪表代表自己的文化修养,同时也是对他人的一种礼貌。"①

李才旺由于工作关系和省委书记胡富国接触很多,又住在一个院里,经常到他家。胡富国对家里孩子们说:"你李叔叔和咱们家这么熟,这么惯,经常到咱们家来。在你们的印象中,有哪一次李叔叔是衣冠不整、穿着拖鞋来的?"孩子们当然说从来没有见过。注意自己的形象,言谈举止,衣冠整洁,同样是属于做人的细节。

李才旺八年大院高官的工作、政绩和影响被称为"李才旺现象",为国内外的媒体所关注。美国一家报纸曾撰文说:"我们永远不要忽略的一点是,在中国共产党内,确实有一大批像李才旺这样具有真才实学的精英人才。他们勤政敬业,倾心为民,是中国的脊梁。他们代表着中国的未来,也是中国共产党得以存在的基础……"

李才旺在省委、省政府办公厅工作,也常常会陪同省领导出国访问。出访之后,需要他批办的公文只好暂时积压起来。出访归来,首要之事就是审批各类公文。1994年初春的一天,李才旺办公时,正好他的壶关老同学刘德宝来看他,见到他既聚精会神又从容不迫的样子,很有感慨,赋诗一首相赠:《胜任真如坐春风——见才旺出访归来阅批案牍感吟》:"出访归来忙不停,文山会海任从容。摞叠牍页三千尺,批阅案头半日功。迎客联珠出妙语,用笺落墨起惊鸿。积来政务功夫厚,胜任真如坐春风。"刘德宝的诗生动地描绘出李才旺干练的工作作风和情态,好像为李才旺拍摄了一段视频,记录下他的音容和身影。

李才旺在省委、省政府工作期间,始终遵循"勤奋学习,善于思考;服从全面,搞好协调;忠于职守,勤政务实"的工作要则。处理政事时,全神

---

① 郭宝原:《董寿平艺术人生》第118页,三晋出版社2013年6月。

贯注，做得干净利落；政事处理毕，便静下心来从事创作。这成了他长期的工作习惯。

李才旺身为省委、省府副秘书长兼办公厅主任，任务之繁多可想而知，但他仍不忘深入基层，调查研究，并把实践中总结出来的经验编辑成书，以指导工作。1999年3月，李才旺主编的《回顾与展望：三晋农村小康之路》由中国统计出版社出版。省委书记胡富国作序。这本书包括：山西农村居民从贫困到温饱的历史演变，山西农村小康实现程度与差距，山西地区间农村小康目标实现程度差异分析，2000年山西农村小康实现程度的基本估计，山西农村实现小康的思路与对策等章，并附了中国农村小康标准描述、基层农村小康建设材料和山西农村住户调查主要统计资料。农村小康建设是具有划时代意义的伟大工程。抓好小康建设，就要深入研究小康，总结新情况，研究新问题，提出新对策。《回顾与展望：山西农村小康之路》一书，正是对小康问题总结研究的实践与探索。它的出版对山西农村小康建设起到了积极的促进作用，受到有关方面的重视和好评。

作为《回顾与展望：山西农村小康之路》的姊妹篇，2000年4月，李才旺主编的《三晋农村扶贫攻坚之路：历史大跨越》由中国统计出版社出版。我国农村人口摆脱贫困，实现温饱，走上小康，这一历史性的跨越，在我国的社会主义现代化的建设中具有重要的意义。山西到1998年末，已有27个贫困县、368个扶贫攻坚乡镇、266万贫困人口解决了温饱问题，但是，全省还有100多万农村人口没有解决温饱问题，而距2000年基本解决农村贫困人口温饱问题的目标只有一年多时间，因此，扶贫攻坚任务更为艰巨，责任更为重大。基于此，李才旺牵头编写了《三晋农村扶贫攻坚之路：历史大跨越》一书，力求从实践上总结扶贫规律，从理论上探析扶贫新路子，配合和推动扶贫攻坚计划的实现。全书包括：山西农村反贫困进程，扶贫资金投入，三大温饱工程全面实现预期目标，浓墨重彩谱写机关定点扶贫新篇章，动员社会力量进行扶贫攻坚,因地制宜搞好扶贫攻坚工作等章节,并附有扶贫工作重要文献、农村经济统计资料,使全书更具有指导、参阅价值。

李才旺在省委、省政府办公厅主编的这两本书,在当时具有指导意义,在今天仍有史料价值,是了解山西农村变革——扶贫攻坚、实现小康的重要资料。

二、省委书记和李才旺

2011年,书市上有一本畅销书,是黄晓阳著的官场小说《二号首长》,书的副题是"当官是一门技术活",广告语是:"看过的都叫好,没看的都在找"。第一部5月出版,第二部9月出版,到10月份,一、二两部就售出63万册。书的主要内容写江南省省委书记赵德良和他的秘书唐小舟的故事。由于唐小舟能够和赵德良接近,也就成了人们的"攻防"对象,人称"二号首长"。我读了这部小说,觉得写得很有趣,充满了政治智慧,写透了官场博弈,打开了官场的一扇窗口,带领读者了解官场的真实面貌。我看这部书,就觉得李才旺也有点像这位"二号首长",这是由于他和省委书记胡富国密切的部属关系。

(一)省委书记的好助手

李才旺同胡富国认识还是他在晋城市工作的时候。上个世纪90年代初,胡富国当时在煤炭工业部当部长,到晋城矿务局考察,顺便也到晋城市看看城市建设。这一年正赶上正月十五闹元宵,晋城市办了个灯会,时任副市长的李才旺分管公检法,担任灯会总指挥。胡富国爱热闹,就上街逛灯会。只见火树银花,流光溢彩,车水马龙,游人如织,欢乐祥和,秩序井然,胡富国看得高兴,连声叫道:"好啊!"当他得知灯会是由他的长治老乡、晋城市副市长李才旺组织的更是高兴。他同李才旺说了说晋城的建设,聊了聊家乡的情况,二人谈得十分投机。这是李才旺同胡富国的第一次接触。后来省委决定调李才旺回省里工作,胡富国已经担任山西省省长了。

李才旺随同省委书记胡富国在地市考察

作为省政府和省委的副秘书长兼办公厅主任的李才旺,他接触最多的领导就是先是省长后是省委书记的胡富国。由于胡富国对李才旺的了解,胡富国做许多工作都离不开李才旺。李才旺要为书记的活动安排布置,检查落实,任务繁琐而细致,可谓鞍前马后,随时听命,工作十分辛苦。在人们的眼里,他或者还有机会在书记面前建言献策,这就更增加了这份工作的神秘色彩。

首长的活动大部分是预先有计划、有安排的,但也有不少是突然袭击的事情。一个周末的下午，李才旺问胡富国书记，明天是礼拜六，有什么事情没有？意思是如果没有安排明早可以好好睡上一觉，因为一周没明没夜的工作他确实是感到很累了。胡富国说了一句："睡醒了再说。"李才旺回到家，晚上躺在床上，怎么也睡不着。后来睡着了，到了早上六七点，睡得正香，突然一个电话打来，一接是胡书记打来的，说："咱们今天到太原市看企业去吧！"书记一声令下，李才旺躺在被窝里赶紧给办公厅会务处打电话，让通知随行人员和新闻媒体，组织车辆，安排警卫等等。当天上午，胡富国书记来到省委大楼前，看见什么都准备停当，车辆排列整齐，有关人员待命车前，等待出发，就说："好嘛！这支队伍不错。"大声一喊："出发！"像这样紧急操办的事，对李才旺来说，简直是家常便饭。

胡富国有一幅手书"当官避事平生耻"的座右铭。李才旺借用这句座右铭写成一首很有名的《公仆颂》："心似白云常自在，德如清露不染尘。为官避事平生耻，贵能人去政声存。"李才旺的《公仆颂》可以说是对胡富国座右铭的诠释和扩展。胡富国在担任山西省省长和省委书记期间，雷厉风行，真抓实干，为山西老百姓做了很多功在千秋、利在当代的大事。他抓太旧高速，抓引黄工程，抓太原汾河景区，抓阳城电厂建设……胡富国爱说的一句话就是："讲真话，办实事，做表率。"他做到了，同时要求别人也要做到。李才旺在工作中时时不忘这句话，作为自己的行为准则。胡富国给李才旺最大的印象是，具有民本思想，作风上求真务实、雷厉风行，想到的问题说干就干。有时晚上闲谈中提到的问题，觉得应该解决，第二天就解决了。在胡富国的工作作风影响下，李才旺半年内就在省府大院内抓了六项工程，包括渊谊堂的加层、职工食堂整顿等，体现了想干事、愿干事、干实事的精神。

胡富国抓修太旧路、搞引黄工程，李才旺成了他的得力助手。胡富国曾对省委的秘书长们说，你们这些秀才能不能给山西的建设提点口号，来鼓舞群众斗志。李才旺同大家商量后编了几句话："引来黄河水（指万家寨引水工程），阳电下江南（指阳城电厂发电输往南方）。治理母亲河，绿化两座山（指太行山和吕梁山）。打通出口路（指太旧路），修通大运线。再创新业绩，三晋换新颜。"这几句口号好懂易记，生动形象，很快就为山西广大干部群众所熟知，对动员全省人民建设山西起到了积极的作用。胡富国对这几句口号很满意，说是李才旺编得好，李才旺说，这都体现了你的想法。

李才旺同胡富国的关系，在别人的眼里认为是"形影不离"，在干部问题上也能说上话。对这个官场上十分敏感的问题，李才旺的态度是："书记不问，不说；书记问了，也不随便说。"有时胡富国问起李才旺，某某人怎么样。他知道书记对这个人有看法，他也不会说什么。他认为事关一个干部的升迁进退，不要给人家增添任何麻烦，要与人为善，不要影响领导的决策。

有一次，李才旺的一个老乡、老同学的工作安排问题上了常委会。他给李才旺打了个电话，问："老哥！我那个事儿过了没有？"李才旺说："我没有参加会，不大清楚。"因为是熟人关系，别人向李才旺打问打问，也很正常。他在干部问题上，按规矩办事，坚持自己的原则，当然也难免引起了一些人的猜忌和埋怨。对于这些他一笑置之，也就不计较了。

（二）省委书记唱大戏

胡富国爱说一句话："想当官，想当大官，不是坏事嘛！做多大的官才能办多大的事呢！"这句话说得好。就像散文家梁衡所说的"大官大权易成大业"，"官和权从来都是给民办事的，是为了实现自身最大抱负的。"[①] 胡富国就是因为当了大官，当了省长、省委书记，才能抓太旧高速、抓引黄工程这样的大事。胡富国当大官只会找事、干事，抓大事，干大事，而绝不会避事，所以他为山西人民做了那么多的好事，也忍受了不少委屈。在太旧路修建期间，我有一次随一位朋友到胡书记家拜访。胡书记说起修太旧路需

---

① 宋培贤：《时代的精英 历史的脊梁——多视角看梁衡》，《天下山西名人》2013年第3期。

要 30 个亿的事情。他说，资金筹措困难，不得已向省级机关干部借钱，自愿借钱，到时归还。他说，他也知道山西的干部收入不多，日子过得也不富裕，但是让大家帮帮忙，修好太旧路，打通娘子关，让山西走出去，尽快富起来。是好事情。有些同志对向机关干部借钱的事情不理解，向中央告状，说到这里他的眼里噙满了泪水。我是第一次看到一位省委书记为了省里办一件大事流眼泪。

胡富国对修太旧路感情最深，投入的精力也最大，在修太旧路的几年里，他去太旧路考察工作，了解情况，处理问题，就不下二三十次。每一次李才旺都是陪同前去。到了太旧路，胡富国都是白天跑工地，同指挥部的负责人、工程技术人员、工人、农民等接触，听取意见，了解情况，晚上就开碰头会，常常是直到深夜。这些活动李才旺都得参加，有时晚上累得直打瞌睡，真想美美地睡上一觉，但是又不能睡。晚上忙一夜，第二天一早就又出发，奔向新的地段。

胡富国为了给大家鼓劲，说："太旧通车之日，我要为大家唱大戏。"1996年夏天，太旧路提前通车了。胡富国要兑现自己的诺言，为筑路员工唱大戏。省委书记要唱大戏，好像从来没有听说过，到底唱不唱，看法不一样。有人主张唱，因为既然说出去了，就要兑现；有人不主张唱，认为哪有省委书记粉墨登场唱大戏的，当时说要唱大戏，是为了给群众鼓劲，说过去就算了，何必当真。李才旺主张唱，因为省委书记说话要算话，而且李才旺知道胡书记也一定能唱好，因为他从小就爱热闹，会唱上党落子，在八音会里敲锣打鼓也是一把好手，当了领导干部又喜欢与民同乐。李才旺的意见甚合胡富国的心意，于是省委书记唱大戏的事情就这样决定了。事情定了，说干就干，李才旺担任了临时演出团团长，紧锣密鼓地进行准备。

1996 年 6 月 23 日，演出在太原工人文化宫拉开大幕。太旧路的筑路功臣被邀请出席观看。慕名想看省委书记唱戏的戏迷们更是欣喜若狂，只是一票难求。想看戏的各方面人士都纷纷向李才旺找票。胡富国同上党落子名家郝聘之、牛三科、郭森联袂演出。胡富国身着戏装，描画脸谱，登场串演了上党落子《二进宫》中的杨波和《辕门斩子》中的赵德芳。胡富国登台亮相，就赢得了满堂喝彩；刚一开口，更是掌声如雷。省委书记唱大戏的新闻不胫而走，轰动了山西，也传遍了全国，一时间成为政界的特大新闻。

胡富国演的第一出戏是《二进宫》。《二进宫》是上党落子传统剧目《大保国》（又名《忠保国》）中的一出折子戏，是须生、花脸、青衣的著名唱功戏，描写明代隆庆年间的一场夺权与反夺权的激烈的宫廷斗争。隆庆驾崩，太子尚幼，皇后李艳妃之父李良欲乘机夺权。保国忠良定国公徐延昭、兵部侍郎杨波察觉此事直言相谏，为李艳妃所拒，反将二老臣赶出宫门。后李良起兵封锁皇宫，李妃始悟，急召徐、杨二次进宫，相议对策。最终在徐、杨的鼎力辅佐下，铲除李良，解除国危，扶保幼主登基，即万历皇帝。胡富国在《二进宫》中饰演兵部侍郎杨波，是须生戏，大段的唱段唱起来痛快，听起来过瘾，满堂喝彩。

胡富国演的第二出戏是《辕门斩子》。《辕门斩子》又名《三进帐》、《南宋记》，是上党落子传统剧目之一。这个戏说的是杨六郎延景被穆桂英战败，回营后气愤难平。恰杨宗保归来，六郎遂以临阵招亲违犯军纪罪，要将宗保问斩。佘太君与八王千岁赵德芳先后为宗保求情，六郎不准。最后穆桂英赶来，愿亲自去破天门阵，六郎始赦宗保。胡富国在剧中饰演八千岁赵德芳，须生戏。当胡富国留黑三髭、戴褒王帽、着黄蟒袍、持羽毛扇登台时，观众看见省委书记今日竟是这般装扮，顿时全剧场似开了锅，轰动起来。待赵德芳开口一唱："南清宫来了八贤王。适方才焦赞对王讲，我甥儿犯罪绑斩桩……"字正腔圆，声音洪亮，全场更是一片叫好。杨延景坚持要斩，八贤王坚持要赦，在斩与不斩之间，二人发生了激烈的冲突。杨延景唱："早晨斩了杨宗保"，赵德芳唱："午时叫你活不成"；杨延景唱："我是军中一元帅",赵德芳唱:"我是朝中第一人";杨延景唱:"大小三军由我管",赵德芳唱:"宋王头上管七分";杨延景唱:"要斩要斩定要斩",赵德芳唱:"不能不能你不能";杨延景唱:"慢说你是千岁到,宋王爷驾到也不准情",赵德芳唱:"本御护守在法标下,杨郡马!我看谁敢斩御外甥王决不宽容!"一段"紧流水",唇枪舌剑,针锋相对,直唱得全场观众如醉如痴,叫好声响彻整个剧场。

省委书记唱大戏圆满谢幕,李才旺也卸下了一副重担,因为他作为这场活动的策划者和组织者,组织观众,安全保卫,毕竟承担着很大的风险。胡富国唱大戏,也使李才旺进一步感知到这位省委书记的言必信、行必果的领导作风和亲民风格。十多年过去了,李才旺至今还保存着省委书记唱大戏的剧照和说明书。每每翻到这些东西,他也感到那些已逝的岁月、尘封的记忆,是多么珍贵。

太旧高速公路通车也使李才旺异常兴奋。他在通车之日写下了热情洋溢的诗篇:

太行山巅飞彩虹,车流滚滚似蛟龙。
实干兴邦真豪杰,空谈误国是书生。

(三)民本思想和清官情结

过去称地方长官,主要是指州、县一级的长官,为"父母官"。意思是当长官的要像父母一样的"爱民如子"。胡富国不同意这样的称谓。他认为应该把它颠倒过来,当官的不是"爱民如子",而应该是"敬民如父母",就像对待自己的父母那样对待老百姓。胡富国在山西工作,要求各级干部要"敬民如父"。当他得知有欺负老百姓的干部,常常是桌子一拍,大喝一声:"给我撤!"当胡富国得知某县公安局长欺压老百姓的事件后,立即召开常委会要处理。会上有不同意见，有的反对处理，这使胡富国十分恼火，他气愤地说："如果我作为一个省长处理不了一个公安局长，我就拿着乌纱帽到中南海辞职不干了。"胡富国的话说得虽然有些激愤，但他对待老百姓的感情给李才旺留下了深刻的印象，至今难以忘怀。李才旺曾赋诗《清官颂》一首，表达这种情感：

敬民如父赤子心，铁面无私浩气存。
正邪自古同冰炭，忠奸从来不一门。

胡富国几次处理群众上访问题的做法给李才旺留下深刻的印象。

晋中农民因为土地承包问题到省政府上访，来了许多人把省政府大门围起来了。胡富国省长知道后，让省政府办公厅的副秘书长、秘书长，后来又派了一位副省长出去倾听群众意见，做工作，特别指出不能和群众对立起来。这几位领导都出面了，给群众做工作，但群众不散，一定要见胡省长。后来胡富国让群众派了十多位代表进来，当面听取了他们意见。胡富国说下个星期派工作组下去调查，如果不是事实立即放人，如果是事实一定要严肃处理。群众代表觉得省长讲得很在理，就把人撤走了。胡富国说话算话，到了下周果然派人下去了解实际情况，做出正确处理，化解了这一矛盾。

还有一次在正在修建的太旧路上，有的农民因为拆迁补偿问题见到胡富国书记便拦车喊冤。胡富国让车停下，从农民手里接过告状信，回去后让有关部门作了处理。

在平时，胡富国下乡下厂，调查研究，帮助解决群众的实际困难。他在医院考察，督促抓厕所卫生问题；到文艺单位了解情况，帮助解决演职人员的工资待遇问题。逢年过节，胡富国到贫困山区看望老百姓。他把自己身上的几千元给了几个特别困难的贫困户。为此,《光明日报》头版发表了题为《农民的儿子,人民的省长》的报道,赞扬胡富国执政为民的作风,并配发了以李才旺的诗句"为官存正气,从政树廉风"为题的评论员文章,提倡领导干部要像胡富国那样做农民的儿子、人民的公仆。

胡富国调离后,山西的老百姓,包括太原的出租车司机,一提起胡书记,就说:"老胡,那是为山西人民干事的。"还有一次我坐出租车去单位,司机是一位很爱说话的中年人,他开着车奔驰在宽阔平坦的滨河东路上就说:"没有胡书记,就没有滨河东西路。"这正应了李才旺的那句诗"贵能人去政声存"。

胡富国的民本思想、清官情结和亲民形象对李才旺的思想和工作作风影响很大,李才旺以民为本的思想和作风也在普通老百姓中留下了好名声。李才旺曾和省委办公厅的同志在左权县麻田蹲点扶贫。他挨家挨户地摸底,了解特别困难的有多少户,比较困难的有多少户。过冬时的烧煤问题,平时的吃粮、穿衣、零花钱问题,他都一一掌握,逐个解决。在扶贫工作队的努力下,麻田农村经济和农民生活都有了改观。李才旺说:"过去的传统文化包括许多传统的东西,尤其是民本思想对我的影响是很深的。我看到我们的农民群众,看到我们的工人群众,就会想到自己的父母,因为他们都是劳动人民。如果说我们对待他们不能像对待自己的父母亲一样,我认为这就愧对了党的培养,愧对了人民的期望。所以我就常常想起毛主席老人家的教导,要'全心全意为人民服务'。"[①]

李才旺在省委工作期间,利用自己能够经常接触省委主要领导的机会,尽量为下面做好事。

有一次,李才旺随同胡富国书记到左权。榆社县的县委书记和县长得知后追到左权,想让胡书记看看他们的农田水利基本建设。怎么才能请到?有

---

① 布兵:《李才旺答中央电视台记者》,《李才旺艺术论》第495~496页,中国戏剧出版社2004年8月。

人出主意说，你们找李秘书长，他说了算，胡书记听他的。其实哪能这么容易。不过，李才旺理解基层领导的苦衷，能帮上忙就尽量帮。于是，他对胡书记说，咱们回太原路过榆社停上几分钟看看吧。因为这是临时动议，不是事先安排的行程。胡富国书记答应了，驱车到了榆社，在县里领导的陪同下，看了他们的农田基本建设工程，还询问了有关情况，就大声地说："好嘛！榆社县不简单。"胡书记这一吆喝，榆社县的书记、县长都裂着大嘴笑了，十分高兴。事后，榆社的领导对李才旺说："李秘书长，好人呐。那一次你要是不说话，胡书记不会来看我们的。"对李才旺来说，这是小事一桩，可是对下面的人来说，就是大事一件。像这样在力所能及的范围内，为下面考虑，帮助下面解决问题的事情，他不知做了有多少。

在胡富国调到北京后，每次回到山西，李才旺都要去看望他。用李才旺的话来说，就是胡书记回来了，每天照陪不误，出全勤。这也赢得继任省委领导的称赞，说李才旺确实是个好人。

三、展览风波

李才旺作为一位领导干部，出席会议，批阅文件，深入基层，了解情况等等职务之内的事情，什么也不能耽误。但他利用一切工余时间，坚持诗书画创作，取得了很好的成绩。李才旺认为，机关干部工作之余习书作画，有利于继承中华民族的优秀文化传统，有利于加强社会主义精神文明建设，有利于在机关树立良好风气，有利于陶冶情操、提高素质。所以，他在担任领导干部期间，不仅自己在工余时间赋诗、习字、作画，也提倡大家都这样做，形成了一种良好的风气。

李才旺在长治、晋城工作期间，就喜欢在工余时间写字画画。到了省里后，更是一如既往，醉心书画，不敢一日懈怠。他在书法上工行草，绘画上重花鸟，功夫日深，技艺日进，当然也就引起了周围同志的兴趣和艳羡。有人建议把这些书画作品挂起来，让大家看看，也请人点评点评、指导指导。这个建议好，于是李才旺挑选了一百多幅作品在晋宝斋的画廊挂了起来。

挂了几天，当他得知书记、省长从全国"两会"快回来了，正准备收摊的

李才旺陪同省长孙文盛在晋宝斋观看书画展

时候，李才旺接到孙文盛省长的电话，让他到他办公室来一趟。原来是孙省长从北京回来知道了这件事。

谈话是这样的：

孙文盛："李才旺，听说你办了个展览？"

李才旺："说是展览，没有发通知、发布告，也没有搞开幕式，不能叫展览。我只是挂起来让人看看，听听意见。这是不是有什么不妥？"

孙文盛："我没有说你有什么不妥，你紧张什么！"

李才旺顿觉释然。他风趣地说："我在工作之余写写字，画画画，于己陶冶情操，提高修养；于公倡导一种风气，对精神文明建设也聊有小补，何错之有啊！"

孙文盛看过展览，极为赞赏，问李才旺："你什么时候搞了这么多作品？"

李才旺："在你们休息的时候，还有礼拜天。"

孙文盛省长把李才旺办展的事告给了胡富国书记。胡富国给李才旺打电

话，开玩笑地说："你办展览，让孙文盛看，不让胡富国看，什么意思啊！我下午去看。你通知电视台，通知报社。"李才旺说："我是政府办公厅主任，你叫省委办公厅通知吧。"胡富国办事讲气派，他带了一帮子记者去看了。

到了展览现场，胡富国看了连连称赞，让把机器架起来，说"我要讲话"。他说："我们山西既重视物质文明建设，也重视精神文明建设，重视文化建设。文化艺术的发展，是国家发展不发展的一个非常重要的标志。干部业余时间，写写字，画画画，看看书，多搞一些有益于提高文化素养和身心健康的活动，多搞一些对精神文明建设有积极贡献的活动，这比在业余时间打麻将、说淡话、传闲话好得多哩。这走的是正路。我们不是讲正气嘛，这就是正气。"胡富国的这些话传得很远，连北京也知道了。此后，每逢遇到重大活动，省委、省政府有关部门总要搞一些书画展，形成了一个很好的风气。由于两位省领导的关心，李才旺在晋宝斋的展览延长了半个月，省委、省政府办公厅和许多厅局的同志都去看了。几位省领导看了展览后，纷纷题词。省委书记胡富国的题词是："诗意动人，笔法遒劲，情深不俗，自成风貌。"省长孙文盛的题词是："勤奋好学结硕果，诗情画意凝毫端。"省委副书记郑社奎的题词是："三晋奇才，墨苑一绝。"省委副书记刘泽民的题词别有意味，"我亦荣。"省委组织部部长支树平的题词是："干部当如此。"省人大副主任崔光祖的题词是："书画队伍的奇才，党政干部的骄傲。"

一场展览风波在省委、省政府机关掀起了一股李才旺书画热，也为公务员队伍建设提出了一个新命题，公务员应该具有什么样的素质，应该怎么安排自己的业余生活。

这些年来，山西的许多领导干部热心于书法、绘画和诗歌创作，且蔚然成风，应该和李才旺带的这个头不无关系。

一场展览风波，加深了孙文盛对李才旺的了解，也加深了他们之间的友谊。在孙文盛省长调离山西时，李才旺到他家里送行。李才旺说："孙省长，咱们在一起工作了几年，我给你服务了几年，有不周不妥的地方，还请你原谅。"孙文盛省长说："才旺同志，在我的印象中，没有任何一件小事在你手里误过。"这是一位省级领导干部对李才旺工作的评价。

1998年3月，李才旺在北京中国美术馆举办《李才旺书画展》，更是得到了省领导的支持。中国艺术研究院和《中国画》编辑部邀请李才旺在北京搞一次书画展览。李才旺请示胡富国书记，是否可进京办展。胡富国的态度非常明确，别人写的文章可以发表，你的书画当然可以去北京展出，并说："中国美术馆是了不起的地方，不是谁想去就能去的。你作为领导干部去办展览，不仅是为咱山西争光，也是为党政干部争光。"积极支持李才旺进京办展览。这件事，李才旺什么时候说起来都对胡富国书记充满感激之情。

第五节　从省委到省文联

一、上任省文联

1999年，山西省委、省政府的领导班子发生了变化。随着主要负责人进行调整，一些干部的岗位随之发生变化也是必然的现象。不言而喻，作为原省委书记胡富国的主要助手，省委副秘书长兼办公厅主任的李才旺也面临着工作的调整。

2001年3月，省委决定将李才旺调整到省委宣传部任副部长，兼山西省文联党组书记、常务副主席。2002年7月又被选举兼任山西省书法家协会主席。2003年12月李才旺由于年龄到线不再担任党组书记，在省第七次文代会上当选为山西省文联主席。这次岗位调整是李才旺政艺生涯的一次大转折。他由一个从事多年党政机关领导干部的岗位转到一个文艺部门的领导岗位，并以饱满的热情在这一新的岗位上工作，十几年来经历了一个从不理解到理解、从被动到主动的心路历程，在他的政艺生涯中谱写了新的一章。

工作变动之前，省委主要领导曾找李才旺谈过一次话，说想在办公厅主任这个岗位上选一个年轻的同志，征求他的意见。李才旺说赞成省委的这一考虑，但说到自己去哪里，颇为踌躇。领导说："去省社科院怎么样？"李才旺说："不妥。"领导问："为什么？"李才旺说："社科院都是一些文人，他们要写书，出书，就要花钱，我不好解决，也和他们缺乏共同语言。"领导说："你也是个知识分子嘛。"李才旺说："我喜欢的是文学艺术，而社科院主要是从事社会科学研究的。"领导又问："那你的意见？"李才旺说：“在办公厅保留一个副秘书长职务也可以。"领导觉得李才旺的要求不无道理，就同意了他的意见。于是李才旺在省委副秘书长的岗位上又留任了一年多。后来为了发挥李才旺的长处，省委还是决定把他调到了省文联。

2001年4月3日，时任省委副书记的纪馨芳到省文联宣布任命李才旺为省委宣传部副部长，兼省文联党组书记、常务副主席，主持省文联的全面工作。

纪馨芳副书记在宣布了省委对李才旺的任命后，发表了热情洋溢的讲话，对李才旺的工作经历、工作成绩、为人处世、艺术才华给予充分的肯定。李才旺作了充满激情、风趣幽默的表态发言。他说："省委和文联只有一街之隔，其实我过一条马路就走过来了。应该不劳这么多的领导相送，我很感动。感谢领导对我和文联的关心和支持。纪书记对我的赞美之词实不敢当。请领导相信，我到文联之后，一定会一如既往地和文联的同志一道，为振兴山西的文学艺术事业辛勤工作，作出自己的贡献。"李才旺同文联干部、群众的见面话赢得了满堂喝彩。散会时，他以略带调侃的语气对纪馨芳副书记说："请把你刚才的讲话稿给我复印一份吧。"纪馨芳问："你要这干什么？"李才旺幽默中略带苦涩地说："你在讲话中对我这么高的评价，或许在我百年之后作个悼词也可以。"听到这个话的人无不哈哈大笑。纪馨芳说："这就是李才旺！睿智，幽默。"

二、从党组书记到文联主席

李才旺调到省文联，对他本人来说，就仕途而言是走到了尽头，可是就他的艺术事业来说恰恰是走向了正途，正像他自己所说的，他的艺术生涯真正地从业余走向了专业。工作上的变化，成就了李才旺成为著名的书画大家。

李才旺经常说："我这个人到了任何岗位，不管这个岗位如何，都要好

2008年，汶川地震发生后，李才旺组织省城书画家举办赈灾笔会

好干。"他说到做到，信守承诺，短短几年使文联的面貌发生了巨大的变化。

李才旺到文联后，看到了文联的实际情况。文联有很多作家、艺术家，知名度很高，成就很大，但是文联的工作环境和设施条件确实是简陋到家。文联的办公室还不如富裕农村的村委会。就拿大楼的电梯来说，由于搞基建时资金缺乏，用的是某省的地方产品，安装后经常出毛病，把人困在电梯里出不去，甚至发生过电梯蹲底事故，弄得人们乘坐电梯常常是提心吊胆。李才旺看在眼里，记在心上，他得想办法改善文联的工作环境和办公条件。

李才旺在文联上任后一个礼拜，就跑到他当过市长的晋城市去"化缘"。他见了晋城市的有关领导，就说："老乡们，老朋友们！本官现在'贬'到了文联。文联是什么意思呢？文联就是'丐帮'，本人就是'帮主'。今天讨要来了。"李才旺这位老市长回来了，在晋城待了几天，拿了40万元回来了。李才旺还跑计委，找财政，当了两年省文联党组书记，陆续要回来400万元。更新了3部电梯，把整个文联大楼装饰一新，给各个办公室配置了电脑，实现了全机关无纸化办公。兄弟省市文联来山西办事的同志都羡慕山西文联有这么一座高大气派、设施齐全的办公大楼。

说起文联大楼，还有这么一段趣闻。过去文联无名。人们问，文联在哪里？文联的同志说，省委对面。因为人们都知道省委，而不知省委对面的文联。即使这样，人们还是要问，省委对面不是晋宝斋吗？其实晋宝斋只是文联的下属企业。晋宝斋这块招牌远远大于省文联。李才旺就同大家商量，花了8万块钱，在大楼正面墙上安装了"山西文联"四个大字的霓虹灯，光芒四射，使文联大楼显得很气派。文艺界的人爱说俏皮话，就说以前人们来太原，找不见文联，说在省委对面；现在人们来到太原，找不见省委，就告诉他们省委在文联对面。因为山西文联牌子的字比山西省委牌子的字还要大。

在文联，李才旺非常重视对干部的培养。他强调45岁以下的干部都要学电脑；组织大家到刘胡兰纪念馆和太原牛驼寨烈士陵园拜谒先烈，进行革命传统教育；组织艺术家到省内外参观学习，体验生活，增强文联的凝聚力。李才旺强调在文联工作的同志，应该善于利用时间，自觉地在某一个艺术领域成为专家。或书画，或摄影，或创作，或评论，应该有所建树。这样对自己来说有专长，也有利于对全省文艺工作的指导，否则就愧对这一难得的经历。

李才旺十分重视支持文联团体会员的工作，特别是各地市文联的工作。每逢地市文联或产业系统文联举办展览，如果请他参加时，他一定前去参观、讲话，予以支持和鼓励，希望大家努力创作，搞好山西的文艺事业。

2012年10月30日，省文联和左云县委、县政府主办的"左云文艺创作晋省汇展"在太原举行。展出的500件书画、摄影、文学作品及民间工艺美术品，展示了建设有左云特色的边塞风情文化的成果。李才旺在这次"汇展"策划阶段就进行了具体指导，为"汇展"题写了展标。开幕式上，李才旺发表了讲话，希望左云县在建设经济强县的同时建设文化强县，鼓励左云的文艺工作者为繁荣左云的文化事业作出贡献。省文联和左云县委、县政府联合主办一个县文化汇展，这在山西尚属首次。

李才旺对中国文联在山西举办的活动也给予积极的支持和配合。2003年中国文联在山西举行第三届文艺评论奖颁奖会。李才旺积极争取各地市的支持，组织与会代表先后参观了太原、晋中、临汾、运城4个市的文物古迹和文化事业，向代表们展示了山西古老的华夏文明和深厚的文化底蕴，使中国文联领导和与会代表十分满意，很好宣传了山西文联和山西文化，开创了中国文联文艺评论颁奖会的先河，成为其他省市举办类似活动的模式。

文联是人民团体，不是党政机关。李才旺在文联工作期间，注意找到自己的位置，进入自己的角色，在不同的角色中做好自己的工作。他特别重视班子的团结，在全机关树立良好的领导班子形象。在他担任文联党组书记时，注意同主席温幸的配合，积极支持文联主席和文联主席团的工作；在他担任文联主席时，积极协助党组书记的工作，注意同党组书记宋新柱的配合，处理好主席团与党组的关系。宋新柱说："主席是一面旗，书记是一匹马。主席要起旗帜的作用，书记要拉车往前走。"宋新柱还说："在省直厅局级单位里，像李才旺主席和党组书记密切合作、互相支持的和谐关系，不敢说是绝无仅有，也是凤毛麟角。"

在班子里难免有不同的意见，李才旺认为要善于沟通、妥善处理。他说：我们讲"知人善任"，还应该"知人善处"，只有处理好人事关系，才能建设好一个和谐团结的班子，带出一支过硬的队伍。"知人善处"，就是要同各种不同性格、不同经历的人处好关系。李才旺说，对年龄、学历、资历超过自己的人要尊敬；对这三个方面都不如自己的人要提携；对这三个方面都和自己差不多的人就不太好处理。他的做法是，当别人升迁的时候，自己不要嫉妒他们；当自己升迁的时候，不要忘了他们。同人相处，绝对不能像现在网上所说的"羡慕嫉妒恨"。

李才旺特别推崇诗仙李白与诗圣杜甫的友谊。他有一首诗《读李白杜甫互怀诗有感》：

  李杜才高共一巅，风流绝代两圣贤。
  谪仙俊逸无雕饰，工部沉雄有妙篇。
  鲁酒齐歌常念想，暮云春树久萦牵。
  墨香隽永诚堪誉，砥砺情真万古传。

李白和杜甫，是唐代诗坛上的双子星座。李诗飘逸奔放，杜诗沉郁顿挫，风格绝不相同，但是关心国是、同情人民、热爱自然、重视友谊是他们创作的共同主题；读万卷书，行万里路，是他们走过的共同道路。李白长杜甫11岁，两人有着十分相似的人生经历和密切的交往，结下了深厚的友谊。他们同游齐鲁，以诗会友，成为一代之盛事。杜甫的《春日忆李白》："渭北春天树，江东日暮云（我在长安看着这春天的花木，你于江东望着那暮色苍茫中飘动的浮云），何时一樽酒，重与细论文（什么时候我们能够欢聚在一起，端着酒杯细细地评论彼此的作品呢）"，二人友情之笃、怀念之深溢于诗外。李才旺熟读李杜诗篇，尊崇李杜友谊，用"鲁酒齐歌常念想，暮云春树久萦牵"两句概括了两位诗人苦苦的思念和期待之情，赞颂了这一千古美谈、诗坛佳话，以激励我辈当重视人生中难得的友谊。

在干部问题上，李才旺主张"知人善任"就是要做到既"知人"，了解干部，又"善任"，使用干部。阎锡山说过："知人难，善任尤难，知而不善任，不如不知。"就是这个道理。

关于团结合作的问题，李才旺曾给我讲过一个笑话：一个剧团，有一个唱生的，唱得非常好，就是有点小肚鸡肠，容不得人。后来又调来一个唱生的，也是好把式。后来俩人配戏，刚调进来的演诸葛亮，原来的那位演赵云。原来的想给后来的一个难堪，杀他个下马威。诸葛亮（新来的）："令你到三江口捉拿周郎！"赵云（原来的）本应说："得令！马来！"但他突然加了一句："周郎不来，如何是好？"诸葛亮："附耳来，附耳来！"赵云把耳朵伸向诸葛亮嘴边，诸葛亮："×你妈！"他只好说："得令，马来！"这个稍涉粗俗的笑话说明文人要惺惺相惜，互敬互重，不要嫉贤妒能，互相拆台，只有搞好团结，才能干成大事。

由于班子团结搞得好，队伍跟得上，山西文联的工作不断地开创新局面，取得了丰硕的成果。自2003年12月省七次文代会以来，文联紧紧围绕抗日战争胜利暨世界反法西斯战争胜利60周年、红军长征胜利70周年、建国60周年、建党90周年等重大纪念日，以及迎接北京奥运会等，举办了各种创作、演出、展览活动，丰富了群众的文化生活，增强了文联的凝聚力，扩大了文联在社会上的影响。特别是在出作品、出人才方面取得可喜的成就。据不完全统计，省七次文代会以来，山西文艺界在国际、国家级和省部级评奖中获得的奖项就有500多项。代表性的作品如话剧《立秋》，舞剧《一把酸枣》、《粉墨春秋》，京剧《走西口》，晋剧《傅山进京》、《大红灯笼》，说唱剧《解放》被评为国家舞台精品工程；蒲剧《山村母亲》被评为国家舞台精品工程扶持剧目。电影《暖春》在国内外获得多项大奖。电视剧《八路军》、《乔家大院》等多部文艺作品获中宣部社会主义精神文明建设"五个一工程"优秀作品奖和多项国家级大奖。有多位艺术家获得全国和省德艺双馨文艺工作者称号；有44位演员获得中国戏剧"梅花奖"（其中有4人为"二度梅"）。其他如广泛开展服务基层的文化惠民活动，大力开展对外民间文化交流，都取得了可圈可点的成果，扩大了山西文联在中国文联和全国各省市文联的影响。

过去，山西文联在全国各省市文联中排不上队，挂不上名，现在是喇叭朝天名声在外。有一次，李才旺到杭州参加全国文联工作会议。山西文联和上海文联编在一个组，李才旺因为是山西省委宣传部副部长，是小组召集人之一。大会发言时，上海的同志让李才旺代表小组在大会上汇报。李才旺是让上就上，大会发言20分钟，鼓掌15次，发言受到大家的好评，中国文联对山西文联有了印象。

后来中国文联党组书记李树文来山西考察的时候，对山西省委书记田成平说："你们山西文联，李才旺来了，变化大了。"李树文还说："山西文联在中国文联影响很大。中国文联的主席、副主席，李才旺说请谁来谁就会来。"田成平说："李才旺干得不错。文联经常搞个书法展、画展、锣鼓节什么的，搞得红红火火，热热闹闹，我在窗户上就看见了。"田成平还说："李才旺确实有才，不愧为三晋才子。"

后来省委主要领导和李才旺又有一次直截了当的谈话：

领导："才旺，叫你到文联，你后悔不后悔？"意思是让你到文联的决定是正确的。

李才旺："说实话，当初不愿去，现在不后悔。"

领导："这个话怎么讲？"

李才旺："当初不愿去，是因为不愿意离开省委这个我工作了多年非常熟悉的地方。现在为什么不后悔呢？原来在那个地方（指省委），写得再好，画得再好，也是个业余爱好者，因为你首先是秘书长。现在到这个地方（指文联），我就是差一点，也是专业。因为我是文联主席，书协主席，这里有个含金量的问题，作品也值钱了。所以，感谢省委，使我'转正'了。"李才旺说到这里，又加了一句："领导，我现在是偷着乐呢！呵呵！"面对李才旺无所拘束的议论，领导说了一句："你倒想得开。"

李才旺还对周围的人戏说："从此官场无才旺，一支秃笔走四方。游山玩水，吟诗作画，照样生活得从容自在，风流潇洒。"实际上，李才旺并没有耽于游乐，贪图清闲，而是笔耕不辍，吟诗作画。他有许多事情要做。他是惜时如金的人，不会虚度光阴，荒废时间。

2007年正月，胡富国从北京回到太原。有一天晚上李才旺到胡富国家去看他。

胡富国问："你每天干啥？"

李才旺："事不多了。我现在除了写字画画，就是抽烟、喝茶、聊天。可以说是：'笔墨纸砚诗书画，香烟美酒普洱茶'。"

胡富国："单位怎么样？"

李才旺："文联是党组书记负责制，主席是个社会职务。要找准自己的位置、不要多管书记的事。我现在是'三不'：不叫不到，不给不要，不争不闹。你越是这样，书记越尊重你。走到哪里，书记都说老哥出来，你是一面旗。坐桌子吃饭让你坐首席。"

胡富国听了李才旺的这一通议论，点头称是。

第二天，李才旺陪着胡富国去了汾东公寓，看了一批八九十岁的老干部。去了以后，这些老同志见到李才旺陪着胡书记来了都非常高兴。他们不仅对胡富国热情，对李才旺也热情。这些老同志有的说："才旺，好几年没见到你了，你现在成了书画家，大有名气的著名书画家。"有的说："才旺，你现在不得了了。从政界到了文艺界，是个人物哪！"这些省委、省政府的老领导对李才旺的关心使他十分感动，说明大家都想着他,看着他,没有忘了他。

三、省八次文代会

2001年3月，李才旺调任省文联，先是担任省文联党组书记、常务副主席，二年后担任主席。此后，李才旺在省文联主席的位置上一直干了10年。从省文联的历史来看，李才旺是担任文联主席时间最长的主席之一。

让我们回顾一下山西省文联前后七届委员会主席的任职情况。

第一届文联委员会 1949 年 12 月 –1956 年 7 月，主席高沐鸿，任职 7 年。
第二届文联委员会 1956 年 8 月 –1963 年 10 月，主席李束为，任职 8 年。
第三届文联委员会 1963 年 11 月 –1980 年 3 月，主席李束为，任职 17 年。
第四届文联委员会 1980 年 4 月 –1988 年 11 月，主席马烽，任职 9 年。
第五届文联委员会 1988 年 12 月 –1998 年 11 月，主席马烽，任职 10 年。
第六届文联委员会 1998 年 12 月 –2003 年 11 月，主席温幸，任职 5 年。
第七届文联委员会 2003 年 12 月 –2013 年 6 月，主席李才旺，任职 10 年。

省文联的七届委员会，除去第三届文联主席李束为是因为"文革"的特殊年代任职 17 年外，李才旺同马烽一样都是担任过一届 10 年的文联主席。

山西省文联第八次代表大会于 2013 年 6 月 12 日至 14 日在太原召开。大会选举张根虎为文联主席，李太阳为常务副主席，石跃峰、李和平、刘廷明、郭新民、王爱琴、高晓江、赵建平、史佳华、谢涛、王学辉、马小平、聂还贵、王富山等 13 人为副主席。李才旺、宋新柱被聘任为荣誉主席。李才旺至此退出了领导岗位。

在文代会召开之前及召开期间，李才旺有几次讲话和发言，分别介绍于下，可以表明他对待在职与退休的自在心态。

2013 年 4 月 9 日，省文联召开七届九次全委会，李才旺主持会议。省委宣传部副部长、省作家协会主席杜学文参加了会议。李才旺请杜学文副部长做重要讲话。杜学文副部长说："我不是讲话，更不是重要讲话，算个发言。"杜学文副部长的讲话包括了三个问题：第一，认真贯彻党的十八大精神，推动我省文化强省建设；第二，我省文学艺术工作呈现出持续繁荣的景

李才旺在庆祝山西省文联成立六十周年展览开幕式上讲话

象；第三，加强文化产业建设，简明扼要，重点突出，受到大家的欢迎。李才旺说："我说你的讲话是重要讲话，你说不重要。听了以后还是觉得很重要。你是部领导，站得高，看得远，讲话有高度，有深度，有力度。"李才旺对杜学文副部长讲话的点评赢得了满堂欢笑，大家都觉得他说得很对。讲到文联换届的问题时，李才旺说："换届是一个非常重要的事情。现在的文联副主席有的可能要留下，有的可能留不下，我是肯定要下了。我是超期服役，超期服务五年，占了大便宜了。"李才旺的幽默又给大家带来了欢笑，使会场气氛更加活跃。

2013年6月13日，省八次文代会、六次作代会和二次社代会在山西大剧院共同举行开幕式。李才旺代表省文联在大会上讲话。他说：

山西省第八次文代会和山西省第六次作代会、山西省第二次社代会今天在这里同时开幕了！这次大会是在全省人民满怀豪情深入贯彻落实党的十八大精神，掀起文化建设新高潮的重要时刻召开的，这是一次具有重要的现实意义与历史意义的文艺盛会。

省委、省政府对大会的召开高度重视，省四大班子领导和中国文联、中国作协的领导都出席了今天的开幕式。袁书记和李省长还要作重要报告。值此，我谨代表文代会主席团和全体代表，向各位领导表示崇高的敬意！向应邀出席大会的省直有关部门、各人民团体的负责同志和来宾，新闻界的朋友们，表示热烈的欢迎！向全省的文艺工作者致以亲切的问候！

省第七次文代会以来，在省委、省政府的坚强领导下，我省文艺事业取得了显著成就和长足进步。七届主席团围绕中心，认真履职，服务大局，开拓创新，带领全省广大文艺工作者认真贯彻党的文艺方针，大力弘扬中国精神，创作生产了富有时代气息、山西气派的优秀获奖作品五百余件，初步形成了各文艺门类异彩纷呈，文艺创作百花齐放，文艺队伍大团结、大繁荣的良好局面。此时此刻，我们对七次文代会以来先后辞世的老文艺家和老文艺工作者表示深切的缅怀！

文艺是民族精神的火炬，是人民奋起的号角。在人类进步的历史演进过程中，先进的、健康的文学艺术，总是能够呼唤时代的进步，昭示国家的未来，给予人民巨大的精神鼓舞和心智启迪，我们要以高度的责任感和使命感，始终坚守文艺工作者的神圣职责。

同志们："长风破浪会有时，直挂云帆济沧海"。党的十八大为推进社会主义文化强国建设指明了方向，我们要深刻认识文学艺术在发挥文化引领风尚、教育人民、服务社会、推动发展的作用，用真善美的情怀陶冶人们的情操，用昂扬向上的精神鼓舞人们奋进，为山西转型跨越和文化强省建设提供不竭动力，为实现生态美、生活美、生命美、精神美的"美丽山西"再创新业绩、再谱新篇章！

6月13日下午，文代会召开第三次全体会议，选举新的一届文联委员会，李才旺主持会议。选举后，李才旺满怀激情地说：

> 这是我最后一次主持会议。
>
> 我在文联工作了13个年头，包括当过两年书记、十年主席。现在年届古稀，即将退出历史舞台。五年后，如果还健在的话，即第九次文代会时将和在座的同志一样，坐在下面听报告。
>
> 当初我到文联来是有点不太情愿，现在13年过去了，却是非常留恋的。于公，于私，文联实在是一个好单位，在座的每一个人都各有艺术特长。文艺界的人不要怕退休。艺术生命是长青的。宦海生涯有时尽，笔墨情缘无穷期，退下来还可以继续为山西的文化事业做一些贡献。
>
> 我在宦海生涯、艺术生涯中交了一大批艺术家朋友，这是一笔很大的财富。许多同志是我的老师。我常说，我有"三师"，师古人、师自然、师画友。我衷心感谢各位师友，是诚心诚意的。祝愿我们的文艺事业再攀高峰，再铸辉煌！

这是李才旺以文联主席身份所做的最后一次讲话。他的讲话赢得了大家的一片掌声，感谢他对文联工作做出的重要贡献，感谢他对文艺事业的美好祝愿。

对于从政从艺的生涯，李才旺有着自己独特的看法。他在中央电视台播出的题为《心似白云》的专题片中对记者说："一个人干什么并不由我们自己决定。从政从艺二者是相辅相成的，为官必须竭尽全力做好本职工作，但是宦海生涯时有尽，笔墨情缘无穷期。在从工作岗位退下来后，我将与艺术终生为伴，直至永远。"也就是说，李才旺要活到老，写到老，画到老，身笔两健，为霞满天，谱写新的人生华章。

第三章
诗坛大家
SHITANDAJIA

诗，是文学的源头，文学王冠上的明珠，是艺术的艺术，最高的艺术。一部《诗经》开创了中国诗歌，也是中国文学的先河，源远流长，奔腾不息，孕育了灿烂的中华文明，哺育着伟大的中华民族。

中国是诗的国度。山西是诗的大省。几千年来山西出现的诗人灿若群星，照耀着文学的星空，延续着晋魂唐魄的文脉；几千年来山西问世的诗篇璀璨夺目，丰富了文学的殿堂，滋养着这片表里山河、人杰地灵的热土。江山代有才人出。在这里我们把关注的目光投向上党才子李才旺，走近他辛勤耕耘的诗歌园地。

李才旺就读于山西大学，专攻历史，酷爱文学，特别专注研习中华旧体诗词，有着深厚的中国传统文化底蕴。他从上个世纪70年代起写诗，90年代起画画，书法从习字到创作则始终不断，使他成为诗、书、画俱佳的全才，而诗是他成为全才的基础。李才旺有诗人的理想和眼光、诗人的情怀和气质，诗人的激情和想象。在他的生活里几乎无处不是诗，无处不成诗。他用诗表现他的心路历程，表达他的人生理想，抒发他的喜怒哀乐，闪现他的思想火花。

传统的诗词歌赋和书法、绘画是相通的。中国讲究书画同源，而诗又是书画艺术的根底和基础。李才旺扎实的历史学养和文学功底，使他的书画作品旨趣深远，格调高雅。

在李才旺的创作生涯里，他的诗歌所激发的灵性往往表现在他的书法创作中，飞动、奔放中充满了思想的精髓；而书法又是他的诗歌的直接表现形式，是诗的载体。他的书法作品书写的多是他的自创诗。他的诗歌和书法又是他的绘画的根底。诗歌所构成的意象、意境常常有助于他绘画的构想，而书法练就的笔墨功夫又是他绘画技法的基础。可见，李才旺首先是诗人，然后才是书画家，最终成为诗书画大家。

第一节 诗人和诗选

李才旺在他的第一本诗选《有伞的风景·后记》中说："我喜欢诗，尤其喜欢旧体诗。却不曾想到要写旧体诗，更没有想过要当诗人。只是在生活和工作中遇到一些人和事，心灵上有了感触，便随时在片纸单张上写下一些五言或七言的句子。"①正是这些不时写下的"五言或七言的句子"，久而久之，积少成多，集腋成裘，成就了这位诗人，先后出版了三本诗选。

李才旺的第一本诗选《有伞的风景》收创作于1977年至1995年的诗歌作品100首，1996年2月由作家出版社出版；时隔5年，第二本诗选《无雪的冬天》收创作于1995年12月至2001年5月的诗歌作品116首，2001年10月仍然是由作家出版社出版；再隔9年，第三本诗集《丰收的季节》收创作于2001年6月至2009年12月的诗歌作品148首，与前两本诗选合编为《李才旺诗选》，2010年5月由山西人民出版社出版。总起来说，《李才旺诗选》所含三本诗选，编入诗人从1977年至2009年共33年创作的诗歌作品364首。虽然这不是诗人作品的全部，但大部分优秀之作基本收入，从中可以研究诗人的创作道路，了解诗人作品的风格、特点，感受诗人人生道路上的发现、体验和感悟。"辞赋文章能者稀，难中难者莫过诗。"②李才旺有诗300余首，可谓"能者稀"、"难中难"中的佼佼者了。

作为诗人，李才旺写的诗不算多，但是精品不少，且多反映他的从政从艺生涯，对研究李才旺其人其书其画大有裨益。李才旺诗集中的《南京夫子庙遇雨》和《哭邓政委》被收入《中华诗词鉴赏词典》，《故乡行》和《放

---

① 《有伞的风景》，作家出版社1996年2月。
② 唐·杜荀鹤《读诸家诗》。

牧》曾获全国田园诗大奖。这些作品为众多读者和诗界同仁所喜爱，可谓李才旺诗歌的代表作。

原中国文联党组书记、常务副主席李树文在《李才旺艺术论·序言》中说："诗言志，歌咏言。才旺的那些感事、抒怀、赠答、记游的诗篇，总是伴随着他的人生，留下时代的足迹。才旺的诗表达了他做人的坦荡胸怀和为官的凛然正气。这些源自人生体悟，原来只是为了惕励自己的诗，又起到了警示别人的作用。"①

一、《有伞的风景》

《有伞的风景》1996年2月作家出版社出版，32开本，印数10000册，收创作于1977年至1995年的诗歌作品100首，作品按写作时间排列。书前有张承信写的《序》，书后有作者的《后记》。书中诗作后附有作者创作的《对联选抄》；附录收有王燕生的《生命中提炼的诗》和王东满的《为政之余有雅兴》两篇评论文章。书前还收有作者的数幅照片和作品手迹。

诗人、诗评家张承信在《有伞的风景·序》中说："李才旺的诗，我写我见，心想诗来，情至诗成。且挥洒自如，举重若轻，山川秀美，离合悲欢，尽在诗行以外，方寸之中。""他看得很真，想得很深，每每从最平凡处得诗入画。"

诗人、诗评家王燕生在《生命中提炼的诗》一文中说："与经历有关，才旺的诗，显著地表达了做人的坦荡心怀和为官的凛然正气。这些源自人生深层体悟，从生命中提炼出的诗，原本只是为了惕励自己（这也是他的诗没有粉黛气息的重要原因），示人之后，又发挥出醒世警策的作用。"②

作家、书法家王东满在《为政之余有雅兴》一文中更多的是评价李才旺

---

① 《李才旺艺术论》，中国戏剧出版社2004年8月。
② 见1996年3月4日《中国企业报》。

在书画艺术方面的成就，在谈到"文溪政径两驰名，宦况诗怀一样清"时说："功以才成，业由才广，才旺之才，从政为文，非一而专；才旺之道，文以辅政，专而不累！诚如他在〈读郑板桥书画集偶成〉诗中所述：'书画原本无专事，宦海自古有高才。'不亦堪师之效之乎！"①在《有伞的风景》百首诗中，有多首让读者耳目一新，眼睛一亮，堪称精品佳作，广为传诵。"天斋云笺海为砚，笔卷雄风追雷电。权将尺幅当宇宙，腾龙跃虎任狂颠"（《临池狂想》），酣畅淋漓，志趣飞扬。"为官存正气，从政树廉风。千秋英名在，万代颂包拯"（《谒合肥包公祠》），颂扬正气，赞美廉风。"云遮夫子庙，雨锁秦淮家。风皱千池水，伞开一街花"（《南京夫子庙遇雨》），大气自然，委婉秀丽。这些诗篇，或气势雄浑，或正气凛然，或构思奇特，或意境高远，读者高歌吟唱，玩味欣赏，无不为之陶醉、为之赞叹。

《有伞的风景》首发式暨李才旺诗歌研讨会

1996年4月12日，山西省作家协会在太原举行"《有伞的风景》首发式暨李才旺诗歌研讨会"，诗人、作家、评论家、文学编辑和党政部门负责同志共40余人参加了研讨会。会上大家就李才旺诗歌的思想内容、艺术手法和风格特色，以及旧体诗词的写作和创新问题进行了深入的研讨。4月22日的《山西日报·黄河文化周刊》以整版篇幅发表了专家、学者在研讨会上的发言。在此前后，《人民日报》《文艺报》《太原日报》《太原晚报》《山西政协报》《山西物价报》以及《九州诗文》杂志都发表了评论李才旺诗集《有伞的风景》的文章。其中有马作楫的《诗境画意有真情》，焦祖尧的《创作，永远是一种发现》，王东满的《为政之余有雅兴》，礁石的《诗家清景在新春》，董耀章的《真朴·清隽·天然·大气》，李杜的《写诗贵有大性情》，张承信的《推陈出新与新旧嫁接》，张不代的《诗品人品两相宜》，

---

① 见1996年3月4日《人民日报》。

马晋乾的《从〈有伞的风景〉到诗坛风景》，孙喜玲的《镌刻山河，雕镂人心》，珍尔的《聚宇宙于尺幅之间》，蒯辄的《闲暇之际有雅兴》，毕福堂的《浑厚俊逸去雕饰》，汪国真的《深爱自有佳酿》，李仁和的《社稷为重，民心乃天》等。这些文章角度不同，侧重各异，但大家肯定的是李才旺诗歌所表现的真性情，诗歌所采用的新形式，给读者的新感觉。

二、《无雪的冬天》

《无雪的冬天》，2001年10月由作家出版社出版，印数10000册，收创作于1995年12月至2001年5月的诗歌作品116首。这是时隔5年诗人奉献给读者的第二本诗集。有诗人张承信的《序》和作者的《后记》。

张承信在《序》中写道："诗歌是生命的历史，是诗人思想情绪的外烁。……是诗人个体生命中一些弥足珍贵的斑斓的碎片。""正是这一块块碎片，一个个闪光的亮点，构成了诗人李才旺诗歌灿烂的星空。"

作者在《后记》中特别提到，"在这本集子里，有相当一部分是题画诗。就是说，这段时间，我业余的主要精力用在绘事上。一幅画作好之后，乘兴编几句题在画面上。"李才旺既工于诗，也工于画，读诗赏画，正是这本诗集带给读者的最大的艺术享受。

三、《丰收的季节》

《丰收的季节》，同《有伞的风景》和《无雪的冬天》一起合集为《李才旺诗选》，2010年5月由山西人民出版社出版。《丰收的季节》收创作于2001年6月至2009年12月的诗歌作品148首。书前有诗人张承信的序《龙门跳出是真龙》。这是张承信为李才旺诗集写的第三篇《序》。在这篇《序》里，张承信引用了被赵朴初、启功先生称为诗、书、画"当代三绝"的林散之先生《论诗十三首》之一："能于同处求不同,惟不能同期大雄。七子山阴谁独秀,龙门跳出是真龙。"林散之论述的是艺术个性化的重要性。张承信《序》中引用林散之的诗,是为了充分肯定李才旺诗歌的个性化。张承信在《序》中说李才旺,"他的诗和他的书画作品一样,无须署名,人们一眼就可认出是'才旺体'。""作品有无个性是区别平庸与天才,真诗人与伪诗人的试金石、分水岭。李才旺的诗歌根深果硕,祖国和人民,艺术与命运构成了他作品中递增的年轮。"

四、《李才旺诗选》(《诗想》)

《李才旺诗选》,2010 年 5 月由山西人民出版社出版,印数 5000 册,印制精美,开本时尚,让人爱不释手。

《李才旺诗选》是作者的诗作合集,包括诗人的 3 部诗集:《有伞的风景》《无雪的冬天》和《丰收的季节》,总书名是《诗想》。诗人是用诗进行思考,用诗表达思想,故曰"诗想"。

《诗想》所收的 3 部诗集,从书名即可了解诗人的思想追求和审美理想。

《有伞的风景》书名取自《南京夫子庙遇雨》一诗的意境。"风皱千池水,伞开一街花",一条街上有伞的风景甚至比驰名中外的夫子庙、秦淮河更为生动,更具魅力。这有伞的风景风光了夫子庙,风光了秦淮河,风光了十朝古都南京城,当然,也风光了诗人自己,此书既出,众皆关注,引起诗界的一片好评和赞赏。

《无雪的冬天》,冬天而无雪,个中境况,不言自明。这本诗集所收作品选自 1995 年 12 月至 2001 年 5 月的创作,期间诗人由党政界转入文艺界,岗位发生了变化,"独步庭前吟冷暖,丹青伴我度朝夕"(《庚辰春日偶成》)的生活,使诗人生出无限感慨,也是这本诗集收入大量题画诗的缘故。

《丰收的季节》既是诗人完全进入文艺界后之作,也是诗人在新中国成立60周年前后所写的作品，一些作品反映了祖国的巨大变化和城乡新貌，所以，这本诗集所选入的诗既反映了诗人创作的丰收，也是讴歌祖国60年前进道路上的丰收。

李才旺的3部诗集——《有伞的风景》《无雪的冬天》《丰收的季节》所反映的何尝不是诗人的诗意人生、时代的时光变迁。可以说，诗伴随着诗人的人生，留下了时代的足迹。

李才旺是诗书画俱佳的全才。《李才旺诗选》和他以前陆续问世的《李才旺书画选集》（两种）、《李才旺画作理趣》（合作）、《李才旺自书诗》、《李才旺书法》等著作，构成了李才旺诗书画系列的煌煌巨著。这是李才旺献给社会的宝贵精神财富，是他对传承、发展中华文化做出的重要贡献。

李才旺诗词研讨会

2010年11月30日，山西省文联、山西省作家协会和山西省诗词学会共同主办的"李才旺诗词研讨会"在山西文艺大厦隆重召开。中共山西省委常委、宣传部部长胡苏平，原省人大副主任、中华诗词学会副会长、山西诗词学会会长武正国出席会议并讲话。省委宣传部副部长杜学文以及山西著名诗人、评论家60余人参加了研讨会。中国作家协会副主席、山西省副省长、山西省作家协会主席张平代表山西省人民政府致信研讨会，中国诗坛泰斗屠岸先生致贺联，对《李才旺诗选》出版和研讨会召开表示热烈祝贺。

胡苏平部长在讲话中称赞李才旺同志"是我省文艺界的一面旗帜。在长期的艺术创作实践中，他贴近生活，创作了大量富有鲜明时代特色、具有个性风格的艺术作品，展现了独特的美学视角和深厚的艺术功底"。她特别强调，李才旺同志在我省党政部门担任领导工作，后又担任省文联主席，"专心艺术部门的领导工作和艺术创作，成为我省一位在诗、书、画领域都有造诣的艺术家。"她评价李才旺的"诗歌根深果硕，浸润于浓浓的诗情与哲理之中，祖国和人民、艺术与命运构成他诗作的主题，其诗风于闲适、清幽中涌动沉雄昂扬的旋律，具有鲜明的政治品格、哲学思维和诗人情操"。胡苏平部长指出："时代和人民呼唤更多无愧于历史、无愧于时代、无愧于人民的精品力作，期待更多德艺双馨、深受人民欢迎和喜爱的名家大师。山西拥有李才旺这样的大家，是山西文艺界的幸运和骄傲。我们建设文化强省，发展文化产业，需要品牌。品牌就是旗帜，就是方向。文艺界的名家代表着一个地方的知名度和影响力，代表着一个地方文化软实力。学习他们，研究他们，宣传他们，是发展山西文化事业，建设文化强省的重要方面。"她期待"我们山西形成独特的文化艺术品牌，为我们山西的转型跨越发展和文化强省建设做出更大的贡献"。

张平副省长在贺信中说："李才旺同志是我省文艺界的一位杰出领导，他为人坦诚热情，注重修养，勤于思考，对艺术倾心热爱，追求执著。几十年来，在书法、绘画和诗歌创作方面都取得了很大成绩，影响广泛。他的诗歌作品贴近生活，反映时代，热情讴歌'真、善、美'，具有强烈的人文关怀精神和独特的艺术魅力。他的诗作思想深邃，情感饱满，充满忧患意识，敢于担当社会责任；他的诗风质朴清幽、沉雄昂扬，在平易亲切中蕴含耐人寻味的哲理。他的诗歌创作对繁荣我省的文艺事业起到了积极的推动作用。"

研讨会上，诗人、评论家们对李才旺的诗歌合集《李才旺诗选》（即《诗想》），从主题思想、艺术特色以及作品中透露出的作者的诗品、人品等多个角度，进行了全面的评价和深入的探讨。大家认为，李才旺在诗、书、画方面都有很深造诣，这次出版的诗选《诗想》是他数十年辛勤笔耕的成果，作品内容丰富，形式多样，辞句工整，语言朴实，既大气磅礴，又含蓄隽永，在诗歌意境的锤炼、意象的营造和情感的表达上多有独到之处。特别是他的别具一格的题画诗在会上受到一致好评，认为这是体现了作者的学识、才情和多方面的艺术修养。

诗人、教授李旦初在会上吟诵了他写的《读才旺诗》："我读才旺诗，油然生感慨。情动自成吟，思飘格律外。清水出芙蓉，天然鸣天籁。玉立似佳人，凌波显风采。不借红霞染，无须施粉黛。伞开一街花，妙句人人爱。"道出了李才旺诗作清淳自然的风格特点。

诗人、书法家王东满现场赋诗《收读才旺兄诗集即兴酬赠》："才旺大名不虚妄，诗文书画兼相宜。韵如流水出幽谷，画若清风吹碧漪。健笔行来多古意，壶关疙瘩一家奇。"赞赏中不忘诗友之间的调侃。

诗人郑福太更是对诗选书名《诗想》二字甚为欣赏。他说："《诗想》，望文可见立意不凡，玩味若品陈酿而久香。""得《诗想》，快速浏览通篇，似渴者畅饮，一瓢清泉直入肺腑；复细读理会，若闲者品功夫茶于午后，清香徐徐回荡七窍之间。三卷合一，谱写出人生的三步独到词曲，无疑是作者情怀、情感与情致的一部诗体传记，从多侧面反映了作者对生活的融入、热爱与深思。同时，从《诗想》的聚焦中，丰富地折射出了时代的浪花、色彩与脉搏，多重刻录了自我、人与人、人与社会、人与自然的跌宕起伏、五彩斑斓与哲思幽境。"

诗的格律问题是研讨会讨论的一个热点。李才旺诗作讲究格律而不拘泥于格律，形成了自己流畅清新、自然天成的诗体。李才旺在会上说："我喜欢写旧体诗。要写旧体诗，必须懂格律。但是，完全受格律的束缚，就会影响对诗的内容的表现。"李才旺写诗时，首先想的是诗所要表现的内容，而不是想在形式上怎么去讲求格律，形成了他自己的诗歌风格。会上有的诗人就说："诗人写的是诗，不是写格律。"郑福太说："至于诗的体裁与表现形式，我认为，不必以格律、古风、自由和所谓的新古典体等等去生拉硬套，不妨在新诗与旧诗的争鸣中去暂且这样认知：有韵就是诗，有味就是好诗，如能在意境和哲理上不同凡响，就是代表时代的佳作。"

《山西文艺通讯》2010年第5期把研讨会上的发言和提交研讨会的发言稿共50余篇，包括武正国、寓真、华而实、马作楫、阎凤梧等诗人、作家、教授的诗文，合编为"李才旺诗词研讨会"专辑印发。

第二节　李才旺诗歌欣赏

　　李才旺诗歌皆旧体。诗歌内容丰富，题材多样，感事、咏怀、记游、题画等均有精品佳作，耐人寻味。欣赏李才旺的诗歌，首先要了解诗人的个性特点和独特的人生经历。李才旺是充满才气、豪气、胆气、霸气的性情中人，是位居要职的党、政、文"高官"，是诗、书、画俱精的上党奇才，只有把握住这三个要点，即性情中人、党政文三栖"高官"、诗书画俱佳全才，知人论诗，方得要领。

　　清诗人、书法家何绍基说："诗要有字外味，有声外韵，有题外意。"[①] 研究李才旺的诗就要研究其诗作的"字外味"、"声外韵"和"题外意"，从作品的诗意展开丰富的联想，从而深入体会诗人作品的内涵和韵味。

　　清学者沈德潜云："有第一等襟怀，第一等学识，斯有第一等真诗。"[②] 我们以此言论及李才旺的诗歌创作，也很有道理。

　　理想和情怀是诗人必备的核心素质。李才旺是满怀崇高理想的诗人，为了坚持和实现自己的理想，他有过磨难的砥砺和心灵的煎熬，有一些诗也是充满愤懑之声和慷慨之气的。李才旺是具有广阔情怀的诗人，体现在他的诗歌中是真实的情感和质朴的心态。他厌恶矫情，拒绝虚伪，使诗歌的品格和诗人的品格高度一致。

　　何绍基对诗"三有"的要求，沈德潜对"三个第一等"的论述，以及诗人所具有的理想和情怀，同样是我们知人论诗，欣赏李才旺诗歌的依据。

---

① 《题冯鲁川小像册论诗》，见《东洲草堂文钞》卷五，引自《中国历代文论选》
　　下册第312页，中华书局1963年2月。
② 沈德潜：《说诗晬语》，《清诗话》下册第524页，上海古籍出版社1978年9月。

一、山水，田园，写景：
表现太行情结、抒写家乡记忆和祖国风光的诗篇

李才旺是一位情感丰富的诗人。他的山水诗、田园诗、写景诗都有巨大的情感容量，是典型的抒情诗。

"感人心者，莫先乎情"，是诗道之魂。"诗言情，言真情。有感而发，无感不发"，[①]是李才旺作诗的准则。没有感觉，他不写诗，他不会"为赋新词强说愁"。诗是抒情的艺术，情是诗歌的灵魂。所谓"动人心魄"、"感人肺腑"、"催人泪下"等等词语，无非是缘于一个"情"字。李才旺的抒情诗围绕着一个"情"字做文章，描绘所爱，谱写心曲，情至诗来。他的抒情诗抒发的是真性情，无论是表现亲情、友情、乡情、山水情、田园情，还是抒发对祖国、人民的大爱之情，都是有感而发，抒发真情，情真诗成，一往情深。他的诗容易与读者在情感上发生共鸣，在心灵上有所感应。李才旺的诗是他的感情、才情和性情的体现，作品空灵、洒脱、豪放，挥洒自如，清新流畅，明白易懂，充满了质朴和真诚的美感。李才旺的山水诗、田园诗、写景诗都充满了感人的真情，是情与景的融合。

诗人汪国真说："李才旺之所以能写出许多美好的诗篇，我以为除了他的学识和修养外，很重要的一方面是因为他是一个有情之人。对故乡他有着浓厚的乡情，对朋友他有着真挚的友情，对亲人他有着深切的亲情。诗为何物？抒情言志的一种方式。一个懂得感情、志向远大的人，便有可能成为一个优秀的诗人。"[②]

---

① 《李才旺诗选·作者絮语》，山西人民出版社 2010 年 5 月。
② 《深爱自成佳酿》，1999 年 5 月 13 日《中国文化报》）。

诗人李建华（珍尔）说，李才旺诗歌托物寄情，借景抒怀，流溢于字里行间的是坦荡之气、豪爽之风、赤子之心。①

从美学的角度来说，"情"指感情，"景"指景物，二者的关系是极为密切的。宋代的范晞文强调情景不可分，"景无情不发，情无景不生"；清代的王夫之主张"景以情合，情以景生"②，都是强调情景交融的问题。国学大师王国维在《人间词话》中说得更清楚："昔人论诗词有景语、情语之别。不知一切景语皆情语也。"③强调移情入景，情景交融，方是上乘的抒情作品。王实甫《西厢记》"长亭送别"一折的"碧云天，黄花地，西风紧，北雁南飞。晓来谁染霜林醉，总是离人泪"，在"多情自古伤别离"的离人眼里，只能是一片凄迷冷峭的景象。这是典型的"一切景语皆情语"。

情景相融，借景抒情，移情于景，诗歌创作中所说的意象、意境，实际上就是情与景的结合，即用客观物象来寄托作者的主观情思。李才旺的山水、田园、写景作品大都是典型的"诗中有画，画中有诗"，可谓诗是无形的画，画是有形的诗。

（一）描绘太行雄姿的山水诗

李才旺是太行山的儿子，祖籍河南林州，生于山西壶关。祖辈从林州逃荒到壶关，始终在太行山大峡谷里转来转去，李才旺也始终没有离开过生他养他的深谷大山。太行山的雄奇，大峡谷的险峻，风光旖旎，气象森森，天地氤氲，万物化醇，造就了李才旺这位上党才子。他的诗作，他的书画作品，都充满了太行山的神韵。咏唱太行山是他的山水诗的大宗。

太行山是李才旺的福地，是诗人的根。壁立千仞、齐峰万矗，连接晋冀

---

① 珍尔：《聚宇宙于尺幅之间——读李才旺诗选〈有伞的风景〉》，1996年4月24日《山西物价报》。
② 转引自童庆炳主编的《文学概论》第339—340页，武汉大学出版社2000年4月。
③ 腾咸惠校注：《人间词话新注》第50页，齐鲁书社1981年11月。

豫三省，绵延400余公里的太行山，曾经留下了多少志士仁人的足迹，壮志凌云、英勇献身，建立了永恒的丰功伟绩；曾经使多少文人墨客为之顶礼膜拜、摧眉折腰，写下了不朽的诗词美文。

一代枭雄曹孟德走马太行赋《苦寒行》："北上太行山，艰哉何巍巍。羊肠坂诘屈，车轮为之摧。树木何萧瑟，北风声正悲……"诗仙李太白拟曹操乐府诗《苦寒行》作《北上行》："北上何所苦？北上缘太行。磴道盘且峻，巉岩凌穹苍。马足蹶侧石，车轮摧高冈……"《苦寒行》《北上行》道不尽的是太行山的艰难险阻，苍茫壮阔。

历史上咏太行山的岂止曹操、李白这两位大家，太行山的绝世雄姿同样吸引了白居易、李贺、元好问、于谦、傅山、陈廷敬等众多诗人的眼睛，为太行山留下了传世的诗作。

朱德总司令在太行抗日根据地有多首咏太行山的诗篇："远望春光镇日阴，太行高耸气森森"（《太行有感》），"伫马太行侧，十月雪飞白"（《寄语蜀中父老》），"群峰壁立太行头，天险黄河一望收"（《出太行》），在太行烽烟中尽显燕赵豪杰本色。刘白羽的散文《巍巍太行山》，阮章竞的长诗《重回太行山》，高沐鸿的《太行吟》，冈夫的《太行人民》等诗文都是颂扬"太行烽火壮千秋"、"人民浩气满神州"之作，激励着千万太行儿女。

李才旺汲太行之神韵，继前贤之文脉，有多首脍炙人口的太行诗歌，借歌咏太行山水表达诗人的情感、胸怀和浓的化解不开的太行情结。

诗人以太行山为对象的山水诗中《题三晋山水图》最有内涵和韵味。

> 巍巍太行万古峰，幽幽峡谷千秋松。
> 表里山河谁与似，问罢暮鼓问晨钟。

这首诗既表现了时间的悠远，又表现了空间的广袤，把山西"表里山河"

的自然风貌和"万古""千秋"的人文历史凝聚在短短的四行诗中,形象、精粹,给人以回味无穷的余地。山西素有"表里山河"之称,而这里的"山河"指的就是太行山和黄河。"表里山河"一语出自《左传》,指的是当时的晋国背靠太行山,面对黄河,得天独厚,地势优越,得山水形胜之利。诗人以"表里山河"入诗,对历史进行诘问,"问罢暮鼓问晨钟",历史的脚步声在诗人的耳中回响。

《观陵川山貌有感》既写山貌又写感悟,有着深刻的寓意:

遥览群山如浪涌,奔腾不息向天穹。
何以极目能望远,为因脚下有高峰。

描绘逶迤不绝的群山如奔腾不息的浪涌,想象奇特,气势不凡,而"何以极目能望远,为因脚下有高峰"则蕴含了登高望远的哲理。这与王之涣"欲穷千里目,更上一层楼"(《登鹳雀楼》)、杜甫"会当凌绝顶,一览众山小"(《望岳》)这样的千古名句有异曲同工之妙。

诗人既写太行山的雄奇,也写太行山的秀美:

太行峰巅秋红早,红罢山头红山腰。
不惟春花景色秀,岂知秋红更妖娆。
(《秋山红叶》)

好一个"秋红",展现了太行秋山层林尽染,一片火红,胜过春花,别是一番迷人眼的绚丽景象。

诗人既写太行山的古老,也写太行山的现代,贯穿古今的是愚公的精神、民族的伟力。

危哉太行王屋山，丘壑纵横峰连天。
　　崖悬千仞猿无路，沟深万丈龙有潭。
　　隧洞进深国内少，石桥跨长世间罕。
　　英雄为有愚公志，破雾穿云向中原。
　　（《晋焦高速公路工地行吟》）

　　《列子·汤问》篇有愚公移山的寓言故事，言："太行、王屋二山，方七百里，高万仞。本在冀州之南，河阳之北。"毛泽东有《愚公移山》的演说，说愚公每天挖山不止的故事感动了上帝，派了两个神仙下凡，把两座大山背走了，"自此，冀之南，汉之阳，无陇断焉。"李才旺的《晋焦高速公路工地行吟》一诗，既写太行、王屋二山之险，又颂当代愚公之志，一条晋焦高速公路打通了"冀州之南，河阳之北"的阻隔，"破雾穿云向中原"，给一首写太行山的诗赋予了时代的色彩。

　　李才旺不少的山水诗是通过写太行山表达自己内心的感受和心情的愉悦。"前川落飞瀑，拾级上九霄。吾非仙人体，缘何到琼瑶？"（《陵川东双塠纪行》）的脱俗；"蟒河风光令人迷，奇山秀水两依依"（《阳城蟒河风光》）的陶醉；"盛夏纳凉滴谷寺，欣然回首望潞安"（《长治老顶山》）的欣喜；"莫道太行无佳境，当知榆社有水乡。君若荡舟云竹湖，定将此处比苏杭"（《泛舟榆社云竹湖》）的怡然……太行美景吸引人，诗人心情感染人，怎不令人心向往之。游太行山水，咏诗人华章，三两好友，登山泛舟，仰天长啸，对酒当歌，岂非人生一大快事！

　　李才旺，壶关人氏。太行山大峡谷就在壶关，也就成了诗人山水诗的描写对象。2005年2月创作的《壶关峡谷之春》就成了诗人献给家乡的歌，表达对家乡的深切热爱：

峡谷三月万壑春，飞瀑流响过松林。

古寺去秋重装后，神山有灵客如云。

峡谷、飞瀑、古寺、神山、香客，使万壑峡谷在古寺钟声、香烟缭绕中有了人间的气息，仿佛是一幅静谧的山水画呈现在读者的面前。

然而，更让人赞叹的是诗人 2006 年 10 月创作的《重游太行山大峡谷》等 8 首诗，成为写大峡谷的组诗。《八泉峡荡舟》的"谷底仰观一线天，碧波荡舟何怡然"，《翡翠谷小天桥》的"峡谷幽深出流泉，遥望天桥壁上悬"，《翡翠谷山巅览胜》的"松林绵延上云端，登临犹如天上观"，《红豆峡》的"崖畔殷殷相思豆，谷底潺潺溪水流"，《青龙峡》的"凌空飞落青龙泉，泉底潭水何斑斓"，《紫团山》的"万壑千峰林森然，幽幽洞府半山悬"，《八泉峡乘梯》的"谁架青云梯，接我上天庭"——危崖排空，断壁峭立，峡幽谷深，千回百转，诗人用生花妙笔描绘出千姿百态、气象万千的太行山大峡谷的自然景观，显示了太行山大峡谷粗犷和雄奇、幽深和清丽的特色。

（二）抒写山乡情趣的田园诗

与李才旺的太行山水诗相比美的是他的太行田园诗。我们之所以把李才旺的田园诗称为太行田园诗，是因为他描写的对象基本上是太行山的田园风光、太行山的乡情野趣。这些描写太行田园生活的充满乡野韵味的诗篇被人们称为新田园诗。

新时期以来，山西诗界倡导新田园诗，有不少专业和业余的诗人投身于新田园诗的创作和活动中，出了作品，出了诗人，引起全国诗坛的关注，产生了一定的影响，李才旺就是热衷于新田园诗写作并取得实绩的一位诗人。

在李才旺已经出版的几部诗集里，包括不少新田园诗。这些作品以新时期的农民和农村为描写对象，既有现实生活的反映，也有儿时记忆的再现，大都意象新颖,意境深邃,情感厚重,在闲适、清幽的氛围中涌动着催人奋进的旋律,体现了蓬勃向上的时代精神,而绝无旧时田园诗词的归隐、遁世思想。在形式上,多采用旧体诗词或民歌体,使作品好懂易记,通俗上口。

李才旺的新田园诗描写新农村新变化的有《访太行》《题柿图》等。

请看诗人写的《访太行》:

十月金秋访太行,欢歌笑语满山庄。
卖粮踊跃愁仓小,存款争先喜队长。
贫寨翻身换旧瓦,穷哥迎亲伴新娘。
客来未酒因何醉,只为山风带酒香。

存款多,粮满仓,起新屋,娶新娘,一幅农村新景象跃然眼前。特别是尾联两句"未饮先醉",更是令人神往,表达了诗人为党的十一届三中全会之后,到处充满生机和活力的农村生活所感动、所陶醉,以喜悦的心情和热情的笔触描绘出这幅生动鲜明的农村风俗画。

诗人喜柿,爱其金黄的色泽、圆润的形态,更爱它是农民口里的美味,称其为"如意果",所以笔下有多幅画柿图,也就有多首《题柿图》的诗,兹举一首:

金风送爽过山梁,果满枝头谷满仓。
最爱太行农家乐,事事如意奔小康。

诗人歌吟"如意果"带来的"事事如意"的太行农家乐,写的还是新农村的新生活。

与《访太行》《题柿图》相似表现同样的农村变化题材,表达同样的农

村新貌和农民致富主题的还有3首题画诗,让人喜爱:

> 春雨涨溪水,蕉绿染山冈。
> 田间吆耕牛,农夫播种忙。
> (《芭蕉八哥图》)

两句写景,山冈染绿,小溪水涨;两句写人,农夫播种,田间吆牛——尽写生机勃发的农村景象。其中"涨"、"染"两个饱含生命力的动词运用尤为生动传神。

> 秋风飒飒过苇塘,田野稻谷溢清香。
> 又是一年丰收景,乐见农家粮满仓。
> (《题天鹅图》)

> 云笼苍山远,水丰草木深。
> 林茂农家富,三餐酒满樽。
> (《题山居图》)

诗人以农家粮满仓、"三餐酒满樽"的细节表现水丰林茂的富裕的农户生活,充满时代的气息。

李才旺的新田园诗中最受读者喜爱的是小诗《邻里情》《故乡行》和《放牧》3首。

> 山高儿女远，地僻四邻亲。
> 隔篱一声呼，对酌坐槐荫。
> （《邻里情》）

隔篱相呼、乡邻对酌的画面跃然纸上，表达细腻，充满情趣。

> 半村新瓦一坡松，带露小草舞晨风。
> 漫步儿时牧牛路，耳边犹闻蛐蛐声。
> （《故乡行》）

诗中有画面有声音，眼前的农村新貌，脑中浮现的儿时记忆，情景交融，景幽意远。

《放牧》一首更具山野风味：

> 放牧出山村，纳凉卧柳荫。
> 牛吃河边草，我观天上云。

打破尘封的童年记忆，一幅生动的牧牛图呈现在读者的面前。山、水、草、云、牛尽在画中，而最为动人的是那位卧观天上白云飘飞的放牛娃。"牛吃河边草，我观天上云"，使我想起王维的《终南别业》中的两句："行到水穷处，坐看云起时"，李才旺的诗同样别具妙趣。我们现在读这首充满田园情趣的诗是那样的惬意，但它反映的诗人童年生活却是那样的艰苦：放学回家，放牛，帮助家里劳动，有干不完的农活儿。然而在人生的漫长岁月里，有时回味起来，倒是苦中有甜，成了一种铭刻在诗歌里的记忆。

《邻里情》《故乡行》和《放牧》3首小诗都是诗人1995年重返故里之作，

诗中描写的乡风村俗、童真情趣，清风扑面，让人陶醉，表达了诗人对养育他的上党热土的一片深情。从这些作品中，我们能够"读出一种淡泊名利的情怀，返璞归真的心境和对美好生活的向往"。①

《邻里情》《故乡行》和《放牧》可以看作诗人描写太行田园生活的代表作，情景交融，自然明丽，是典型的诗中有画、画中有诗。读李才旺的田园诗，不仅能体味到语言的美感，而且能欣赏到一幅幅充满乡野情趣的山村风景画，别是一种精神享受。

评论家杜学文很欣赏《放牧》一首。他认为，"牛吃河边草，我观天上云"两句，"是纯粹的大白话。但是，其所表现出来的天人一体的意境十分生动。相对于新诗，旧体诗对意境的要求更加突出。如果没有诗意，只是按照格律与字数写成的句子，严格地说，还不能算是诗。李才旺的意义在于，他能够自如地使用白话表情达意，描绘出诗的意境，这是非常不容易的。"②

评论家崔莹玺在《诗心若海 诗情如潮》一文中说："李才旺是一个热爱生活的人，举凡一草一木，一砖一石，花鸟鱼虫，凡人俗事都能被他弹奏成动人的旋律，变得灵动起来，朗润起来，使我们体会到生活的美好和温馨。"崔莹玺特别对李才旺写家乡的《邻里情》《故乡行》和《放牧》3首小诗，情有独钟，赞不绝口。他说：这3首小诗"既有小草带露、蛐蛐弹琴的自然美，也有隔篱传音、对酌闲话的乡土美；既有牧牛河边的童年记忆，也有半村新瓦的崭新景象。几首小诗笼罩着诗人内心深处对家乡的眷恋和温情，极其朴实，又极其感人。这一类诗歌，少雕饰，不做作，有真情，是李才旺诗歌中的精品。"③

---

① 布兵：《心似白云——中央电视台专题片解说词》，《李才旺艺术论》，中国戏剧出版社2004年8月。
② 《风皱千池水 伞开一街花——谈李才旺的诗》，2012年8月1日《山西日报》。
③ 见《山西文联通讯》2010年第5期第24页。

（三）咏唱祖国风光的写景诗

李才旺的山水田园诗以描写太行山风光和太行农家景象为主体，但他有更广阔的视野，更高的审美情趣，他的足迹遍及省内外、国内外，而写下了不少充满美感的写景诗。他有《访美》《法国印象》《早春维也纳》等描写异国风光的诗篇；他有"黄涛崩泻入壶中，轰响如雷令人惊"写黄河气势的《壶口瀑布》，有"钟鼓来天际，僧歌唱云端"写清凉圣境的《雾中五台》，有"巨石荒古立云冈，鬼斧神工铸辉煌"写历史沧桑的《云冈石窟》等三晋风光的诗篇。

其中，《雾中五台》有着内涵深厚的意境：

雾笼五台山，进山不见山。
钟鼓来天际，僧歌唱云端。

一写雾之浓，一写山之深。钟鼓声声仿佛来自天边，而僧歌佛乐又好像出于云端，在云雾飘渺中充满了神圣的色彩，表现了诗人静穆、虔诚的情绪。

诗人讴歌祖国的大好河山，有"钟山秀丽，莫愁仙姿"的《南京新貌》，有"雄奇冠天下，领略须登临"的《黄山》，有"溪畔琼花湖边柳，绿满长街香满楼"的《扬州》等尽写祖国山川旖旎风光的诗篇。

李才旺写景诗中最为人称道的是《南京夫子庙遇雨》，被誉为诗人的代表作。我们在后面会用专门的篇幅进行赏析，除此，还有3首为读者所喜爱的小诗，即《瘦西湖》《咏春》和《醉秋风》。从这两首五绝、一首七绝中，读者可以感知诗人的眼光，看到诗人的身影，体会诗人的心情，同诗人一起走进唯真唯美的诗情画意中。

山矮景色秀,湖瘦荷叶肥。
游客斜阳里,留恋几徘徊。
(《扬州瘦西湖》)

瘦湖,肥叶,斜阳,游客,组成一幅仪态万方、楚楚动人的画面。突出的是在斜阳落日的黄昏景色中,留恋不舍、徘徊不去的诗人的身影,反衬出瘦西湖诱人的美感。

溪边两行柳,山下一河风。
布谷啼草绿,春雨染花红。
(《咏春》)

《咏春》一首对仗极为工整。"溪边"对"山下","草绿"对"花红","两行柳"对"一河风"。"啼"和"染"两个动词的运用尤为生动传神。在布谷声声的啼叫中草绿了,在春雨沙沙的润泽中花红了。溪边山后,草绿花红,充满了一片勃勃生机,表达的是诗人舒畅愉悦的心情。诗人喜欢春天,赞美活力和生命。

梅花带雪飞琴上,柳叶和烟入酒中。
无意荷塘纳晚凉,有心东篱醉秋风。
(《醉秋风》)

这首诗意象生动,意味无穷。"梅花""柳叶"两句表现出一种静谧、闲适的氛围,而"无意""有心"两句则刻画出诗人飘逸、惬意和洒脱的形象,在这看似空灵的意境中沉醉于袭袭凉意的秋风中。"荷塘纳凉""东篱醉秋"

则婉转曲折地表达出诗人几十年宦海生涯、官场沉浮感慨良多的复杂心态。

《南京夫子庙遇雨》和《扬州瘦西湖》《咏春》《醉秋风》几首小诗，诗界朋友认为放在古人的优秀诗作中也不逊色。此话说得确有道理。

二、感事，咏怀，随想：抒写人生际遇和生活哲理的诗篇

感事、咏怀、随想是李才旺诗歌的重要组成部分。这一部分作品大都同诗人的人生经历密切相关，表现诗人的思想情绪，抒写诗人的人生轨迹，表达诗人的人生感悟。

对人生的感悟就是对生活的发现和体验。发现、体验和感悟是紧密相连的。有独特的发现和体验就会有真切的感悟。这种来自生活的感悟多能打动人心，而流传久远。李才旺的这些感事、咏怀、随想之作，往往会迸发出思想的火花，充满生活的哲理，给人以教益和启迪。

李才旺是性情中人。他感情细腻，善于思索，勤于笔耕，这就使他常常是心中有情，笔下有诗。他的感事、咏怀、随想诗大都是他表达志向抱负的载体，也是他宦海沉浮和心路历程的纪录。

（一）"为官存正气，从政树廉风"，呼唤官清风正的诗篇

李才旺是诗人，也是身负要职的高官，"忧心为政，真心为文"[①]，所以他的诗歌创作道路常常同他从政为官的道路紧密相连，他的诗歌作品往往抒发他忧国忧民的情怀，反映他从政的理念和做官的责任。他对自己的要求是："为官存正气"、"人去政声存"。正如青年诗人汪国真所说的："李才旺的诗不同于我们所常见的文人写的诗，他的诗有一种'政治胸襟诉诗笔，

---

① 散文家梁衡语，见宋培贤：《时代的精英 历史的脊梁——多视角看梁衡》，《天下山西名人》2011年第3期。

文人纸墨发政声'的特色和气派。"①

上个世纪90年代正是李才旺仕途通达、身负要职之时，所以那时他意气飞扬、志存高远的心态往往表现在他的诗歌中。如1993年写的《公仆颂》：

> 心似白云常自在，德如清露不染尘。
> 为官避世平生耻，贵能人去政声存。

外不避事、内不染尘是从政者比较高的标准。李才旺向往的是做一个"人去政声存"的清官、好官。这不仅表达的是诗人自己的责任，而且是对所有官员的一种期待。这是诗人用诗的语言表达的一种政治胸襟。"心似白云常自在，德如清露不染尘"一联两句，超凡脱俗，不仅对于从政者，而且对于一切怀有美好理想和生活追求的人都可以作为座右铭，时刻记在心上。诗人写的《清官颂》《公仆心》也是表达了这一主题：

> 敬民如父赤子心，铁面无私浩气存。
> 正邪自古同冰炭，忠奸从来不一门。
> （《清官颂》）

> 玉洁冰清严律己，明理谦和善待人。
> 为官当立创业志，爱民长存公仆心。
> （《公仆心》）

诗人强调的是只有"敬民"、"爱民"，才称得上是"清官"、"公仆"。

---

① 《深爱自成佳酿》，1999年5月13日《中国文化报》。

诗人在《民心是秤》一诗中把这种"执政为民"的思想推向了极致:

不贪不奢不偷生,鞠躬尽瘁为百姓。
是非功过勿争辩,官有斤两民是秤。

这是民间所说的"金杯银杯不如老百姓的口碑,金奖银奖不如老百姓的褒奖"的诗化。

诗人在为山西电视台摄制的一部电视剧《情洒太行》撰写了一副对联,下联是:"古今成大事,当牢记,社稷为重,民心乃天。"真是字字千钧,掷地有声。这使我想起山西电视台摄制的另一部电视连续剧《天地民心》,写清代中晚期一代贤臣、旷世鸿儒,寿阳人士祁寯藻的传奇人生,贯穿全剧的主旨就是"为天地立心,为生民立命"。这种"以民为本"、"民心乃天"的思想,具有超越时代的震撼力和感召力。

李才旺1989年写的《谒合肥包公祠》更是诗人公仆理念的概括和升华:

为官存正气,从政树廉风。
千秋英名在,万代颂包公。

"为官存正气,从政树廉风"两句曾被《光明日报》评论员文章用作标题,刊于头版,作为一切人民公仆应该遵循的行为准则。李才旺做官追求的就是"为官存正气"、"人去政声存"。李才旺从晋城到省委,从政界到文艺界,几十年的宦海生涯正好说明这一点。

(二)"无怨无恨无人生,有风有雨有春秋",反映人生道路的诗篇

李才旺有一首流传很广很有名的诗,是1985年写的《偶感》:

狂风和着悲哭起，暴雨犹随苦泪流。
无怨无恨无人生，有风有雨有春秋。

这首题为《偶感》悲凉凄美的诗，实际上是诗人一次感情的集中爆发，反映从政途中遭遇的一次坎坷。我们不妨撇开诗人个人的经历，而欣赏"无怨无恨无人生，有风有雨有春秋"这两句，却是一种诗人对自己对人生道路的最好的概括和感悟，是以风雨无常、春秋变化寓意人生的波折与坎坷。它表现得很真实，也很真诚。人生就是风雨兼程，岁月就是春夏秋冬，哪里有永不变化的风和日丽，哪里有永不凋谢的四季常青。这是规律，这是真理。以这两句来激励自己，慰勉他人，就可以笑对人生，永远保持乐观的心态。

诗人写过多首《感怀》诗，无一例外的都是表现人生道路上的感悟，抒发心中的所思，充满生活的哲理。

让我们欣赏几首诗人写的《感怀》诗：

谋事在人成在天，成功失败皆坦然。
久步人生坎坷路，当知苦中亦含甜。

心如柔水德如山，气若云岩情若兰。
为人岂能无憾事，但愿平生不负天。

己丑塞外遇挚友，苦辣酸甜忆从头。
感慨宦海人生路，谁无欢乐谁无忧。

只要世上忠奸存，荒野何处无冤魂。
宦海沉浮本常事，明彻此理自不群。

人生道路不可能总是平坦如砥，也会有崎岖坎坷，久在仕途当然也会感受到其中的酸甜苦辣。不过，诗人是达观的，开朗的，他有着很高的自省意识，他能在宦海沉浮、荣辱得失中保持清醒的头脑，从而理顺自己的情绪，有了一种新的精神追求。

工作职务的变化常常会引起人际关系的变化。身居要职时的官邸门庭若市和无职无权时的门前冷落，诗人对此自有达观的看法。他说，有职有权时人家找你办事，自然会登门造访；无职无权时人家找你也难办成事，又何必屈驾上门，造成彼此不便。当然亲朋挚友不在这个范围内。即使如此，诗人仍然会感受到"门前冷落鞍马稀"的景况。一首《庚辰春日偶成》道尽此种情态：

　　门铃不语客来稀，面向梅山闻鸟啼。
　　独步庭前吟冷暖，丹青伴我度朝夕。

庚辰是2000年，其时诗人职务变化，已不担任要职，所以有此感觉。梅山是省政府大院内的一个花园。山上有钟楼高立，按点报时，更有树木葱茏，鸟鸣啾啾，环境十分幽雅。诗人家居梅山之侧，钟声鸟鸣给诗人带来不少乐趣。如今鸟鸣依旧，门铃不语，使诗人徒生无限感慨。但诗人吟诗诉冷暖，丹青伴朝夕，自然也能排除心中烦闷，使诗作情调虽觉低沉而诗人情绪倒也不见低迷。这使我想起杜甫在《饮中八仙歌》中所咏唱的"左相日兴费万钱，饮如长鲸吸百川，衔杯乐圣称避贤"的唐玄宗的左丞相李适之。李适之于天宝五载四月罢相，尝作诗云："避贤初罢相，乐圣且衔杯。为问门前客，今朝几个来？"古往今来何其相似乃尔！

同《庚辰春日偶成》一诗所表达的情绪相似的还有写于1999年4月的《炎凉吟》：

> 变故常将人唤醒，世态何时不炎凉。
> 胸怀宽阔乾坤大，冷暖从容日月长。

世态炎凉让诗人痛心，但诗人并不消沉，他胸怀宽阔，从容应对，在更广阔的世界里寻找心灵上的慰藉和生活中的寄托。

世事多艰，人生无常，在这种情景下，诗人更多的咏怀诗表达的是开阔的胸怀和远大的志向。《风竹赞》以大风中挺拔直立的翠竹自励，表达诗人傲然自立、不随风阿势的人格追求，生动形象而意蕴深厚：

> 黄昏入梦静无声，夜半忽闻起大风。
> 倚窗坐看小院竹，勃然依旧向苍穹。

（三）"此生不再官为谋，案上挥毫度晚年"，丹青伴人生的诗篇

诗人回首自己走过的人生道路，并没有因为仕途上的崎岖坎坷和职务的升迁变化而低迷郁闷，他调整心态，振作精神，特别是把自己的时间和精力用在书画艺术上。

早在1999年5月诗人在《案头随吟》一诗中就表达了对"宦海生涯"和"笔墨情缘"通达而辩证的看法，十分精辟：

> 政余书画偶为诗，亦为自娱亦求知。
> 宦海生涯时有尽，笔墨情缘无穷期。

何者"时有尽"，何者"无穷期"，真是一语道破真谛。诗人对此了然于心，自然会从容应对人生道路上的角色转换。此诗可谓诗人对自己"为政之余有雅兴"的生动写照，对"宦况诗怀一样清"的形象诠释。

2006年9月诗人写的一首《感怀》，仿佛是人生道路上的阶段性小结：

  宦海奔波四十年，遍尝酸甜苦辣咸。
  此生不再官为谋，案上挥毫度晚年。

  这虽然不能说是佛教的"大彻大悟"，也不能说是陶潜的"觉今是而昨非"，但也是一种人生的感悟，从此能够过一种随着自己意愿的轻松愉快的生活，也是人间的一件大幸事。

  《花甲写梅》表现了同样的心态：

  仕途坎坷路悠悠，浓墨写梅寄别愁。
  周末难得客稀少，一腔雅兴到案头。

  从"门铃不语客来稀"的惆怅、唏嘘到"周末难得客稀少"的轻松、惬意，诗人完成了社会角色的转换。

  《坦然》《翰墨吟》和《花甲感怀》也有同样的情感表达：

  贵贱朝夕事，富后方知贫。
  为能澹泊故，心态如浮云。
  （《坦然》）

  风雨人生路，欢乐有几度。
  诗书且为伴，翰海觅殊途。
  （《翰墨吟》）

酒入愁肠鬓添霜，人生能有几辉煌。
晚年独步丹青路，厮守砚田伴墨香。
（《花甲感怀》）

这是诗人逐步退出政界转向文坛心态的真实写照。豁达的胸怀，高雅的情趣，充溢在字字凝情的诗行里。

《题秋荷翠鸟图》更是表达了诗人豁达从容的心态：

秋深荷塘叶枯黄，越冬御寒费思量。
天道冷暖亘古有，何苦缩颈自感伤。

这是诗人对自己情操德行的要求，也是对自己的警策，为人如此，定能心神自宁，坦荡诚笃，何需终日戚戚不安。"何苦缩颈自感伤"一句尤具鞭策力。为人当挺起腰杆面对人生，保持一种昂扬奋发的生命状态，怎能整天低头缩颈自我感伤。

三、诗中上品题画诗

题画诗兴于唐，盛于宋，流传至今。题画诗是文人诗中的上品。中国诗歌史上，写题画诗的大家不乏其人。有的是在他人的画上题诗，有的是在自作画上题咏，多有千古传诵的名篇，如杜甫、王维、郑板桥之作。郑板桥初任山东潍县知县在自画竹上题诗曰："衙斋卧听萧萧竹，疑是民间疾苦声。些小吾曹州县吏，一枝一叶总关情。"（《潍县署中画竹，呈年伯包大中丞括》），忧国忧民、心系苍生之情溢诸笔墨，跃然纸上，使人动容，让人感佩。

李才旺的诗作多题画诗，尤其是《无雪的冬天》诗集中所选作品大部分是题画诗。他在这本诗集的"后记"中说："在这本集子里，有相当一部分是题画诗。就是说，这段时间，我业余的主要精力用在绘事上。一幅画作好之后，乘兴编几句题在画面上。"李才旺在诗歌形式上独钟题画诗，是缘于他本人就是书画家。画作既成，题诗在上，诗成为画的有机部分，使诗、书、画之美融为一体。

诗得益于书画笔墨，而书画则得益于诗的文学底蕴，是李才旺题画诗的精髓。诗借助于书画的笔墨渗透与折射，与书画糅为一体，达到"诗中有画，画中有诗"的境界，诗、画相映成趣，画借诗而点睛，诗因画而名重，可谓珠联璧合，锦上添花。

李才旺的题画诗不仅是对画的补充和诠释，更有一般诗作难以表现的内涵。有的描绘优美的田园风光，有的抒发灵感情怀，有的以拟人化的手法书写生活的情趣，有的表现深刻的人生哲理，如此等等，都能给人以美的愉悦和有益的启迪。

题画诗的位置也很讲究，如《夜半忘却酣梦香》这幅画。画的中间和下面是在柳荫月下的几只不同情态的鹭鸟，画的上面是画家在一轮弯月和几丝淡淡的柳条的背景上，以潇洒的笔墨题写的一首诗："秋风轻拂柳叶黄，群禽月下话麻桑。分享农家丰收乐，夜半忘却酣梦香"，画面立即负载了画家的情思。在构图上也达到了上下均衡的视觉要求。

从李才旺的题画诗，不由想起诗圣杜甫。杜诗题材广泛，也有不少描写艺术的名篇佳作。杜甫写公孙大娘弟子舞剑，写韩干画马，为苍鹰画赋诗，为双松图作歌，皆描绘入微，神妙奇崛。作为题画诗则当推《题壁上韦偃画马歌》和《戏题王宰画山水图歌》。韦偃曾为草堂壁上画马，"戏拈秃笔扫骅骝，欻见麒麟出东壁。一匹龁草一匹嘶，坐看千里当霜蹄"，在韦偃的笔下骏马昂首长鸣，霜蹄千里，让诗人十分高兴，而成此诗。《戏题王宰画山水图歌》更是传世名作。"十日画一水,五日画一石。能事不受相促逼,王宰始肯留真迹",写王宰作画之从容与傲岸;"巴陵洞庭日本东,赤岸水与银河通,中有云气随飞龙",写王宰画作模山范水之气势;"尤工远势古莫比,咫尺应须论万里",写王宰画技"意出象外"之精妙;"焉得并州快剪刀,剪取吴松半江水",更写诗人见王宰之画,爱赏不能释手的心情。李才旺深受唐人好在墙壁上作画、题诗的雅趣之风的影响,加上他在古典诗词方面的深厚功底和娴熟的书画技艺,自然就会写出许多好的题画诗,而且多年来乐此不疲。

众多诗人、诗评家对李才旺的题画诗都是赞不绝口。诗人武正国认为李才旺的题画诗有三个特点:一是善于发掘画中隐意;二是长于发挥画外含义;三是敏感于发现画面新意。① 诗人郑福太说:"在以《无雪的冬天》为主的题画诗中,许多诗极具性格也极具哲理,让人阅而引深思,思而受启迪。如《题太行雄风图》、《题丹顶鹤》等等;佳句有'清风不曾缘门入,画卷常随乡思开','何以极目能望远,为因脚下有高峰','洛阳牡丹称富贵,陌上山花亦清香'等等,任谁读过,都会怦然心动,脱口叫好。"② 可谓独具慧眼,点评到位。

(一)花中"四君子"和"岁寒三友"题画诗

李才旺的题画诗,或题花鸟,或题山水,均为五七言绝句,多有好诗。李才旺的题画诗既非补画之空白,也非诠释画之含义,而是情寄于中,通过题画表达自己的理想和志趣。其中题花中"四君子"——梅、兰、竹、菊的四首绝句更是精巧玲珑,秀逸隽永,意蕴深远,耐人寻味,让人喜爱。

---

① 《诗画交融意趣多——〈李才旺诗选〉解读》,《山西文联通讯》2010年第5期第6页。
② 《用真情抒发,以深邃折射——读李才旺先生〈诗想〉》,《山西文联通讯》2010年第5期第45页。

《题梅图》赞梅之冰雪高洁：

老干新枝花点点，平生喜与雪为伴。
试问乔灌岁几度，梅龄小寿越千年。

《题兰图》咏兰之深谷幽香：

幽谷藏身沐春晖，惠风徐徐香送谁？
或许牧童能到此，晨露滴滴似清泪。

《题竹图》颂竹之高风亮节：

根植破岩有虚怀，叶舞清风无媚态。
只求雨露能生存，何曾奢望上瑶台。

《题菊图》歌菊之风霜傲骨：

群芳凋零百草衰，独有篱下黄花开。
为因生性能傲霜，引得陶公伴君来。

诗人以诗配画，以画释诗，诗画融为一体，读者吟诗读画，欣赏诗情画意，是何等的舒心快意。赏梅时高歌"试问乔灌岁几度，梅龄小寿越千年"的诗句，顿感天高地阔，精神为之一振；赏兰时低吟"幽谷藏身沐春晖，惠风徐徐香送谁"的诗句，何不觉得心旷神怡，别有一番滋味；观竹时咏诵"根植破岩有虚怀，叶舞清风无媚态"的诗句，又会感受到挺起腰干做人的尊严；

赏菊时浅唱"群芳凋零百草衰，独有篱下黄花开"的诗句，怡情悦性，亲近自然，向往生活的自由自在。

诗人既欣赏花中"四君子"（梅、兰、竹、菊），也赞颂"岁寒三友"（松、竹、梅），而最能体现诗人通过绘画与诗歌表达理想和情操的是《题三友图》一诗：

> 大千世界飞玉鳞，苍翠幽香共乾坤。
> 丹青不厌歌三友，松魂梅品竹精神。

好一个"松魂梅品竹精神"！松讲落落不衰的魂魄，梅讲傲霜斗雪的品格，竹讲刚正不阿的精神，"苍翠幽香共乾坤"，当是做人之风范。

国画大师董寿平先生以画黄山山水、松竹梅兰闻名于世，而最享盛名的是"董梅"、"寿平松"、"寿平竹"，其所赞赏的就是诗人李才旺所咏唱的"松魂梅品竹精神"。

诗人、教授李旦初先生有诗《赠才旺》："三绝诗书画，一生松竹梅。才情凝翰墨，气旺笔如飞。"前两句写诗人的诗品人品，后两句写诗人作诗的状态，有了感悟，凭着才气，作诗往往是一气呵成，走笔如飞，可谓评价确切到位。

李旦初《在李才旺诗词研讨会上的发言》中还说："松竹梅历来被誉为'岁寒三友'，是人的高尚品格、坦荡胸怀、浩然正气、凛然风骨的象征。才旺爱松、爱竹、爱梅，画松、画竹、画梅，写松、写竹、写梅，咏松、咏竹、咏梅，这是他高尚人格的集中表现。在他的后两部诗集里（指《无雪的冬天》和《丰收的季节》——引者注），咏松竹梅诗多达32首。如《题三友图》'丹青不厌歌三友，松魂梅品竹精神'。《作画题咏》'竹之风骨梅之魂，削尽冗繁见精神。'"[①]

---

① 见《山西文联通讯》2010年第5期第9页。

诗人在花中"四君子"和"岁寒三友"中似更喜梅花，因为梅"不随世俗有自我，骨气花中君为先"（《咏梅》），诗人也就有多首为梅花图作的题画诗，如《梅花图》《题梅竹图》《题白梅图》《题梅图》等。今举几首，与读者共享。

  铁枝曾经几冬寒，又送冷香到人间。
  有心援笔写此君，无意着色画牡丹。
  （《梅花图留题》）

  朔风催放花五福，绢素满枝洁自如。
  明月当空银辉照，横斜疏影暗香浮。
  （《题白梅图》）

  雄姿傲世香袭人，千年老梅又生新。
  不待阳春花先发，为有铁骨出凡尘。
  （《题梅图》）

诗人感叹梅花超凡脱俗、气度不凡的洁身自好；欣赏梅花暗香浮动、沁入肺腑的高洁清芬；赞颂梅花伴雪凌风、不畏霜寒的钢筋傲骨。

诗人不仅为花中"四君子"和"岁寒三友"写了不少题画诗，而且有多首写荷花的题画诗。同样因为荷花同梅花一样的高洁、脱俗。如《题荷图》《题霜荷图》和《题芙蓉图》等。

  霜落荷塘叶渐黄，枝头花稀减清香。
  秋风欢歌藕实肥，村姑轻唱采莲忙。
  （《题霜荷图》）

艳而不俗芙蓉枝，耐寒拒霜有丰姿。
不与牡丹争国色，敢同菊花共秋时。
（《题芙蓉图》）

芙蓉即荷花，出水芙蓉，荷塘月色，采莲村姑，陶醉了多少文人墨客，于是有了"独爱莲之出淤泥而不染，濯清涟而不妖"（周敦颐《爱莲说》）之名句，有了"接天莲叶无穷碧，映日荷花别样红"（杨万里《晓出净慈寺送林子方》）之佳联。诗人李才旺赞芙蓉艳而不俗之高洁，耐寒拒霜之挺直，一句"不与牡丹争国色"的美誉，揭示出荷花"敢同菊花共秋时"的卓然不群的品质。

（二）鱼虫禽鸟题画诗

在鱼虫禽鸟画的题画诗中，诗人寄寓独特的感受，常有画外之音，弦外之意。

不羡名园住华笼，乐在深山伴老藤。
彩屏开与村姑看，金曲唱向樵夫听。
（《孔雀》）

顶丹颈黑腿修长，振翼长空任飞翔。
沼泽原本生息地，莫道云是鹤家乡。
（《丹顶鹤》）

鹦鹉学舌固有趣，搬弄是非不可取。
说三道四起纷争，既害他人又害己。
（《鹦鹉》）

无意闹市看繁华，山野原本是我家。

叶绿花鲜食有余，乐听喜鹊叫喳喳。

（《锦鸡》）

李才旺咏鱼虫鸟禽的题画诗，大都是通过歌咏鸟禽表达自己高远的志向和人生理想。他向往的是"彩屏开与村姑看，金曲唱向樵夫听"的民本理念；他胸怀的是"沼泽原本生息地，莫道云是鹤家乡"的本土情结；他鄙夷的是"鹦鹉学舌固有趣，搬弄是非不可取"的歪风邪气；他崇尚的是"叶绿花鲜食有余，乐听喜鹊叫喳喳"的达观人生。

由李才旺的《孔雀》使我想起欧阳修的一首《画眉鸟》："百啭千声随意移，山花红紫树高低。始知锁向金笼听，不及林间自在啼。"把画眉鸟锁在金笼子里，比不上它在树林里自由啼叫美妙而动听。诗言万物贵在奔向自由的道理。李才旺的《孔雀》诗在思想内涵上竟与欧阳修的《画眉鸟》诗如此相似，令人称奇。相同的是，孔雀和画眉鸟都要突破"华笼"和"金笼"，奔向自由；不同的是，欧阳修诗突出的是画眉鸟回归自然的"林间自在啼"，李才旺诗强调的是孔雀"金曲唱向樵夫听"。

（三）雄鹰青松题画诗

李才旺对雄鹰、青松有一种特殊的感情。作画多作松鹰图，赋诗爱赋松鹰诗，他总是把扎根高岩的青松与搏击长空的雄鹰并提，作为歌吟、赞颂的对象。

李才旺爱松、写松、画松，因为青松"根扎岩隙无丰水，枝繁荒野有清荫。风狂雨猛浑不惧，雪地冰天见精神"（《松林抒怀》），有着顽强的生命力；因为青松是"老干苍劲立云头，松针锋利向寒流。有助观者生傲骨，试问画家复何求"（《画松有感》），有着深刻的寓意。李才旺钟情青松和与青松相伴的雄鹰，于是就有了一幅幅以青松、雄鹰为描绘对象的画作，有了一首首为画作题写的诗篇，呈现在读者面前的就是诗人几首气势雄浑、内涵深厚的雄鹰青松题画诗。

《题太行雄风图》是李才旺雄鹰青松题画诗的代表作：

高岩老松立苍鹰，太行无处不雄风。
远瞻环球观四海，志在振翼搏长空。

诗人通过立于高岩之上的老松、苍鹰，写太行雄风，抒搏击长空、心怀天下的远大理想，是何等的气魄和胸襟。青松、苍鹰的形象，表现的是亘古巍峨的太行风骨、光照日月的太行精神，诵读此诗，真有"登山则情满于山，观海则意溢于海"（刘勰《文心雕龙·神思》）之感。

李才旺有《题松鹰图》，还有《题雄鹰图》《题苍鹰图》，"鹰"同样是诗人的画中物、心中爱，展现的是诗人的志趣和胸怀。

天高鹰飞远，云逸松凌空。
雷电交加时，乾坤唱大鹏。
（《题雄鹰图》）

狂飙鼓双翼，老松壮雄风。
胸怀凌云志，威武搏苍穹。
（《题苍鹰图》二首之二）

松涛育正气，风雪养浩然。
志在云天外，振翼越千山。
（《题松鹰图》）

诗人通过这一首首题画诗，赞颂"天高鹰飞远，云逸松凌空"的宏伟气魄；欣赏"胸怀凌云志，威武搏苍穹"的拼搏精神；表达"志在云天外，振翼越千山"的远大理想。展翅高飞的大鹏、搏击长空的苍鹰、傲雪凌霜的古松，诗人以艺术化的手段，赋诗题画，颂扬它们的大气磅礴、勇敢坚贞，以抒写诗人自己坚强不屈的人格力量和勇于进取的人生态度。

四、别具一格的砚边画案诗

李才旺是诗书画兼优的大家。在他的诗歌作品中，我尤其喜欢他描写在砚边案头、书斋画室创作和感受的诗歌作品。这些作品更多的是表现诗人的精神生活和内心情感。

诗人砚边案头吟唱的作品甚多，其中最充满豪气的当属《临池狂想》一诗：

> 天斋云笺海为砚，笔卷雄风追雷电。
> 权将尺幅当宇宙，腾龙跃虎任狂颠。

以天为书斋，以云为锦笺，以大海为砚台，尺幅之内描绘宇宙万物、大千世界，这是何等的豪迈和气魄。杜甫在《戏题王宰画山水图歌》一诗中赞王宰的画，"尤工远势古莫比，咫尺应须论万里"，取自齐·萧贲"于扇上画山水，咫尺之内，便觉万里为遥"之意[①]。李才旺如此挥洒堪称笔卷雄风、电闪雷鸣、腾龙跃虎，感天地、泣鬼神了。世间以写字作画入诗者多矣，但能有如此气魄者则极为罕见，吟诵之，体味之，提神养气，顿觉心胸为之开阔。

盛唐有"颠张狂素"之称的草圣张旭和继承张旭的怀素。相传张旭往往在大醉之后呼喊狂走，然后落笔，故称"张颠"。杜甫在《饮中八仙歌》中对张旭之

---

① 见《南史·齐武帝诸子传》。

"颠"有生动的描写："张旭三杯草圣传，脱帽露顶王公前，挥毫落纸如云烟。"唐玄宗时，李白的诗歌、裴旻的剑舞和张旭的狂草，时称"三绝"。怀素是"以狂继颠"，好饮酒，兴到运笔，如骤雨旋风，飞动圆转，虽多变化，而法度具备。相传怀素用功甚勤，秃笔成冢，并广植芭蕉，以蕉叶代纸练字，因名其所居曰"绿天庵"。李才旺诗作"笔卷雄风追雷电"、"腾龙跃虎任狂颠"，尽显"颠张狂素"之气派，虽未必欲与唐之"颠张狂素"试比肩，但亦为难得一见的精品佳作。

与《临池狂想》内涵、气势相近的诗作还有《翰墨情怀》：

怀畅品端意高扬，临池犹如面大江。
挥毫腕运千钧力，泼墨情洒一纸香。

怀畅临池，挥毫泼墨，风格虽与《临池狂想》有别，然豪迈之气亦不亚于前者，表现的同样是诗人作书时的一种豪气和霸气，而这应该是来自于诗人的底气。

诗人既有堪称书斋绝唱的《临池狂想》，也有多首与《临池狂想》风格不同的《砚边随吟》。收入《有伞的风景》中的《砚边随吟》是那样的闲适：

翰墨藏雅意，大气出天然。
遣兴三两笔，烟云起毫端。

见笔见墨，大气天然，自是出自大家之手。

而《无雪的冬天》中的《砚边随吟二首》表达的却是另一种情绪：

室外寒冬夜半寒，挥毫又湿两层衫。
试问爱墨求字者，可知苦累几多年。

烦来挥毫苦词贫，墨落纸上少清芬。
妻问何物能解闷，酣酒八斗始通神。

第一首尽写笔下的苦累和心中的苦涩：严冬夜半，寒气逼人，可诗人却是两衫湿透，笔锋一转，说那些欲求"墨宝"的人们可知诗人笔下工夫的来之不易，表现的是不足为外人道的创作甘苦。

第二首写挥毫时的情绪，何以去烦解闷，妙笔生花，唯有酣酒八斗，妻子入诗，别具情趣。

诗人有《砚边随吟》，还有多首砚边画案诗："平生爱翰墨，政余画书诗。学养勤中得，莫虑人笑痴"（《天道酬勤》），"风雨人生路，欢乐有几度。诗书且为伴，翰海觅殊途"（《翰墨吟》），均与《砚边随吟》有异曲同工之妙。

书斋画室是诗人休憩心灵的驿站、承载感情的方舟、辛勤耕作的天地。叫塔影书屋也好，叫畅怀斋也罢，李才旺在这里吟诗作画、挥毫泼墨，也时有好诗涌出，抒怀遣兴，常有感人至深、耐人寻味的真性情之作。

躬耕砚田日偏西，笔飞墨舞写群鸡。
夜来灯下又挥毫，直至黎明啼晨曦。
（《灯下夜作》）

诗人写从黄昏起笔画到黎明晨曦，金鸡报晓，整整一夜画了多少栩栩如生的雏鸡，其中创作的艰辛凝结于画中而不足为外人道。

潞安泽州复龙城，几度乔迁几度情。
梅山临窗花无语，高塔入云钟有声。
（《塔影书屋感赋》）

梅山临窗、高塔入云，是诗人书屋的环境，而观花无语、听钟有声则是表达诗人几度乔迁的心情，时迁景异，令人感喟。

几缕炊烟云际去，一轮皓月山边来。
清风不曾缘门入，画卷常随乡思开。
（《画案乡思》）

诗人反用"清风不识字，何故乱翻书"的诗意，言画卷常开非清风所翻，而是思乡情切。几缕炊烟，一轮皓月，是画中之景，也是诗人心中之乡，缥缈我乡，悠悠我思，画景与乡思融为一体，令人叹为观止。

五、畅怀遣兴饮酒诗

诗与酒，自古以来为诗人之不可少。酒助诗兴，诗从酒出，演绎出多少诗坛佳话。杜甫有诗云："宽心应是酒，遣兴莫过诗。"（《可惜》）一语道破其中奥秘。

诗人李才旺诗中有酒，酒中有诗，也写出不少令人艳羡的充满酒香的好诗：

茶香助墨韵，酒兴畅诗怀。
屋陋书斋雅，时有佳句来。
（《书斋随吟》）

云走蓝天动，树摇蝉翼开。
毫挥倦意去，酒至诗兴来。
（《案边遣兴》）

狂饮数盏头昏昏，笔走龙蛇乱纷纷。
墨韵为有酒壮胆，不拘行迹始率真。
（《酒后走笔》）

笔走龙蛇，酒助墨韵，诗兴勃发，佳句泉涌，诗人自然是十分的惬意。

诗人李杜亦好酒。他说："我不知道李才旺有多大的酒量。但是他在上百首诗里提到酒，其中有几十处说到醉酒。"确如李杜所言，李才旺也说自己酒后率性而书，方觉往常写字太规矩，此时笔走龙蛇，精神振奋，平添了几分豪气。

由李才旺的畅怀遣兴饮酒诗，使我们想起诗仙李白。

李白，人称诗仙，又何尝不是酒仙。《月下独酌》（"花间一壶酒，独酌无相亲。举杯邀明月，对影成三人"）的潇洒，《把酒问月》（"唯愿当歌对酒时，月光长照金樽里"）的旷达，《山中与幽人对酌》（"两人对酌山花开，一杯一杯复一杯。我醉欲眠卿且去，明朝有意抱琴来"）的情趣……酒，成就了李白多少脍炙人口的好诗。被誉为唐代诗坛上双子星座的李白和杜甫，使他们凝结成终生不渝的友谊的主要是关心国事、同情人民、热爱自然的共同理想，也是酒与诗。"醉别复几日，登临遍池台。何时石门路，重有金樽开？秋波落泗水，海色明徂徕。飞蓬各自远，且尽手中杯！"（李白《鲁郡东石门送杜二甫》）作为饮酒放歌的代表性作品当推李白的千古名作《将进酒》"人生得意须尽欢，莫使金樽空对月"，"烹羊宰牛且为乐，会须一饮三百杯"，"五花马，千金裘，呼儿将出换美酒，与尔同销万古愁"，气概豪迈，语言奔放，堪称饮酒诗的绝唱。对于李白的诗酒胆魄，还是杜甫说得最好："李白一斗诗百篇，长安市上酒家眠，天子呼来不上船，自称臣是酒中仙。"（《饮中八仙歌》）杜甫更以"敏捷诗千首，飘零酒一杯"，概括李白的诗酒畅怀的漂泊人生。李才旺"酒兴畅诗怀"，"酒至诗兴来"，"墨韵为有酒壮胆，不拘行迹始率真"的"酒后走笔"，"岁寒寻开怀，踏雪沽酒来。把盏面丹青，茅屋春常在"（《题踏雪沽酒图》）的诗酒情趣，何尝不有太白之风，令人赞叹。

六、佳作鉴赏之一:"风皱千池水,伞开一街花"

作为诗人李才旺他的成名作是1989年创作的《南京夫子庙遇雨》:

> 云遮夫子庙,雨锁秦淮家。
> 风皱千池水,伞开一街花。

1989年,李才旺随中国市长研究班到南京考察。时值夏日,南京很热。南京有条古往今来为多少文人墨客所喜爱的六朝粉黛、景色艳丽的秦淮河。1923年仲夏之夜,一对文学挚友朱自清和俞平伯同游秦淮,同以《桨声灯影里的秦淮河》为题作文一篇,为世人传颂,成为文坛佳话。秦淮河畔有座夫子庙,同样是游人必临之处。李才旺他们登上夫子庙欣赏秦淮河,本来是风和日丽,游兴正浓,岂料天气突变,乌云滚滚,狂风大作,暴雨急骤,倾盆而下,人们躲闪不及,狂奔快跑,寻找避雨之处。但听得啪啪的开伞声,顿时五颜六色的雨伞纷纷打开,从上往下看,就像满街绽开了艳丽的鲜花。原来南方多雨,人们出门都带着伞,遇雨打开,到处是花伞,构成了一条独特的风景线。这一突然出现的景象激发了诗人的灵感,"云遮夫子庙,雨锁秦淮家。风皱千池水,伞开一街花",他用了不到五分钟的时间写出这首脍炙人口的好诗。特别是"伞开一街花",形象生动,富有韵味。这首诗不仅内容好,技巧上也很讲究。四句诗的第一个字"云"、"雨"、"风"、"伞"都是名词;第二个字"遮"、"锁"、"皱"、"开"又都是动词;"云遮"对"雨锁","风皱"对"伞开","夫子庙"对"秦淮家","千池水"对"一街花",十分工整的对仗给人以语言和音乐上的美感。特别是诗人将冯延巳"风乍起,吹皱一池春水"名句中的"皱"字动词化,构成"风皱"这一新的意象,似乎信手拈来,实则遣词用字造诣精深。这首诗,诗情与画意相交融，诗家的灵感与画家的视角相结合，造境生情，充满美感，可谓典型的"诗中有画，画中有诗"。

当时南京的朋友请市长研究班的同志为夫子庙题词，李才旺就写了这首诗，大家叫好。著名画家尹瘦石先生读后评价道："才旺善诗词书画，从政之余，时有吟咏，《南京夫子庙遇雨》绝句，足以传世。"

《南京夫子庙遇雨》这首诗被收入《中华诗词鉴赏词典》中。诗评家蒲仁先生在"鉴赏"中写道："南京的夫子庙、秦淮河，闻名遐迩，历代描绘的诗词车载斗量。作者1989年参加全国市长代表团考察南京时写的这首绝句，却别具一格，别有韵味，在这些众多的作品中独树一帜。全诗突出一个'雨'字，因雨才会有伞。前三句一连用'云遮'、'雨锁'、'风皱'三个动词衬托，最后才显露出'伞开一街花'。'开'字是全篇的诗眼，正是'开'了满街的伞之花，显活了涌动中的生命意象，展示出改革开放年代的时代特征，赋予古老秦淮河、夫子庙以鲜活的生命力与吸引力，使其青春焕发，充满着时代的气息，因而脍炙人口。"①

山西大学阎凤梧教授认为李才旺是"用诗作画，用画写诗"，他的山水田园诗可以称为"诗画"。阎凤梧教授特别欣赏李才旺《南京夫子庙遇雨》一诗中的诗情画意，评价为"妙想丹青山水诗"。他说："云遮夫子庙，雨锁秦淮家"的文字可谓简而又简，"寥寥几笔，就勾画出古都金陵标识性建筑，创造出云暖暖、雾茫茫、雨淋淋、湿漉漉的江南特有的天气景象。境界空灵而不空虚，阴沉而不阴暗，冷静而不冷寂，实为山水诗画的上乘之作。作者站在这幅画面前，似乎站在了古今交汇点上，既可以回顾历史，发思古之幽情，又可以展望今朝，绘当代之美景。"②

阎凤梧教授对这首《南京夫子庙遇雨》的诗反复吟诵，久久陶醉在这幅

---

① 见《中华诗词鉴赏辞典》第1223页，中国妇女出版社1999年9月。
② 阎凤梧：《妙想丹青山水诗——〈南京夫子庙遇雨〉中的诗情画意》，《山西文联通讯》2010年第5期第21页。

全新的烟雨迷茫而又秀丽多彩的图景之中。他诵读之余，情不能已，当即和诗两首："夫子庙前雨未央，秦淮河上雾茫茫。满街花伞千池绿，不负诗人一瓣香。""金陵城里雨淋零，净洗秦淮草木青。最爱长街花伞句，好诗全仗有真情。"

诗人张承信在评价这首诗时说："伞是涌动中生命的意象，自然正是通过一个'开'字显示了对人的影响力。南京秦淮河畔夫子庙前，一条街上有伞的风景甚至比夫子庙、秦淮河更有磁力。"（《有伞的风景·序》）正如"飞流直下三千尺，疑是银河落九天"生动了庐山；"落霞与孤鹜齐飞，秋水共长天一色"使滕王阁名噪古今；"风皱千池水，伞开一街花"同样会生动了南京夫子庙，使它声名更震，美誉远扬。

张承信还给我讲了这样一件事：在一次诗会上，有位外省的诗人不经意间吟出"风皱千池水，伞开一街花"的诗句。张承信说："此乃我省诗人李才旺的《南京夫子庙遇雨》也。"那位诗人说："没错。"这使张承信大为感慨，作为诗人最大的荣誉莫过于此了，因为别人能记住你的诗句。张承信还提到，还是在那次诗会上，有位诗评家发表了令人心弦为之一震的诗观："有名篇名句者为一流诗人，无名篇有名句者为二流诗人，无名篇名句者为三流诗人。"李才旺既有传世的名篇，又有传诵的名句，毫无疑义地当属一流诗人之列。

从古至今有名篇名句的诗人举不胜举，显示了诗歌强大的生命力。我想起薛用弱《集异记》中所讲的"旗亭画壁"的故事，可以看到名篇名句的艺术魅力。唐开元年间，诗人王昌龄、高适、王之涣齐名，他们的人生道路都很不得意，但都喜欢游历名胜古迹。一日，天寒微雪，三诗人同到旗亭（酒楼）赊酒小饮。一会儿有四位漂亮而妖媚的梨园女子，珠裹玉饰，摇曳生姿，登上楼来，随即操琴演奏，都是当时名曲。这时王昌龄就对另两位说："我们都在当今诗坛有一定名气，但是论才华自己也不好分个高下。我们今天听她们演唱的歌曲,看谁的诗进入她们的歌词被唱得多的,谁就最优。"大家都说好。一女伶打着拍板唱道:"寒雨连江夜入吴,平明送客楚山孤。洛阳亲友如相问,一片冰心在玉壶。"被誉为唐人"七绝圣手"的"诗天子",太原诗人王昌龄一听便说:"我的绝句一首。"立即在墙上画了一道记着。第二位女伶唱道:"开箧泪沾臆,见君前日书。夜台何寂寞,犹是子云居。"河北沧县诗人高适随即举手画壁说:"我的绝句一首。"第三位女伶接着唱道:"奉帚平明金殿开,暂将团扇共徘徊。玉颜不及寒鸦色,犹带昭阳日影来。"王昌龄即举手画壁说:"我的绝句第二首。"也是太原诗人的王之涣自恃其才,不以为然,说道:"她们所唱的都是'下里巴人'之词,非'阳春白雪'之曲",指着一个年龄最小最漂亮的女伶说:"待这一位所唱的如果不是我的诗的话,我就终身不敢与二位比高低了。如果唱的是我的诗,你们当拜我为师。"大家说好,欢笑等待。不一会儿一位梳着一对环形发结的小姑娘唱道:"黄河远上白云间,一片孤城万仞山。羌笛何须怨杨柳,春风不度玉门关。"这就是被后人评为唐人绝句压卷之作的《凉州词》。王之涣对二人说:"我说的不假吧!"众大笑。王之涣还有一首脍炙人口流传久远的好诗《鹳鹊楼》:"白日依山尽,黄河入海流。欲穷千里目,更上一层楼。"王之涣存诗不多,仅六首,但名篇名句奠定了他在中国诗歌史上的崇高地位。

  古诗有名篇名句,新诗也有名篇名句。我们常常吟诵的名句:"为什么我的眼里常含泪水,因为我对这土地爱得深沉。"就是艾青名篇《北方,我爱这土地》中的名句。海子的"面朝大海,春暖花开"更是拥有众多青年读者的名句。

  我举的这些篇篇生辉、字字玑珠的名篇名句都是由李才旺的《南京夫子庙遇雨》中的"风皱千池水,伞开一街花"引起而想到的。在读者的文化生活中所熟读的古今文章名篇名句蕴涵着多么大的美学价值和思想力量。

七、佳作鉴赏之二："太行垂首悼邓公，漳河呜咽哭小平"

李才旺的另一篇代表作是 1979 年 2 月创作的《哭邓政委》。这首长达 44 行 308 字的诗是诗人看到《人民日报》上发表的一篇《老区人民怀念邓小平》的报道后，心潮起伏，激情难抑，含着眼泪，用了不到两个小时的时间一气呵成写出来的。

太行垂首悼邓公，漳河呜咽哭小平。
千呼万唤邓政委，男女老幼放悲声。
难忘当年苦岁月，麻田灯下运雄兵。
百团大战歼倭寇，人民振奋敌胆惊。
率领群众度荒旱，耕田种地话桑农。
老乡炕头问寒暖，民兵队里舞长缨。
抗战胜利挥师去，南京城头战旗红。
能征善战彪史册，开国元勋建奇功。
和平建设谋大计，威武不减当年勇。
古稀复出挽狂澜，拨正航向国运通。
实事求是定国策，改革开放展雄风。
如今老区变化大，盼您麻田访亲朋。
盼您走走漳河桥，盼您住住新窑洞。
盼您尝尝沁州黄，盼您听听秧歌声。
天天盼您家里来，夜夜盼您到天明。
谁知如今噩耗至，您竟悄然去匆匆。
邓政委啊邓政委，请您驻足且慢行。
让我再能看看您，让我再能哭几声。

> 邓政委啊邓政委，麻田村头停一停。
> 给您再送鞋一双，给您再敬酒三盅。
> 您是咱们麻田人，麻田与您故乡同。
> 千秋万代麻田在，万代千秋祭英灵。

声声泪，字字血，诗人顿首哭小平，感天动地情意深。这篇被评论家称为"以歌当哭"的长诗，在众多的怀念邓小平同志的作品中是不多见的。李才旺以《哭邓政委》这首长诗为基础改编作词、由苏友谊作曲的潞安鼓书《千秋万代怀邓公》2004年获中国曲艺"牡丹奖"文学奖；2010年6月，在第六届"天桥杯"国家级非物质文化遗产鼓曲邀请赛中获专业组金奖。

这首长诗也被收入《中华诗词鉴赏词典》中。蒲仁先生的《李才旺〈哭邓政委〉诗评析》有助于读者对此诗所表达的对邓小平同志的深厚感情的理解。

《评析》全文是："麻田，在山西省左权县的太行山上，抗日战争时期，八路军总部曾驻扎在这里。邓小平同志作为八路军129师政委、中共中央北方局代书记、太行区委书记，曾先后在这里生活、战斗了八年之久，与麻田人民结下了深厚的情谊，至今这里的老乡们还亲切地称他为'邓政委'。当年小平同志常从麻田淌过漳河水到对面的云头底村种田。他曾对乡亲们说：'等抗战胜利了，咱们在河上架一座桥。'1982年大桥落成时，乡亲们写信向他老人家报告喜讯，小平同志忆及当年的往事，特地委托中央军委发了贺电。沁州黄，则是太行山区所产的一种优质小米，当年老乡们常用以焖饭，请小平同志等八路军官兵品尝，表示慰问之情。小平同志逝世以后，全国人民沉浸在巨大的悲痛之中，太行老区的人民也痛切地缅怀他老人家的丰功伟绩。作者长歌当哭，以太行山老区人民的语气，为人民做代言，以显示当年军民鱼水情深的太行山、漳河水、麻田镇、百团大战、漳河桥、沁州黄等。在追忆小平同志一生丰功伟绩的同时，突现出他与老区人民之间特有的深情厚谊。全诗语言简洁明白，平实如话；风格流畅，一气呵成，流走如珠，将人民与小平之间的血肉情谊充溢于字里行间。句句含情，字字蕴泪。读来震人心魄，令人欲哭难禁。可以说，这是作者代老区人民书写的一篇诗化了的悼词，在当时众多的悼诗中独树一帜。"[1]

---

[1] 见《中华诗词鉴赏辞典》第 1223-1224 页，中国妇女出版社 1999 年 9 月。

第三节　李才旺诗歌艺术

研究李才旺的诗歌艺术，主要是研究李才旺诗歌创作独特的诗体和语言，这反映了诗人"为人民放歌，为人民抒情，为人民呼吁"的创作思想，是诗人对中国诗歌发展和诗歌创作的重要贡献。

一、诗体——旧体诗形式和新时代思想的统一

李才旺的诗歌作品，无论是山水田园诗、题画诗，还是感事咏怀诗，都是旧体诗的形式和新时代的思想相结合，充满了浓郁的时代色彩和深刻的人文情怀，具有平民化的叙事风格，有着很高的艺术造诣。

诗人在《有伞的风景·后记》中说："我喜欢诗，尤其喜欢旧体诗，却不曾想到要写旧体诗，更没有想过要当诗人。只是在生活和工作中遇到一些人和事，心灵上有了感触，便随时在片纸单张上写下一些五言或七言的句子。"这恰恰形成了李才旺诗作的艺术特点：气势雄浑，意象鲜明，感情真挚，语言清新，充溢着"豪华落尽见真淳"的落落大气、自然天成之美。这正如清诗人袁枚所言："诗宜朴不宜巧，然必须大巧之朴；诗宜淡不宜浓，然必须浓后之淡。"[①]李才旺的诗正是这样的"大巧之朴"和"浓后之淡"，具自然天成与清新本色之美。

李才旺的诗是直接从我国古典诗词中吸取营养的。他在旧体诗词创作中，

[①] 随园诗话》上册第150页，人民文学出版社1982年9月。

能以简练的语言表达丰富的思想感情，既遵循诗词格律的要求，又能突破传统形式的束缚，做到诗体创新，"为我所用"。这就使他的诗作具有清新、朴实、自然、流畅的风格，仿如一轮明月映照大地，一股清泉汩汩流淌。

李才旺写诗用旧体诗的形式，是因为这种中国传统的诗歌形式语言简练、节奏明快、悦耳上口，易为读者接受。诗人虽然用旧体诗的形式，但不受旧体诗形式的束缚，更不受旧体诗范式的影响，这种旧体诗形式实际上是一种充满新思想、运用新语言的新诗体。

李才旺的诗绝大部分是五言或七言的四句、八句，间有类似古风的多句，但他从来不标明自己的作品是五七言律绝或古体诗，而是自命诗题。这并非诗人不讲究平仄、对仗和韵律，他的一些类似五七言律诗的诗作大都合辙押韵，音调和谐，而且对仗十分工整，只是他不愿意受律绝格律的束缚，以格律害义，而追求一种更自由的表达。他的诗有着很深的文化底蕴，一些词语可以看出它原来的出处，但是他从不用典，更不用已经没有生命力的陈旧语言。正如诗人张承信在《无雪的冬天·序》中说："我以为对才旺的诗应该当做新诗来阅读和赏析。"诚哉斯言，形式是旧体诗，读起来是新诗，这就是李才旺诗作的重要特点。

从李才旺不标律诗绝句，不分古体近体，但讲究句式整齐、平仄韵律、音调和谐的诗歌形式，不搞雕琢堆砌的文字游戏而提炼出一种清新自然、好懂易记的诗歌语言，使我想到这种诗歌形式和诗歌语言它的根脉在何处？它的源头又在哪里？

且不说诗经、乐府，我觉得更主要更直接是来自盛唐时期的诗人群体。我常常想，为什么现在有些诗人写的诗倒不好懂，而在一千几百年前的唐诗为什么那么好懂，为什么同老百姓贴得那么近，为什么流传得那么广？王之涣、王昌龄、高适"旗亭画壁"的故事又说明了什么？说明他们的诗入脑入耳、好懂易记，为伶人歌女们所喜爱、所熟悉，广为传唱。白居易的"野火烧不尽,春风吹又生"的名句流传千古,传诵不息,就是因为他的诗通俗平易,语言浅显,相传老妪能解。我们常常提到唐代诗人太原"三王"。王之涣的《鹳雀楼》"白日依山尽,黄河入海流",王昌龄的《出塞》"秦时明月汉时关,万里长征人未还",王翰的《凉州词》"葡萄美酒夜光杯,欲饮琵琶马上催",就是因为这些诗语言清新,明白易懂,而脍炙人口,流传千古。

我还想起金代大诗人元好问,他的《雁丘辞》:"问人世间,情是何物?直教生死相许",成为描写爱情的名句,也是那样的平易好懂。特别是他的《论诗绝句三十首》中的文学主张,更是影响巨大。他反对辞藻华艳、刻意雕琢、滥用典故和各种单纯的形式追求。他评价陶渊明的诗是"一语天然万古新,豪华落尽见真淳"。我想,元好问的这两句诗同样可以用来评价李才旺的诗。

诗人华山赞赏"艺海奇才"李才旺,有诗曰:"政务得余暇,三绝诗书画。诗创改革体,伞开一街花"①,提出"诗创改革体"的问题。书法家王泽庆后以《诗倡改革体》为题著文专门论述李才旺改革体诗的实质是发展具有时代精神和民族特色的诗歌,努力开创诗歌创作的新局面。②

诗人、教授李旦初作诗一贯讲究格律,但他对李才旺诗作的合律与不合律的问题却有自己独到的看法。他说:"才旺诗的最大特点是不做作、不矫饰、不刻意追求格律,而是凭细致的观察和深刻的感悟,状景抒怀,自然天成。用元好问《论诗绝句》所称'一语天然万古新,豪华落尽见真淳'来品评才旺的诗最合适不过了。他的诗,多数不讲格律,而有意味,有境界。但也有一些完全合律的篇章,如七律《悼上党梆子著名表演艺术家段二淼同志》《读李白杜甫互怀诗有感》《赞陵川县曲艺队》《访太行》等,平仄、粘连、对仗、押韵都很规范。《放牧》《观海》《听琴小吟》《题松鹤图二首》之

---

① 《志兴国与家》,1998年3月12日《中国文化报》。
② 《诗倡改革体——李才旺诗歌赏评》,《大众诗刊》2003年第3期。

二，都是合律的绝句。他的长处不在格律，而在诗意、诗味、诗情、诗境。许多篇章，言简意赅，令人过目不忘。如《南京夫子庙遇雨》'云遮夫子庙，雨锁秦淮家。风皱千池水，伞开一街花。'《扬州瘦西湖》'山矮景色秀，湖瘦荷叶肥。游客斜阳里，留恋几徘徊。'《放牧》'放牧出山村，纳凉卧柳荫。牛吃河边草，我观天上云。'这类佳作，远远胜过那些格律十分严谨但诗意味不浓之作。由此我想到如何写好旧体诗词的问题。如何把旧体诗词写活，写得有灵气、有新意、有神韵、有美感？如何找到旧体诗词与新诗互相取长补短共同发展的有效途径？这些问题的解决，才旺的诗给了我们十分宝贵的启示，为我们提供了很好的借鉴。"[①]

诗人寓真同李旦初持同样的看法。他说："才旺的题画诗随心任情，有时并不严之于格律，但他的诗好在有真情实感，字里行间都能透露出其心灵所感，以诗达其心、适其意，表达了他的人生思考和感悟。这正如《毛诗序》所云：'在心为志，发言为诗。'而且，由于对世事景物的细致的体察，其诗中不乏佳句妙语，不加雕饰，自然而出，这正是才旺的诗的可贵之处。"[②]诗人温祥在评价李才旺的作品时说："读来文而不古、雅而不腐，通俗而不庸俗，饶有兴味。这在当前旧体诗坛泥古、仿古盛行的情况下，在某些把格律奉为金科玉律一味追求古色古香高唱'阳春白雪'者的眼中，可能会把李诗视为离经叛道的'下里巴人'之声。但我倒觉得这些朋友如能放弃成见，认真读读才旺的诗作，当可受到启迪，从中找到医治复古症的良方。"[③]

诗人、教授马作楫先生对李才旺诗作的这一特点，概括得更是简明、准确。他说：李才旺"诗有韵律，有的韵相近或相同，但诗人又不囿于格律，

[①] 《在李才旺诗词研讨会上的发言》，《山西文联通讯》2010年第5期第9页。
[②] 《在心为志，发言为诗——读〈李才旺诗选〉》，《山西文联通讯》2010年第5期第8页。
[③] 《诗句天然 画意盎然——读〈李才旺诗选〉》，《山西文联通讯》2010年第5期第19页。

因情写诗，高度和谐，诗意绵长。"①

诗人董耀章评价李才旺的诗作时说："他的诗既保留着旧体诗的意境美、韵律美、抒情美的诗美遗风，又有新民歌中通俗、晓畅、易懂、易记的新韵，二者交融，发出新声，不管人们称誉他的诗叫什么'新古体诗'也好，'新格律诗'也罢，总之，才旺在作自己的人，走自己的路，写自己的诗，书自己的字，画自己的画。义无反顾，执著向前。这就是李才旺其人也。"②

诗人马晋乾把李才旺诗体的特色归结为"三似三不是"，"即它们似旧体诗，又不是旧体诗；讲格律，但不拘泥于格律；重平仄，在'辞不害意'的原则下，不硬求合平仄——这些诗的格律，完全是为它所表现的内容服务的。"③

记者姚剑说："才旺的诗从形式讲是旧体诗，有民歌风。不很讲究平仄，大致押韵，对仗较工。韵脚上常能见到上党方言的迹象。他难能可贵之处是在大致不离规矩，一般不守规矩。如规矩要限制情感，宁可破掉规矩。所以他的诗能感人，能动人。是他自然心态的真实描摹，而非故意做出来给人赏识。"④

著名诗评家朱先树针对李才旺的诗歌创作专门论述诗歌的内容和形式问题。他说："诗的好坏首先不是表现形式，而是诗意的发现，有了好的诗意发现，更有恰当的表现形式，形式与内容的完美结合就会产生出好作品来。创作即是创造，主要是内容，也包括形式。相比较而言内容更活跃，而形式会相对固定些。这一点新诗就不同了，形式与内容的创造应当是同时进行的。但不管旧体和新诗，都是诗人天才的创造和表达，这一点是一致的。"⑤朱先树先生的论述不仅是对李才旺诗歌创作的剖析和肯定，对我们理解李才旺

---

① 《新鲜自然的诗——读才旺的诗选》，《山西文联通讯》2010年第5期第10页。
② 《真朴·清隽·天然·大气——读李才旺的诗集〈有伞的风景〉》，《九州诗文》1996年第4期。
③ 《从〈有伞的风景〉到诗坛风景——在省作协召开的李才旺诗歌研讨会上的发言》，1996年5月24日《山西政协报》。
④ 《诗有甘苦画有情——读李才旺的诗与画》，1999年4月16日《山西日报》。
⑤ 《关于李才旺的诗歌创作》，《大众诗歌》2012年秋、冬之卷。

的诗歌创作也大有裨益。

著有《中国当代旧体诗词论稿》的李遇春先生在《如何看待当代旧体诗词创作》一文中说："今人做旧体诗词，在格律问题上必须要开明，要探索古今融合的新律路径，这是摆在当代旧体诗词作家和学者面前的一道难题。"①

近读《太原晚报》刊发的访问李蓼源先生的一篇文章，觉得很有意思。李蓼源先生在抗日战争时期曾任阎锡山侍从秘书。李蓼源先生回忆说：阎锡山一生写过不少诗，计有百余首。1941年7月某日，有位文人觉得阎诗多不合韵律，便拜见阎锡山，提出想给他编个集子，和他商讨修改其诗的韵律平仄问题。阎锡山听后不以为然，说："自古诗词格律皆人所造，何拘古自缚，而求同一格？"又说："诗言志，歌抒情，要人看，要群听，求其易解、顺口、顺耳即可，何须佶屈聱牙、左推右敲徒费时光耶？"②阎锡山的诗写得究竟怎么样，未能多读，不敢妄议，但他70年前说的这番话确也在理，同今天李才旺的诗歌观的确有不少相同之处。或许是"英雄所见略同"，让人感喟。

对于李才旺诗歌的独特诗体，当代诗人、学者结合他们的创作实践多有独到的见解，而前人有关诗词创作格律、辞藻方面的论述，也可以作为研究李才旺诗歌独特诗体的参照。清代历仕四朝（嘉庆、道光、咸丰、同治）、三代帝师（道光、咸丰、同治）的祁寯藻，既是一代名臣，也是一位大诗人，他的诗歌创作和主张就有可资借鉴之处。

祁寯藻的诗歌作品主要有《𫗧飦亭集》32卷和《𫗧飦亭后集》20卷，共集录古今体诗2700余首，主要内容是关心民生疾苦，抒发忧国情怀，描绘乡风民情。对于诗歌的格律和辞藻修饰问题，祁寯藻有自己的见解。在《𫗧飦亭集序》中，祁寯藻说："忆幼时，从先大夫读书，偶命赋《春草》诗，喜

---

① 2012年1月20日《文艺报》。
② 李晓勤：《阎锡山存晋日记述略——李蓼源先生访问记》，2010年10月30日《太原晚报》。

曰：'此子性情尚厚，当可学诗。'十五岁，补县学生员，以《待漏院》诗受知于学使新城陈先生，继任者当涂黄先生观风，岁科两试，俱承奖励，遂授于诗学。先生尝曰：'诗以言志，言为心声，若徒揣摩格律，雕琢辞藻，纵成结构，终乏性情。古人颂诗读书，必先知人论世，盖非学无以扩识，非识无以范才。至于穷通显晦，境遇各殊，敦厚温柔，体要斯在，则视乎其人之自得耳。'"祁寯藻遵循师教，谨识斯语，自言"诗之工拙不敢计，惟藉是稍答父师之训，纪生平阅历岁月而已。"①

鲁迅在致蔡斐君的信中说："诗须有形式，要易记，易懂，易唱，动听，但格式不要太严。要有韵，但不必依旧诗韵，只要顺口就好。"②

国画大师齐白石说："我的诗，写我心里想说的话，本不求工，更无意学唐学宋。"诗人樊樊山在《白石诗稿序》中说："凡此等诗，看似寻常，皆从刿心鉥肝而出，意中有意，味外有味。"③

著名诗人臧克家曾为四川江油李白纪念馆题联："酒胆海样大；诗才比天高"。他说："李白是酒仙，也是诗仙。人人皆知，意思并不新，但表现手法上却有特殊性，虽然有点破格，我认为格律应服从于内容。"④"格律应服从于内容"，这同样可以作为李才旺诗歌创作中独特的诗体的评语。

国学大师姚奠中先生说："至于诗、词的格律，我不主张太严。尽管有少数专家格律精熟、出口即合，或虽不精熟而勤查勤问，精雕细琢，以求毫厘不爽，当然无可非议。但如果过重形式，忽视内容，甚至削足适履，不成言语，以致失掉了诗歌的灵魂，那就不如不作为好。""我以为如能作到：情真、感实、思深、语浅，基本合律而流畅自然就行了。这样，既可免掉'带

---

① 《祁寯藻集》卷二诗词第1页，三晋出版社2011年2月。
② 《鲁迅全集》第13卷第220页，人民文学出版社出版1981年北京第1版。
③ 见《中国大百科全书·美术Ⅱ》第625页，中国大百科全书出版社1990年12月。
④ 见《中国对联宝典·序》，中国文联出版公司1994年5月。

着镣铐跳舞'之讥,也可使美的形式更好地为内容服务。这个集子收集我的几百首拙作,其中也有个别诗迁就格律而削弱了内容的地方,但总的看来却是我自己主张的实践。"①

我举了几位前贤对诗歌内容与形式问题的论述,以及众多李才旺诗友对李才旺诗歌创作独特的诗体的评述,只是想说明李才旺在诗歌创作内容与形式的完美结合上所取得的经验和实绩,对于我们研究创建新体格律诗是有可资借鉴的价值的。

从李才旺的诗歌创作,我们想到当代旧体诗词创作和研究越来越引起人们关注的话题。1987年中华诗词学会成立。2010年中国作家协会主办的第五届鲁迅文学奖首次把旧体诗词纳入评奖范围。2011年中华诗词研究会挂牌。这几件大事说明有关方面已经把旧体诗词的创作和研究纳入弘扬民族精神和传统文化的整体文化战略之中。在这种形势下,如何对待旧体诗词创作的内容和形式问题,就成为诗词界关注和探讨的重要课题。

我国著名诗人贺敬之曾提出要创建有中国特色新诗体,全国各地的诗人、专家学者围绕这一命题展开了深入的讨论。学者顾浩对中国特色新诗体的基本特征提出了自己的见解,即:(1)精练的语言;(2)和谐的韵律,只要求押韵,不必搞得过分严格;(3)简短的篇章,提倡写短小精悍的诗;(4)多样的体式,不搞一种体式,主张新诗体与多体式的辩证统一。②李才旺的诗歌创作又何尝不是创建有中国特色新诗体的有益实践。

李才旺继承当代诗词大家忧时伤怀、不拘一格的传统,反对"以律害意"、提倡"得意忘形"的主张,以及把旧体诗形式和新时代思想相统一的创作实践,也许为解决这道难题提供了宝贵经验,让我们看到了实现旧体诗词复兴的真正希望。

---

① 《姚莫中诗文辑存·自序》,山西教育出版社,1998年7月。
② 顾浩:《创建有中国特色新诗体》,2012年7月13日《文艺报》。

二、语言——文采斑斓和通俗晓畅的结合

诗歌是语言的艺术。与李才旺诗体相适应的是他的独具个性的诗歌语言。李才旺的诗歌语言,既格调高雅、文采斑斓,又通俗晓畅、明白易懂,取得了很高的成就。他从中国古典传统诗词中汲取了丰富的营养,又从民歌、民谣、民谚、俚语、俗语,包括戏曲、曲艺中不断吸收、提纯,运用在自己的创作中,而形成自己的朴实无华、生动形象、好懂易记、明白晓畅的语言特色。

李才旺的诗歌语言来自于生活,既没有无病呻吟语,更不作深奥晦涩言,或雅或俗,或文或俚,自然天成,鲜活清新,读起来轻松愉快、琅琅上口。李才旺特别反对诗中入典,故作高深。他谈到诗歌的语言时说:"今人读古人的东西,有时不懂,要查字典;因为有些词过时了,不查不知当时为何意;今人读今人的东西,不能让人也不懂,让人家去查字典、翻辞源,断不可取。作诗要用现代语言。要学白居易,写出妇孺皆知的诗。"他还说:"我写诗,从来不去用那些得去查字典才能搞清楚的词。中国的文字十分神奇,只要你能把它驾驭好,有意象,出意境,就是好诗。"

从李才旺反对诗中入典、语言艰涩的主张,我想到清诗人袁枚反对诗中堆砌典故、卖弄学问的论述。袁枚在《随园诗话》中说:"自《三百篇》至今日,凡诗之传者,都是性灵,不关堆垛,惟李义山诗稍多典故,然皆用才情驱使,不专砌填也。……近见作诗者,全仗糟粕,琐碎零星,如剃僧发,如拆袜线,句句加注,是将诗当考据作矣。"[①]李才旺的主张暗合前人的论述,反映的是古今诗歌语言重真淳、重才情的共同追求。

李才旺的诗歌语言主张,也是他的诗歌创作实践。他的诗,如"漫步儿时牧牛路,耳边犹闻蛐蛐声"(《故乡行》),"隔篱一声呼,对酌坐槐荫"(《邻里情》),"牛吃河边草,我观天上云"(《放牧》)的语言就生动

---

① 《随园诗话》,见《中国历代文论选》第三册第480页,上海古籍出版社1980年6月。

形象，而意象鲜明、意境高远。

一首《赠鲁生同志》开头四句更是明白如话：

> 鲁生并非生于鲁，籍贯山西泽州府。
> 自幼勤学爱写作，从军笔墨伴征途。

此等完全口语化的语言通俗流畅，别有味道。

语言运用更为典型的是《访太行》：

> 十月金秋访太行，欢歌笑语满山庄。
> 卖粮踊跃愁仓小，存款争先喜队长。
> 贫寨翻身换旧瓦，穷哥迎亲伴新娘。
> 客来未酒因何醉，只为山风带酒香。

词语的重叠和反复，这种来自民歌的语言运用，往往增加诗歌的口语感，而更为生动贴切。如《太原师范建校九十周年》一诗：

> 耕耘复耕耘，园丁育园丁。
> 融融烛光下，倾注几多情。

感情真挚，内涵深切，明白如话，音韵和谐，如谱之以曲调，被之以管弦，则更增强诗的感染力。

其他如《引黄工程》亦有异曲同工之妙：

> 引黄工程引黄人，三晋精神三晋魂。
> 旷世伟业垂千古，福荫子孙丰碑存。

更有《公道小议》《五台山》和《偶感》都是诗中词语重叠,别有情趣。

  世间原本无公道,为求公道说公道。
  心底无私天地宽,自觉公道便公道。
  (《公道小议》)

  五台山下五台人,菩萨顶上菩萨神。
  人盼菩萨来保佑,菩萨还靠人护身。
  (《五台山》)

  孀姐孀妹孀姨娘,孀悲孀苦孀愁肠。
  世人不怜遗孀苦,却笑遗孀嫁新郎。
  (《偶感》)

说"公道"蕴含的哲理,说"五台"暗藏的玄机,说"遗孀"展现的世情,无不耐人寻味、发人深思,更可感的是诗人李才旺语言运用的能力。

还有长诗《并州巨变》的前四句:"十里长街十里景,十里长桥十里灯。十里滨河观汾水,十里钢城飞彩虹",叠章复唱,几个"十里"生动地描绘了"省城美景观不尽,龙城并州正飞腾"的景象,可见李才旺诗歌语言的特色和魅力。

从李才旺的诗歌作品,处处可见诗人深厚的语言功底,他常常从古典诗词和成语中汲取营养,化入自己的作品中,而形成自己明快、流畅的语言风格。

  白羽红掌拨清波,一路畅游一路歌。
  焦林深处响锣鼓,小康人家欢乐多。
  (《题鹅图》)

这会使我们想起初唐四杰之一的骆宾王7岁时写的一首诗《咏鹅》："鹅鹅鹅，曲项向天歌。白毛浮绿水，红掌拨清波。"李才旺把这首真切有趣的小诗化为"白羽红掌拨清波，一路畅游一路歌"，有音响，有图像，用来描写充满欢乐的小康人家，别有情趣。

> 练达人情文章大，洞明世事学问深。
> 豁达大度雅量在，心不藏奸浩气存。
> （《己卯吟怀》）

诗中巧妙地把"世事洞明皆学问，人情练达即文章"的一副传统对联化为"练达人情文章大，洞明世事学问深"两句诗，说明既已"练达人情"、"洞明世事"，就应"豁达大度"、"心不藏奸"，这样才能真正做到人有雅量、浩气常存。这是对这副传统对联的诠释和发挥，靠的还是语言功夫。

《鲁迅》，把鲁迅先生"横眉冷对千夫指，俯首甘为孺子牛"的诗句化为"冷眼横眉对千夫"，赞赏鲁迅先生的斗争精神，都是李才旺在诗歌语言运用上的出神入化之笔。

李才旺的长诗《哭慈母》《哭岳母》不仅是借鉴了中国古典诗歌，特别是乐府诗的形式，也吸收了戏曲、民歌的语言特色，运用了朴素自然的口语和反复咏叹的排句，使作品一唱三叹，令人心碎。

第四节 妙语佳联竞芳菲

李才旺工于诗,亦喜撰写对联。

对联,究其渊源,最早出现的对联是"春联",而春联又是从"桃符"演化而来的,是两句对偶的"桃符诗句"。王安石《元日》诗曰:"千门万户曈曈日,总把新桃换旧符",此处的"新桃"即新题的"桃符诗句"。"爆竹一声除旧,桃符万户更新"。贴春联成为中国民间迎接春节的第一件大事。宋元时期在宫廷、官宅、寺庙、佛门出现了镌刻于木柱上的对联,后人称为"楹联"。楹联就是对联的雅称。今天随着"诗词热"和"书法热"的兴起,各地楹联学会相继成立,征联活动频频举办,形成了"楹联热"这一可喜的文化现象。

对联,人称"诗中之诗",本身就是律诗中的颔联和颈联,人们通常把律诗中的对联称为"诗联"。对联讲究平仄对仗,短小精悍,言简意赅,对称和谐,读之抑扬顿挫,品之余味无穷,思之感悟深刻,入耳入脑,如沐春风,向来为人们所喜爱。杜甫的《春日忆李白》:"白也诗无敌,飘然思不群。清新庾开府,俊逸鲍参军。渭北春天树,江东日暮云。何时一壶酒,重与细论文。"中间的两副对联:"清新庾开府,俊逸鲍参军"和"渭北春天树,江东日暮云",其中官名对官名("开府"对"参军"),水名对水名("渭"对"江","江"指长江),均十分工整,是对联中的上品。白居易的长诗《长恨歌》中的两句诗"春风桃李花开日,秋雨梧桐叶落时"亦是对仗极其工稳的一副对联。

历史上一些文人大家专门撰写的对联更是给人们留下深刻印象。明清两代的楹联高手解缙、徐渭、纪昀、郑燮、何绍基等大家之作,无不是韵味隽永的精品。清代诗书画三绝的郑板桥的一幅论读书治学的对联为人称道："书从疑处翻成悟，学到穷时自有神。"读书要能生疑，只有带着疑问反复研读，才能思想有所感悟，学问有所长进。治学要追本溯源，穷究学理，才能得其要领，豁然贯通。这些深刻的道理凝聚在一副对联中，堪称神妙之笔。马寅初先生曾作诗联以自勉："宠辱不惊，闲看庭前花开花落；去留无意，漫观天外云卷云舒"，观者认为此联说明马寅初先生是"有大智慧者"。其他像"世事洞明皆学问，人情练达即文章"、"天增岁月人增寿，春满乾坤福满门"的对联，"风声雨声读书声，声声入耳；国事家事天下事，事事关心"的名联，更是人们耳熟能详的了。

　　对联与中国书法有不解之缘。书法是对联的载体。对联是我国独特的语言艺术和书法艺术的结合体，也就是联语与书法的双重创作，称联墨。善撰联者当亦善书法。由于历代诗人墨客的雕章琢句，潜心营构，使对联中的巧对妙联成为对联中的上乘之作和脍炙人口的佳构精品。这些妙联佳作往往通过书法大家之笔墨而传之千古。

　　作为一位深受传统文化影响的文人，往往既会擅长创作旧体诗词，又热衷于撰写对联，多有佳作上品面世，李才旺正是这样的文化人。

　　李才旺不用当代书家普遍采用的选取古人与时贤的联句书写联墨作品，而完全是他自己撰联。他撰写的对联大都是动人的诗句，有思想，有情感，有寄托，有情趣，富于艺术感染力。再加上他的书法，纸红墨香，文妙字美，赏心悦目，令人喜爱。尤其是在春节，李才旺家常有新写的应时春联张贴门上，显示出一派一元复始、万象更新的过年景象，客人抬头一看即知来到了李家。

　　李才旺在《有伞的风景》诗选中就收录了他的"对联诗抄"，多有音调铿锵、含义深邃之作。

诗人为煤矿撰联：

靠智力挖潜力提高生产能力
以乌金换黄金积累建设资金

"智力""潜力""生产能力"，"乌金""黄金""建设资金"，既有词语"力"和"金"内在的连接，又有语义内涵的递进和升华，极尽对联构思和语言运用之妙。

为在京工作的晋城籍老同志撰联：

打江山戎马太行血洒异乡泽州无人不赞
搞建设从政京都力助老区凤台有志当书

"打江山"对"搞建设"，"太行"对"京都"，"泽州"对"凤台"，对仗极为工整，概括了老同志在两个时代为祖国做出的巨大贡献，颂扬他们"离乡为酬报国志，居京犹怀故土情"的伟大风范。

还有《为某篆刻师傅撰联》："刀耕顽石笔笔好，意出妙思方方新。"好一个"笔笔好"、"方方新"，我们仿佛看到篆刻师傅的刀功和技法好生了得，一方印章在手定会让人爱不释手。

李才旺家居梅山之畔，开窗望景常使诗人怦然心动，一联脱口而出：

窗前翠竹经风雨勃然依旧
宅旁梅山历沧桑景致常新

"翠竹经风雨"，"梅山历沧桑"会引起诗人的无限感慨，但他不沉思于往日的"勃然依旧",而更喜欢今天的"景致常新"。这是一种值得称道的精神和心态。

李才旺在撰写对联时常常喜欢嵌名联的形式,虽然有文字游戏的味道,但也别有情趣。嵌字联大都嵌入的是文朋诗友的姓氏名讳,更为人所喜爱。

嵌联之作向为文人雅兴。1951年夏天,新凤霞和吴祖光在京举行盛大婚礼。国画大师齐白石送给这对新人一枚印章,上面刻着"霞光万道锐气千条",其中"霞"和"光"就是指新凤霞和吴祖光两人的名字。

李才旺亦有此雅兴,曾为许多长者、尊者、友人撰写嵌名联。原国务院总理朱镕基77岁时,李才旺曾为他及其夫人劳安撰写嵌名联:

朱公治国彪史册
劳氏清音唱千秋

朱镕基看到后谦称"治国彪史册"不敢当,但对横披"夫唱妇随"很感兴趣。因为朱镕基夫妇酷爱京剧艺术,政余闲暇之时,常常是朱镕基操琴,夫人劳安清唱,劳安唱得有板有眼,朱镕基拉得有腔有调,妇唱夫随,其乐融融,怡然自得。

李才旺还为原中央军委副主席张震将军及其夫人马龄松撰写嵌名联:

声震华夏张将军
龄高松鹤马夫人

张震将军夫妇见后十分高兴。

李才旺还曾为原中共中央政治局委员王乐泉撰写一嵌名联:

乐在大漠谋新策
泉涌天山富疆民

短短一联既有王乐泉的大名，又表现了新疆的地域特色，书写了王乐泉在担任新疆维吾尔自治区党委书记期间为强疆富民所做的贡献。

李才旺曾为友人广乾先生撰一首嵌名联，出语不俗，竟成了一幅意蕴深厚、耐人寻味的佳联：

广宇浩瀚存大道
乾坤无极有真和

《礼记·礼运》："大道之行也，天下为公。"《论语·学而》："礼之用，和为贵。""道"与"和"是中国传统文化中的两个极其重要的词语，强调乾坤有大道，广宇和谐在。此联众人赞赏，李才旺极其喜爱，庚寅春节亲自书写贴于门前，横批是："日月同辉"，只有"广宇""乾坤"才能有此大气魄。

李才旺还为省委宣传部副部长、山西省作家协会主席，评论家杜学文写了一副嵌名联：

学能医愚增才智
文可养德有良朋

嵌名于首，对仗工巧，内涵贴切，不仅是赠送友朋的诗联，而且是具有普遍意义的励志格言。

说起嵌名联，李才旺还讲了这样一件事。有一位年轻人叫王强。他见到李才旺主席给别人写嵌名联挺有趣，就提出能不能也给他写一副。年轻人姓王名强，在文字上没有多少特点，但李才旺略一思忖，急就而成：

王者之尊山中虎
强自不息君子风

李才旺活用"天行健,君子以自强不息"(《易经·乾卦》)的名言,把个"强"字提到句首,成"强自不息君子风"之句。一幅首字嵌名联,既有狮虎之威,又有君子之风,使王强这位小青年顿觉威风凛凛,好生欢喜。

还有一次李才旺到平遥推光漆厂参观,见厂里年过古稀的薛生金师傅正在描金涂漆制作漆器。薛师傅手艺娴熟,技巧高超。李才旺看在眼里,心中有感,问过师傅的尊姓大名,一副嵌名联脱口而出:

生花妙笔腕下无俗品
金碧辉煌漆艺有传人

"生""金"首字入联,构成两个成语,一个画面,只见一双生花妙笔手,一件金碧辉煌器,顿时呈现在人们的面前。李才旺吟罢诗联赢得满堂喝彩。

笔者有幸得李才旺先生赠送的一副尾字嵌字联:

日久树成玉
山高人为峰

树久成玉,人高为峰,此乃自然造化之功,蕴含哲思之理,同我的名字"玉峰"联在一起,实觉愧不敢当,难以承受。但人都爱听好话,我亦未能脱俗,李才旺先生亲书此联相赠,当然倍感欣慰,必精心珍藏之。

壬辰龙年春节,接到李才旺先生的贺岁短信。内有一副对联:

喜送玉兔辞旧岁
笑迎金龙庆新春

"喜送"对"笑迎","玉兔"对"金龙","辞旧岁"对"庆新春",平仄和谐,对仗工整,词精意美,可谓岁月交替之绝唱,对呈祥龙年充满了热情和期待。

　　李才旺还有一副嵌剧名的楹联，反映了赵树理和他写的戏《十里店》的故事。2006年9月24日，是人民作家赵树理诞辰的一百周年，晋城市委、市政府为了纪念赵树理，修建了一座规模很大的赵树理文学馆，请李才旺撰写一副挂在文学馆大门上的楹联。赵树理一生关注现实生活，为人民写作，在中国现当代文学史上有着重要的地位。怎么样用一副楹联表现出这位人民作家的人生道路和艺术成就，李才旺很费周折。后来他想到赵树理在"文革"期间说过的一句话："我是生在《万象楼》，死于《十里店》。"就准备从赵树理的这两部戏来撰写这副楹联。赵树理自己说过：1941年至1942年，写过两个剧本，"一个就是《万象楼》，那是针对黎城的'离卦道'暴动在太行区党委宣传部领导下写的反会道门的戏。"①"《十里店》，自动写的，而且是自以为重新体会到政治脉搏，接触到了重要主题。"②赵树理1964年创作的《十里店》揭露了农村严重的两极分化现象，批评了一些干部的不正之风，作者自己认为是"说出了贫下中农的心里话的"。但是，这部戏一出来就受到批评，不准公演。由于老是不准上演，赵树理根据各方面意见先后修改了五稿，但仍然没有结果。一次次的修改，一次次的改排，折腾得赵树理说："《十里店》一剧真害死我也。"③

　　赵树理的《十里店》当时在"左"的思潮下不能公演，其中还反映了当时的副省长王中青对待这部戏的态度。赵树理和王中青是长治省立第四师范学校的同学，相互感情真挚，关系很好。赵树理写了《十里店》，王中青认为他从副省长的角度应该对老赵负责。王中青说："'难道说十里店成了台湾'这词太放肆了啊！"赵树理说："我反映的是农村的现实，可以演。"

---

① 《回忆历史认识自己》，《赵树理全集》第6卷第465页，大众文艺出版社2006年9月。
② 《回忆历史认识自己》，《赵树理全集》第6卷第473~474页，大众文艺出版社2006年9月。
③ 《回忆历史认识自己》，《赵树理全集》第6卷第482页，大众文艺出版社2006年9月。

王中青毫不让步："老赵呀，你这个戏你演一场，我批判一场。"赵树理也不示弱："你批判一场，我演一场。"两个人较劲儿，谁也不让步，《十里店》最终也没有在省里公演，直至粉碎"四人帮"后，《十里店》剧本才刊载于《人民文学》1978年5月号。

李才旺想起这些让人酸楚掉泪的过去的事情，一副为赵树理文学馆撰写的楹联便油然而生：

赵树理铁笔圣手万象楼颖出才隽
文曲星盛年华章十里店陨落霜秋

这副楹联为赵树理"生于《万象楼》，死于《十里店》"的悲剧人生作了形象的概括，成了对这位人民作家的深情的追思和悼念。

为电视剧《情洒太行》剧中人撰联　　138cm × 69cm

第四章
书画奇才·上
SHUHUAQICAI·SHANG

李才旺是诗、书、画全才，不仅是诗坛大家，而且是具有独特风格、取得突出成就的书法家和画家。李才旺以诗人的才情、画家的感觉和书法家的豪气，谱写了一首艺术人生的交响曲。

近年来，李才旺分别在中国美术馆、上海美术馆、台北国父纪念馆、深圳何香凝美术馆、山西美术馆、山西博物馆、山西晋宝斋、山西今日美术馆，天津以及日本、韩国等地举办书画个展。特别是在中国美术馆、上海美术馆、台北国父纪念馆等地举办的《李才旺书画展》受到董寿平、启功、孙其峰、欧阳中石等书画界大师及国家有关领导和新闻媒体的关注与好评。他的作品被美国、日本、巴西、澳大利亚及香港、台湾等许多国家和地区的收藏界所青睐，有多幅作品被毛主席纪念堂、人民大会堂、周恩来邓颖超纪念馆、中南海，以及党和国家领导人和国内外政要收藏。

李才旺的书画作品大都结集出版，主要有《李才旺书画选集》（两种）、《百鸡图》、《百鹤图》、《晋山晋水——李才旺山水画》、《李才旺画作理趣》（合作）、《当代中国书法全集·李才旺卷》、《李才旺书法》、《李才旺自书诗》、《李才旺书杜五安咏太旧诗词》等多部。

李才旺的书法作品以行草见长，酣畅淋漓，气势雄伟，大气自如；李才旺画路宽广，山水、花鸟俱佳，山水重意境，花鸟重情趣，山水花鸟中，尤以花鸟闻名，泼墨写意，真情意趣，自然天成。

  书画大师董寿平先生评价李才旺的书画创作说："他的画路颇宽，以花鸟为多，鉴于他的书法功底，其画或泼墨写意，或兼工带写，皆能见笔见墨，自然天成。识者皆称之为花鸟大才，当不为过。"[①]书画大师孙其峰先生评价说："才旺同志能诗文，又擅书画。他的画自出手眼，另辟蹊径，不与人同，难能可贵。看了他的作品，我曾写了两幅字送他：一幅是'自发心源，别具一格'；一幅是'貌离神合，似非而是'。吾论写意画有是语，今观才旺同志所作山水画、花鸟画，差堪当之。"[②]书法大师沈鹏先生评价说："李才旺先生才思旺盛，政务之余，诗书画并作，颇多遐想。昔郑板桥为官而以诗书画为人称道，才旺先生其后继后学者乎？"（沈鹏题词）

  版画大师力群先生评价说：李才旺在艺术上"自学成家，实属难能可贵。这就因为他所走的是一条很正确的道路。既继承了中国画的传统，又不为传统所拘，不像现在有些画家否定了笔墨传统而任意创新，其作品有的令人看不懂，有的看不出有中国特色，他们

[①]《〈李才旺书画选集〉序》，《李才旺书画选集》，人民美术出版社1997年7月。
[②]《"似非而是"说才旺》，1998年1月30日《中国书画报》。

一味迷恋西欧现代派，自以为荣。但在我看来，其作品实在算不了什么成就。"①

著名画家、国画评论大家吴国亭先生评价说，李才旺的"作品出手不凡，大气磅礴，没有世俗气，没有小家气，艺术起点颇高"，"人常说，画如其人，凭才旺的气度和胸襟，其艺术基调必当是手持铜琶铁板唱大江东流的那种豪放不羁的一路。"②

2007年10月25日，中央电视台书画频道制作、播放的《诗韵、书韵、人韵——著名诗书画家李才旺》专题片播出。2008年12月，中央电视台书画频道制作的《品说李才旺——艺术上的奇葩异卉》专题节目播出。2009年5月，山西省文联和中国黄河电视台共同创办了"走近书画"栏目，推出的第一个节目就是《诗人书画家李才旺》。2009年10月，中央电视台书画频道制作的"6060——向祖国献礼"专题节目播出，李才旺作为新中国成立60年的60位书画家之一，做客书画频道，接受记者采访，畅谈自己政艺生涯和人生感悟。

从李才旺的书画作品集，从中国书画大师们对李才旺的评价，从中央电视台、中国黄河电视台给李才旺制作的电视专题片和专题节目，我们可以了解李才旺这位书画奇才所走过的创作道路和所取得的杰出成就，以及他丰富的人生阅历和宝贵的创作经验。

---

① 《自学成家 前程似锦——观看"李才旺画展"》，2001年5月29日《文学报》。
② 台湾《艺术家》2002年第3期。

第一节　李才旺的书法创作道路

李才旺是一位天然大气、个性突出的书法家。他的成功是由于走了一条艰辛的创作道路，形成了自己独特的书艺风格。

李才旺天资聪颖，笃志好学，8岁开始习字，但每每苦于没钱买纸笔。于是，遇上村里赶庙会，小才旺就担水去卖，一担水卖五分钱，多少也顶点事，攒够几毛钱就能买一支毛笔。小才旺有了毛笔，从小就养成了用毛笔写字的习惯。小才旺学会写毛笔字很快就派上了用场，就是写对联。每逢村里逢年过节，婚丧嫁娶，十来岁的小才旺便去为村里的人们写对联。特别是每年年关将近，自腊月二十一开始，父子俩便挨门上户给人家写春联，一直要写到大年三十。小才旺上门就同人家说："叔叔大爷，你们家写春联吗？我给你们写。"照父亲的话说是练写字省得咱们自己买纸。小才旺上门写春联，常常是父亲帮助研墨铺纸，小才旺执笔书写。村子里一百多户人家，每户至少写两三副，每年过年全村就得写上几百副。五集村数百户村民过年时门前张贴的都是小才旺写的春联。至于村里平常的红白喜事，更是不需来请自上门，全村家家户户、一年四季都会有小才旺写的字。上高小时，小才旺的字和画已名扬附近村镇，找他写春联、画年画、描炕围的乡亲络绎不绝。事情怕多，干多了就会觉得劳累，但小才旺觉得为村里做些事情，自己心里也舒坦。特别是对联写得多了，小才旺的书法就有了长进，这对他日后成为书法家是一个很好的准备。李才旺认为从小写对联，是他学习书法的启蒙阶段。

李才旺从小到大，直至今天，几十年来春节写对联从没有间断过。对他来说，这既是一种兴趣，也成为一种习惯。李才旺年年写春联的人生经历，

自书诗　南京夫子庙遇雨　　　138cm × 69cm

对他来说也是一段很好的书法经历。

李才旺的父亲是一位在村里小有名气的石匠。小才旺从小就在父亲的身边看他做活。父亲凿石头时一锤一钻的动感，父亲吆牛耕田，牛拉着犁往前走一步、犁随着往前进一步所产生的力度，在他幼小的心灵里产生了一种莫名其妙的感动。父亲虽然不识字，但是父亲在劳作时的动作、力度和节奏，却使小才旺从中悟到了书法的道理，写字也应该有力度和动感，方能避免呆板无力。这种感悟依赖于他聪颖的天资和敏锐的感觉。

李才旺上小学时写仿（依照范本写字），从楷书入手。他临习的第一个帖是柳公权《玄秘塔碑》。柳体遒劲而有骨力的唐楷风格深深地吸引了这个年幼的初学者。没有仿纸就在废纸上练，在石板上练，在大楷中间写小楷，仿纸用了正面用反面，有时候用父亲的墨斗在石头上写字画画。这样既练了字，又节约了纸张，真是一举两得，解决了前贤欧阳修所言"学书费纸，犹胜饮酒费钱"的难题。

李才旺走着一条从楷书学起的坚实的道路。

李才旺在壶关百尺镇念高小时遇到了一位老师叫李登选，他的隶书写得非常好，李才旺看在眼里，喜在心上，对隶书产生了浓厚的兴趣。在老师的指点下，李才旺临习《曹全碑》《张迁碑》《石门颂》，为秀丽而有骨力、豪放、拙朴而充满真率、野逸之气的汉隶风格所吸引。李才旺勤学苦练，他的隶书大有长进，达到了当时报纸上标题用字的水平。

后来隶书写熟了，李才旺就想到要变，上高中时学魏碑，上大学勤工俭学刻蜡版，用的就是魏碑体，因魏碑体平稳工整，易于辨认。书法评论家白景峰说："魏碑中雄强厚重的点线，开张宏阔的气势，使他找到了艺术生命和自己生命状态的结合。魏碑最终为成就李才旺雄浑豪放、苍劲朴厚、老辣生涩的书风奠定了坚实的基础，也为他后来的美术大厦奠了基。"[①]李才旺自己也说："我对魏碑着力最多，感受也最深。"深厚的魏碑底子加上清末草书家的旨趣，形成了李才旺苍劲有型、疏放有力、气势雄浑、笔力万钧的

---

① 《笔卷雄风 墨追雷电——说说李才旺先生和他的书法》，2003年11月19日《书法导报》。

行草风格，透出金石的火光，颇有边塞诗风的苍凉意味。

李才旺幼年习楷书，高小学隶书，中学学魏碑，从形体方正、笔画平直的楷书入手，又经过波磔分明、端庄秀丽的隶书磨练，还有朴拙古雅、奇肆险峻的魏碑熏陶，为他进入行草并取得突出成就打下了坚实的基础。

1983年李才旺从晋东南地委调到晋城市当市长，在一些场合需要题词，他觉得写隶书太慢，魏碑又不适宜题词，就促进了他在书体上再变的想法。有朋友建议李才旺练练行草，李才旺开始由隶书、魏碑转行草，并成为他毕生的主要书体。他临习过王羲之、米芾、苏东坡、董其昌等大家的法帖，学习揣摩，在兼收并蓄、博学广纳的基础上，逐渐形成自己的风格。李才旺从1983年至2013年三十年行草笔墨不断，终成大家。李才旺在书法上的继承和变革，实践证明是一条成功之路。一次，李才旺接受《书法导报》记者采访，记者问："你的书法作品中有非常刚性的东西，也可说刚烈，我们理解你在创作时采取进攻的姿态，对吗？"李才旺回答："我认为艺术就是进攻之道。进攻的前提是继承，进攻的目的是创新。在艺术中'进攻'这个词并不一定不好。"[①]

南宋文学家、书法家姜夔在《读书谱》中论到各种书体时说："必须博习，可以兼通。"李才旺就是在潜心学习、博采众长、兼通各体的基础上有所创新，而形成了自己独特的书体。

成了书法大家的李才旺也难忘父亲这位石匠对他的影响，就刻了一枚闲章"大石匠"，用在他的书法作品上。

李才旺成为书法大家，既有从老父亲眼光里看到的期盼，从老父亲的做石匠活时钻、凿的动作和耕牛的步子中所得到的启迪，更有相依为命的夫人冯涛清的相助。冯涛清对丈夫李才旺来说，岂止是在生活中充满了"红袖添香"的雅趣，更是表达了"相濡以沫"的贤惠。每逢李才旺写字作画，她都砚墨铺纸，伺候在旁。李才旺不只一次地充满感情地说："她是我的作品的第一个读者，后来成为共同创作的参与者。"

---

① 白军君：《畅怀斋说字记——与李才旺对话》，2003年11月19日《书法导报》。

第二节　李才旺的书法作品

一、《当代中国书法全集·李才旺卷》

《当代中国书法全集·李才旺卷》，上海美术出版社2011年11月出版。《当代中国书法全集》共30卷，为沈鹏、欧阳中石等30位当代中国书法名家各出一卷，"李才旺卷"是其中之一。沈鹏撰《序》说明出版这套书法全集的初衷："振兴中华，宏道扬正，发扬民族文化优秀传统，促进中国当今艺术界繁荣，更好地向国内外展示当代中国书法创作实力和丰华，系统地宣传当代中国书法名家的时代风采和创作成果。"

"李才旺卷"前有作者的"艺术简历"和董寿平先生的文章《领异标新自成风貌》，收有作者的楷、隶、行草等体书法作品26件。作品中有书写毛泽东的《七律·长征》《沁园春·长沙》，王羲之的《兰亭序》，刘禹锡的《陋室铭》和李白的诗句，而更多的是作者的自书诗和自书诗句，如《咏春》《醉秋风》《壶口瀑布》等，充分显示了作者诗书结合、诸体皆备的书艺特点。

二、《李才旺书法》

《李才旺书法》，山西人民出版社2008年7月出版。装帧古朴，印制精美，融合了众多的中国传统文化元素，端视摩挲，让人爱不释手。一册在手，读文赏字，对于陶冶情操、净化灵魂、提升审美能力，大有裨益。

著名书法家林鹏先生为《李才旺书法》作序。他赞赏李才旺是"诗书画

自书诗 书斋随吟　　138cm × 69cm

皆精，硕果累累，多才多艺，德艺双馨"的山西近年升起的"一颗文化新星"；评价李才旺"学识渊博，胸怀坦荡。在艺术上，见识卓越，探索弥深。使我懂得，笔墨灵动，原发自心灵；才思敏捷，生根于卓识，非强力所能为也。古语云：体泉无源，芝草无根，而在艺术上的奇葩异卉，则多是天才的产物，才旺先生可以当之。"林鹏先生语精词美的序言可与李才旺的书法大作齐读共赏。

这部书法集选了唐代三位大家的作品，包括白居易的《长恨歌》、柳宗元的《小石潭记》和刘禹锡的《陋室铭》。李才旺为什么选这三篇作品？我想不是随意选取，而是有意为之，表现了作者的人生理念和审美情趣。

白居易的《长恨歌》写唐明皇和杨贵妃的爱情悲剧，既表现唐明皇的荒淫误国、重色轻国，又反映他们爱情的坚贞专一和刻骨相思，但是李才旺选取这首感伤诗的想法恐怕还是出于一种忧国忧民之心，感叹国家之兴亡。"渔阳鼙鼓动地来，惊破《霓裳羽衣曲》"，由安史之乱引起的李杨爱情悲剧实际上就是李唐王朝由盛转衰的开始。

柳宗元的《小石潭记》是其山水游记代表作品《永州八记》之一，文笔清新秀美，富有诗情画意。这篇纯以写景取胜的美文，无论是写水、写石、写树、写游鱼，或动姿，或静态，均生动细致，精美绝伦，而对潭水和游鱼的描写，尤为精彩。李才旺的尺幅天地，笔下山水，何尝不是从这类千古名篇中汲取营养，而富有神韵色彩。特别是《小石潭记》中所透露的人与自然和谐之美的信息，更是李才旺重要的美学思想之一。

刘禹锡的《陋室铭》是中国古代最短的散文精品。"山不在高，有仙则名。水不在深，有龙则灵。斯是陋室，惟吾德馨。"这脍炙人口的名句曾经激励过多少代文人墨客淡泊明志、宁静致远的精神追求。作者孤介不阿、清峻高洁的品性和生活情趣，又何尝不是李才旺心向往之并身体力行、以求实现的精神境界和人生理想。

2008年8月18日，山西省文联主办的"李才旺书法首发式暨李才旺书画艺术研讨会"在并举行。来自省城太原的美术家、书法家、文艺评论家、新闻界的朋友以及主办单位、承办单位的有关人员百余人出席研讨会。山西省委常委、时任宣传部部长高建民出席并讲话。省人大常委，时任省文联党组书记、常务副主席宋新柱主持首发式和研讨会。出席研讨会的省书协顾问杜五安，省书协名誉主席林鹏，时任山西省出版集团总经理、党组书记齐峰，以及从事文艺评论、书画创作的专家王治国、赵梅生、狄少英、韩玉峰、周命超、刘淳、薛俊明等对李才旺在诗书画方面所取得的成就做了发言。《山西文联通讯》2008年第6期对研讨会作了全面报道。这一期的《山西文联通讯》还刊发了姚国瑾、李明、董智敏、韩少辉、刘锁祥、赵承楷等专家的发言。

一本书法集，大有学问在。我们在捧读这本书读文赏字时，还增加了几分对古典名篇和书法艺术的了解。

三、《李才旺自书诗》

《李才旺自书诗》，由书法大师欧阳中石先生题签，北岳文艺出版社1996年2月出版，是以行草书写的李才旺《砚边随吟》五首的自书诗。书的样式是折叠式的便于携带的小开本。在书法作品之后，附有诗五首的原作。读者可以对照原作欣赏作者笔卷雄风的行草书法，领略书中的芳香墨韵和作者的畅达诗怀，感受作者的砚边生活和笔墨情趣。

四、《李才旺书杜五安咏太旧诗词》

太旧高速公路是山西省第一条高速公路，西起省会太原，东至省界旧关，全长144公里，有122公里在崇山峻岭的太行山腹地，是全国施工难度最大的高速公路之一，创造了五年工期三年完成、质量获国家鲁班奖、概算节省一个亿的山西公路建设史上的奇迹。时任省交通厅厅长、党组书记，兼太旧高速公路建设总指挥的杜五安，与筑路员工摸爬滚打，三年奋战在一起。火热的战斗生活激发了他的诗情，写下了数十首反映工地生活、讴歌筑路工人的激情涌动的诗篇。时为省委副秘书长、办公厅主任的李才旺当时也随同胡富国书记多次深入太旧高速公路工地，萌发歌颂太旧人的激情。书写杜五安咏太旧诗词正是抒发了李才旺的这种感怀情思。李才旺与杜五安同仁同庚，又都热爱诗词书法，可谓政艺生涯中的同道挚友，李书杜诗可谓珠联璧合。读杜五安诗词，赏李才旺书法，正好使读者重温自力更生、艰苦奋斗、不屈不挠、勇于奉献的太旧精神，回首那段难忘的岁月。《李才旺书杜五安咏太旧诗词》山西人民出版社 2001 年 4 月出版。

五、入选庆祝中国共产党建党九十周年《中国书法典集》

2011 年 9 月，中国文联出版社为庆祝中国共产党建党九十周年编辑出版了大型画册《中国书法典集》，借以"弘扬传统国粹，传承书法艺术，力推代表人物，展现时代风貌"。这本画册选了当代具有代表性的 11 位著名书法家的作品，李才旺是其中之一。画册不仅选了李才旺的多幅作品，还在封二选了他的自书诗《雾中庐山》，封三选了他的自书诗《南京夫子庙遇雨》，可见对李才旺书法作品的推崇和重视。

《中国书法典集》选李才旺行书作品 8 件，有作者的自书诗《咏春》《醉秋风》和《画案乡思》，有书写毛泽东诗词《沁园春·长沙》和《七律·长征》，有书写李白《登金陵凤凰台》中的诗句："三山半落青天外，二水中分白鹭洲"，有横幅"诚朴谦和"、"鹤舞云天"，配发台湾著名书画家、教授周澄先生的文章《砚耕知交 在海一方》，称赞李才旺在书画艺术方面的成就，评价李才旺作品对加强两岸文化交流的贡献。

自书诗 观太行山貌有感 138cm × 69cm

六、《当代影响力·书法名家李才旺》

《书法名家李才旺》,天津人民美术出版社 2011 年 11 月出版,有书画大师董寿平先生的序言《领异标新 自成风貌》,收李才旺的行草、草书、隶书作品 40 余幅,多数是李才旺的自书诗,如《砚边随吟》《书斋随吟》《画案乡思》《放牧》《醉秋风》《南京夫子庙遇雨》等咏怀畅想的名篇,也有《咏兰》《咏菊》《咏竹》等咏物明志之作。其他如《清风徐来》《鹤舞云天》《诚朴谦和》《禅茶一味》的横幅,《龙腾虎跃》《书画传神》的条幅,更给人以清心爽目之感。书中亦有书写古今传世之作的作品,如王羲之《兰亭序》、刘禹锡《陋室铭》和毛泽东《沁园春·长沙》。读李才旺书法作品,欣赏文学名作,正是这本画册的特殊魅力。

七、入选《中华书坛四大影响力名家》

《中华书坛四大影响力名家》,中央美术学院出版社 2011 年 11 月出版,收有中华书坛四大影响力名家沈鹏、周慧珺、李才旺、周志高的书法作品。沈鹏,江苏江阴人;周慧珺,浙江镇海人;李才旺,山西壶关人;周志高,江苏兴化人。四大名家,三位江浙人士,只有李才旺是北方书家。南北书法名家作品风格各异,汇集一册,更显辉煌,更值欣赏。

画册收入李才旺作品 14 幅,皆为行书和行草,有自书诗《太行山大峡谷》《观太行山貌有感》《南京夫子庙遇雨》《书斋随吟》《画案乡思》《雾中庐山》《咏菊》《咏梅》《咏竹》,有八条屏《兰亭集序》。最为惹眼的是几个条幅:《心远地自偏》的寓意,《江山如画》的奇崛,《耕云种月》的遐思,以及 69 厘米高的大幅《龙》字的神魄,都在天然大气的笔墨中得到尽情的体现。

第三节　李才旺书艺欣赏

李才旺是诗人，又是书法家，这在当代作家中是不多见的。近读作家王祥夫的一篇短文《台静农的梅花》，说到作家与书法家，颇有同感。台静农是"五四"时期现代小说家。王祥夫文中说，台静农有一篇题为《伤逝》的随笔是写张大千的。"写张大千在那里作画，许多人围着看，他照画不误，而且越画兴致越高，而且要边画边和客人做笑谈，丝毫不影响行笔着色，而且，在场每人得一幅。"张大千也夸台静农的梅花画得好。台静农不单梅花好，字也写得好。王祥夫感叹地说："中国作家就书法而言，是当代文学作家大不如现代文学时期，周氏兄弟两个，郁达夫和茅盾，再如冰心字都好。郭沫若的字我个人不喜欢，但也好。我读鲁迅日记，最喜欢读他的手稿本，小字写的笔画省略而能让人字字都认识，作为小楷，实属不易。台静农的书法风范是不疾不徐，行书居多，至今我还没有见过他的草书。"[①]

书画大师董寿平先生说："中华几千年文化精髓尽在中国书画。当代之人如果不能很好地继承并发扬光大，而一味胡涂乱抹，结果将是对中国文化，乃至世界文化的糟蹋。"

对于传承中国优秀文化来说，懂书法，写好字，这应当是当代作家必备的艺术素养。李才旺就是当代的一位既是诗人又是书法家的作家。

"腹有诗书气自华"，诗人的气质，古典诗词的底蕴，重人品、重修养、重格调的传统人文情怀，以及长期在党政文机关工作的历练，是形成李才旺"风神骨气"书法风格的重要根基。

---

① 《台静农的梅花》，2013年3月4日《文艺报》。

欣赏李才旺的书法艺术，当从作书与做人、书法与内文、书法与技艺、书法与个性诸方面进行探讨，了解李才旺书法的时代特征、传统特色和个性特点。

一、作字先做人，人正则字正

李才旺遵从傅山先生的一句名言："作字先作人，人奇字自古。"①他把傅山先生的"人奇字自古"化为"人正则字正"，也就是心美则字美、心正则字正，正是继承了傅山先生名言的精髓，强调作字与做人的关系。李才旺还遵从傅山先生所言"宁拙毋巧，宁丑毋媚，宁支离毋轻滑，宁直率毋安排"②的书法美学主张。欣赏李才旺的书法，就要从"作字先作人"和"四宁四毋"的书法正途出发。

李才旺的书法作品，不论是整幅的，还是一个条幅，我们可以发现他书写的每一行字都有一条中轴线，给人一种稳定的感觉。在这条中轴线上，有的字放开，有的字收回，收放有度，疏密得宜，都不会偏离这条中轴线，体现了"人正则字正"的理念。这似同于唐书法家李邕的字体特点。李邕取法"二王"（羲之、献之），而有所创造，存世作品笔力沉雄，气度从容，奇趣横生，且"奇而能稳，这与其字体始终保持中间的直立及重心偏低有关"③。

李才旺强调每创作一幅书法作品都要本着一种严肃认真的态度。这种一以贯之的高标准、严要求，就是要一笔不苟，一点不苟，一笔一点、一丝一毫都不得随意苟且。他说，艺术要讲究，不能将就。我们看一些大家写字，龙飞凤舞，看似很随意，其实是很讲究，特别是在草书写作上是中规中矩、

---

①② 《作字示儿孙》，《傅山全书》第1册第50页，山西人民出版社1991年12月。
③ 见程应峰：《碑铭仙手李邕》，《火花》2012年第7期。

十分认真的。写字的严肃认真、一丝不苟、中规中矩，同样体现了做人作字的准则——作字先做人，人正则字正。

二、我作我写，言必己出

书法是汉字的艺术，是表现书家思想的载体。书法作品写什么，是了解书法家的重要的途径。

李才旺的书法作品最多的是他的自书诗，他很少书写别人的话语。"我作我写，言必己出"，书写自己的诗句或箴言是李才旺书法作品的大宗。书法作品在社会交往中往往起着重要的作用，但是朋友之间交换书作，或应酬他人的求索，他很少直接书写古诗名句，而是书写自己的所作，"以书为骨，以诗为魂"，形成了李才旺书法作品的特点。言为心声，书为心画。李才旺的书法正是借诗作画出自己心中的画，表达自己的志趣和理想。正如冯骥才2002年9月在第二届中国（天津）书法艺术节观看李才旺书画展时所言，这样书写出来，"笔笔自然都是发自性灵的心迹，字字都是情感乃至情绪的形态。这样的书法，才是有魂的艺术。"李才旺真正是做到了诗以书传，书以

自书诗 放牧　　180cm × 48cm

诗显，诗书合一，相得益彰。

李才旺也书写古今名人的名作，借以抒发他的志趣和情感。他写的最多的名人名作是陶渊明的诗歌、王羲之的《兰亭集序》，以及毛泽东诗词。因为他崇尚这些名作中所体现的广阔胸怀、伟大人格、闲适心境，以及崇高的文学理想。这些名作所表达的精神和理想是李才旺所仰慕和追崇的，所以他愿意以自己的笔墨再现在洁白的宣纸上，为的是陶冶自己的情操，提高自己的修养，也与同道的朋友们共同鉴赏。

李才旺喜欢写大字，写几个字的横幅和条幅，大字若画，字如其人，表达自己的人生理想，如《雄风》《还我河山》《鹤舞云天》《耕云种月》等思想精深、气势博大的作品。《鹤舞云天》之飘逸自在，《还我河山》的震撼力度，更为读者所赞赏。版画大师力群先生说："只要看他写的'雄风'二字就能看出他的书法之不凡。吴昌硕很讲究运笔上的'屋漏痕'，而李才旺的有些书法上的运笔似乎也有'屋漏痕'味。"[1]

三、笔底功力，纸上风韵

"笔底功夫，纸上风韵"，是诗人、书法家王东满在评论李才旺的文章《为政之余有雅兴》[2]中的一句话。李才旺作为一位书法家是十分讲究书法技艺并在实践中身体力行的。他在作品中笔法、结字、章法运用的精湛、娴熟可视为"笔底功力"，而其作品中所表达的思想内涵则可称为"纸上风韵"。

（一）笔法，结字，章法

李才旺讲书法，就是讲笔法、讲结字、讲章法。笔法是基础，一点一画都见书家的功力，讲笔法就是讲笔划的运用，讲运笔的质量；讲结字，就是

---

[1]《自学成家 前程似锦——观看"李才旺书画展"》，2001年5月29日《文学报》。
[2] 见《有伞的风景》第108页，作家出版社1996年2月。

讲字法，讲字的结构合理、美观；讲章法，就是讲谋篇布局，如何构成一件完美的艺术作品。笔法、字法、章法，都讲的是一个法度。这是中国书法几千年来发展形成的规律，是古今多少书家总结出来的经验。

在笔法中，李才旺强调用笔要有变化，中锋立骨，侧锋造型，中侧兼用，写出来的字就丰满而有力度。他认为字过分干瘦不美，过于臃肿也不美，胖瘦适中、筋丰骨健才是美。正如明人项穆所言："瘦不露骨，肥不露肉。"①李才旺写字从笔法、结字到章法，都讲究和谐统一，筋骨血肉，精神气脉，章法布局，达到完美的境界，使人赏心悦目，给人以美感。联系书法的内容，更是令人思绪驰骋，精神振奋，给人以一种激励和感染。这是李才旺的书艺追求。

（二）悬纸书法

在李才旺的书法创作中，最为人称道的是高难度悬纸书法以及左书。

李才旺的悬纸书法是建立在他自幼提笔悬肘的无依托书写和坚持以站姿写字的基础之上的。李才旺在书法实践中体会到，搁肘扼腕，不悬肘则无法运笔取势，不取站姿则无法运气调息。只有悬肘书写才能笔势开张，行笔自如，做到离纸一寸、下笔千钧，也才能真正达到力透纸背、入木三分的效果。

李才旺作书，悬肘转笔，调息运气，一管在手，万念俱消，心平气稳，全神贯注，如纸上行走太极，动中求静，刚柔互生，似在不经意之中，却有扛千钧之妙趣。正如他诗中所云："怀畅品端意高扬，临池犹如面大江。挥毫腕运千钧力，泼墨情洒一纸香。"（《翰墨情怀》）

清诗人、书法家何绍基性嗜北碑，摹仿甚勤，自言"每一临写，必回腕高悬，通身力到方能成字，约不及半，汗浃衣襦矣。因思古人作字未必如此费力，直是腕力笔锋天生自然。"（《张玄墓志铭》序）李才旺有诗曰："室

---

① 《杜五安书艺理论99》第15页。

翰墨藏雅意，大气出天然。遣兴三两笔，烟云起毫端。外严冬夜半寒，挥毫又湿两层衫。试问爱墨求字者，可知苦累几多年"（《砚边随吟二首》之一）李才旺与前贤感同身受，可谓知音也。

李才旺的恩师董寿平先生不仅是画界巨擘，也是悬书大师。在笔会上常见董寿平先生请两人分别在两头悬空抻平宣纸，用悬纸方法挥毫书写。而董老的悬书"源于王铎"，清书法大家王铎就有悬纸而书的爱好。书法大师启功先生曾对董寿平先生的悬书做过专门介绍。他说："董先生喜好悬空写字。就是两个人共拉一张大纸，先生站在纸的左边，挥笔悬臂在纸面上写去，写成挂起来看，与在案上铺纸写的完全一般。清朝王铎曾有此法，但绫本为多，绫条比较牢固，宣纸经水则容易被笔刺破。王铎也是山西洪洞人，董先生的写法大概是得王铎这个秘诀吧。但肯定又比王铎前进了一步。"[①]启功先生所言极是，也是出自切身之感。我曾见李才旺悬书，真是感到"源于王铎"、受教于董老的悬纸书法之不易。

（三）节奏和韵律

李才旺认为书法是毛笔在纸上的舞蹈。既然是舞蹈，就有个节奏问题。舞蹈有"蹦嚓嚓"的节奏，书法就有个"浓淡淡"、"重轻轻"、"大小小"的节奏。李才旺讲究用笔的力度，力度亦类似舞蹈的节奏。李才旺还把书法

[①] 见郭宝厚：《董寿平艺术人生》第43页，三晋出版社出版2013年6月。

的节奏比作是他父亲凿石头时一锤一锤的力度，比作是牛耕田时一步一步的节奏，不可能像拖拉机一样哗啦啦地就开过去。由于书法的节奏，造成跌宕起伏、高昂低回之书势，富有生命的韵律，使书法作品具有律动感。正如书法大师沈尹默先生所言："书法，无色而具图画之灿烂，无声而具音乐之和谐。"李才旺把书法比作舞蹈，沈尹默先生把书法喻为图画、音乐，所指似皆为书法之韵律。

（四）题款

在同李才旺的交谈中，他还特别讲到当今许多人不讲究的题款问题。他说，题款是一件书法作品的组成部分。题款字的大小都是有规矩的。作品主体的字有多大，题款的字有多大，才比较合适，还是要注意的。有些主体字很大，题款字很小，看上去不协调。对题款的字体也有讲究。如果写的是隶书，一般题款字应该用行书。他还讲到书法作品盖章的位置。书家名章盖时不能低于底下一字。这种种讲究反映的是一位书家对艺术完美的追求。

（五）形态美与内在美

李才旺认为，对一件书画作品来说外在形态是重要的，因为它必须给人以美感，方能夺人眼球，为人青睐；但是，仅有外在形态美是不够的，关键在于作品所蕴含的气质、品质。

他还说，看一个人的书法作品不能简单地说是好还是不好，好与不好是相对的。关键在于看作品所表现的书家气质和所透露的生活信息，看书家对生活认识的深度和高度。

现在书界有一种书体叫"丑书"。对于"丑书"李才旺认为得具体问题具体分析。有的"丑书"丑中有艺术含量，充满笔情墨趣，仔细端详还很美，也是可取的。有的"丑书"，为"丑"而"丑"，那就与美相距甚远了。

李才旺还认为，对于一幅作品的看法，从专业的角度和社会收藏家的角度有时往往也不一致。专家看的是笔力和笔法，社会收藏家的主要要求是看上去美，只要他觉得"美"，就会掏腰包购买，不一定讲究更多。这就是一个市场问题。对一位书画家来说，有市场是说明公众对你作品的认可，也反映了你的作品达到了雅俗共赏的要求。雅俗共赏应该是艺术家走向大众的共同追求，也是艺术审美的最高境界。

四、笔性墨情，独树一帜

（一）风格：书法的个性表达

李才旺的书法属文人书法。文人以书法抒写心态，挥洒情感，由于文人的性格不同，也就形成了文人不同的书法个性和面貌。李才旺就是具有创作个性和独特风格的文人书法家。

书法的个性表达，既有赖于精湛的笔法、墨法、章法，更需要深厚的文学和各种艺术的修养，形成不同的特点与风格。山西书法大家卫俊秀先生说过："书法必须有个人的天地，格调乃佳。一味效颦，能有甚境界？"

李才旺特别强调书法家要有个性，书法作品要有特色。他说，你学王羲之学得再像也不是王羲之。书法是一种表达和实践书家个人审美情趣的艺术形式。书家的经历不同，书法的功力不同，书法作品的面貌必然不同，必然是千人千面，而不会千人一面、千篇一律。如果一幅作品不看题款，或去掉作者名字而观赏者不知是谁，这只能说明你这位书家和你的作品没有个性和特色。李才旺主张，在艺术上既要广泛借鉴，虚怀若谷，又要有自己的主见和坚守，不能人云亦云，随波逐流。书家一定要有自己的个性。要在继承传统的基础上有所创新，创造出自己的特色和风格来。

（二）行草：书法个性的书体形态

李才旺作书偏爱行草，是其性格使然。他的行草粗犷豪放，浑然天成，气脉相连，如江河流水，汪洋恣肆，一泻千里，具有流动之美、生动之姿、和谐之韵，正是体现了他情之所至，笔墨奋发，张扬个性的特点。

李才旺的行草苍劲拙朴，用笔、结字和章法皆极讲究，狂而不野，放而能收，在狂放中不失严谨，可谓远看有势，近看有致，远看大气，近看秀气。魏碑功底，草书家旨趣，造就李才旺之行草疏放自如，自成一格。

李才旺的书法作品有特点，这是书界同仁和社会公众的一致看法。不论李才旺书写的牌匾还是会标，我们只要抬头一看，不看署名，就知道是李才旺的字。人因字名重，字亦因人而珍贵，李才旺的字有很好的市场，为众多的人所喜爱。李才旺给我说过这样一件事。他在家乡壶关县五集村挂的十几幅书画作品，去年1月31日夜间突然失踪，去向不明。李才旺听说后有点惊讶，但也想得开，他说丢了说明有人喜欢你的书画，在性格开朗的李才旺看来是坏事，也是好事，问题就在于看你怎么看。

董寿平先生说：李才旺的"书法以行草见长，兼及隶篆。他以行书创作的毛泽东同志《为人民服务》全文和以行草书创作的毛泽东词《沁园春·长沙》，从用笔到谋篇布局，有力度，有气质，酣畅淋漓，气势磅礴，既能有闲庭信步之古风，又能寓冲腾豪气于恬静淡泊之中，令人称叹。"[①]李才旺的这两幅书法作品分别为毛主席纪念堂和人民大会堂收藏。

（三）大气：书法个性的精神体现

李才旺的书法个性，除去独有的书体形态外，就书法作品的精神实质来说，集中到一个词就是"大气"。

大气，是李才旺做人的特点，也是他诗书画作品特别是书法作品的特点。

---

① 《李才旺书画选集·序》，人民美术出版社1997年7月。

李才旺认为，书画要天然大气。他的作品往往是气势恢宏，笔墨奔放，是一种自然的、淳朴的感情流露。李才旺有一首诗《临池狂想》："天斋云笺海为砚，笔卷雄风迫雷电。权将尺幅当宇宙，腾龙跃虎任狂颠。"如果说这首具有豪放不羁风格的《临池狂想》是一首浪漫主义狂想曲的话，那么他同一时期创作的《砚边随吟》则是一首写实的咏书诗："翰墨藏雅意，大气出天然。遣兴三两笔，烟云起毫端。"

李才旺笔墨如此，岂是一个"大气"概括得了，更是反映了一种创作心态。只有创作心态好，思想境界高，才能笔卷雄风，龙腾虎跃，云起毫端，天然大气。

李才旺曾就《临池狂想》和《砚边随吟》这两首诗对记者说："作品要天然大气，这个大气不是人人都有的，这个要靠你的修养、靠你的境界、靠你的胸怀、靠你的气度。这些如果你具备了，就会在你的笔下产生那么一种韵味，产生那么一种气势。"[1]这就是李才旺这位书画奇才对自己书画作品"大气"的诠释。

董寿平先生说："才旺的书画作品，或宏幅巨制，或尺幅小品，皆能大气自如。"[2]

台湾著名企业家林淑如女士说："观赏李才旺的书法与绘画作品时，总会感觉到有一股大气淋漓酣畅的情绪，跟着书法笔划转折而有腾龙翻云一般的变幻，墨气似乎随着字体流转将要溢出，却又受到表面张力的束缚，形成如同弯弓满弦似的逸趣。"[3]

从书画大师和有识之士的所论，可见李才旺书法作品之"大气"，就是

---

[1] 《李才旺答中央电视台记者问》，《李才旺艺术论》第496页~497页，中国戏剧出版社2004年8月。

[2] 《李才旺书画选集·序》，《李才旺书画选集》，人民美术出版社1997年7月。

[3] 《李才旺书画选集·后记》，《李才旺书画选集》台湾版，羲之堂文化事业出版有限公司2002年3月。

说作品气势大，气量大，气度大，气魄大，充满强烈的视觉张力和审美冲击力，没有做作之气、扭捏之气、媚俗之气、小家之气。

李才旺主张，做一个书法家或者画家，到了一定的时候就不只是笔墨的较量，而是"字外功"、"画外功"的较量，即人生阅历、社会经验和各方面修养的较量，是对生活与艺术理解的灵性与悟性的较量，谁的阅历、经验、素养、灵性、悟性高谁的作品质量就上去了。正是思想的深度决定艺术的高度，也正像苏东坡所言："退笔如山未足奇，读书万卷始通神。"①所以，丰富自己的人生阅历，加强各个方面的修养，这种"字外功"、"画外功"最终还是会体现在字内画里的。

有了"字外功"、"画外功"做人会大气，作品也会大气，在众人面前写字作画也就有了胆气。正因为有这种胆气，李才旺临场表演，不分场合大小，不管书写内容是生还是熟，也不管有什么大人物在场，一旦临纸就不管不顾，胸中只有笔墨，目中不见有人，笔随心至，轻松挥写。这样的作品自然是大气磅礴，耐人寻味。看来大气和胆气往往是共生的。正如诗、书、画"三绝"的林散之先生所言："写到灵魂最深处，不知有我更无人。"即所谓"心画"也。②

我们也常见一些书画家，平时在家里字也写得好，画也画得好，就是一旦上了笔会之类的正经场合，面对几十个人的围观，就手抖得连毛笔都落不到宣纸上。

---

① 见郭宝厚：《董寿平艺术人生》，三晋出版社2013年6月。
② 见吴为山：《六塑林散之》，2012年1月16日《文艺报》。

第五章
书画奇才·下
SHUHUAQICAI·XIA

韩国前总理李寿成收藏李才旺画作

第一节　一张小画片激起的画画梦

　　李才旺对绘画的喜爱可以说是与书法同步。说李才旺学画画，还应该从一个小故事说起。李才旺上小学时，村里一个上师范的学生家里要盖房子，就叫孩子们去帮忙搬土坯。孩子们每搬一块土坯，这个师范生就给一张画着可爱的小狗、小兔的小画片。孩子们拿到这些小画片非常高兴，爱不释手。一张小画片能够激起一个孩子美丽的梦想。李才旺就想着自己什么时候也能学会画这些小动物呢？这个梦想就是对后来成为一位大画家的启蒙。

　　李才旺在绘画上的成就主要在花鸟画上。他认为花鸟画比之于山水画更讲究笔墨，也更宜表现画家的感情。花鸟画中，画一石一鸟，一花一草，其实都是写人的感情。李才旺后来也攻山水画，除了自己的爱好外，同时也是为了适应书画市场的需要，而开辟了一条新路。一些绘画收藏家或爱好者，他们之所以钟情山水画，是因为山水画有更多的寓意。画中有山可给人以稳定感，画中有水可视为财源滚滚，拥有一幅名家的山水画，就充满了对未来的美好期待。在李才旺的花鸟画中也离不开山水的背景，常常是花鸟与山水交融在一起，构成充满生命感的幽静意境。李才旺也画人物。如弥勒佛、苏东坡等。画苏东坡的背景是他的名句"明月几时有，把酒问青天……"画题《东坡问天》，饱含着浓浓的文学气息。

　　李才旺把写字作画与养生保健联系在一起。他说，书画家大都长寿，因为在写字作画时，体内分泌一种物质叫酶，支持健康的酶。写字还能同气功联系在一起。

　　李才旺说，写字是一气呵成的，"气"不能断。写字，写了一半，放下来吃饭，"气"就断了。写字画画要站着，这样全身就处于气功状态，和打太极拳一样，一定要把气运通。他还说，画山水就常讲透气不透气的问题。写字、画画、气功、太极拳，这些中国的传统文化往往有着内在的联系。同时，写字作画都是劝人向上、向善的，反过来自己也受益。李才旺以自己的切身感受加深了对这种传统文化的理解，并经常同他人切磋、交流。

李才旺说，他听林鹏先生讲过一个傅山写字的故事。有个人请傅山先生写字。傅山选好日子，定好时辰，找好一间房，关了门去写。写的时候谁也不能打扰。写好后一甩手就走了。这说明这位大师在创作时的全神贯注，绝不允许他人干扰。

李才旺的书画作品走向了市场，为业界和公众所认可，有着很好的销路。但他主张创作心态要端正，不能为权势和金钱所诱惑。李才旺说，经商讲究诚信为本，作画也要讲究诚信为本。走市场的作品，同样要拿出自己当时最好的水平，认真对待自己的创作。每一件作品都要对得起自己的艺术良心，对得起社会，对得起市场。

著名美术评论家吴国亭在他的一篇文章中，把李才旺与吴昌硕做了一个有趣的对比。他说："画家李才旺与晚清书画大师吴昌硕相差一百年，他们的生活时代和生活环境不同，但他们在追求艺术道路上却有几分相似：他们早年习文史，都有深厚的国学修养；从小习字，两人都有数十年的书法功底；两人大约都在五十开外书法成熟之后开始学习绘画。吴昌硕是晚熟画家，李才旺直到'知天命'之年书画作品才脱颖而出，名声昭著，亦可谓大器晚成。所不同的是吴昌硕习画有胡公寿、任伯年等名家在身边指导，而在晋东南山沟里的李才旺的条件要差得多，全靠自己工作之暇焚膏继晷地去摸索。"[①]李才旺有诗《读吴昌硕画集》，表达了对这位前辈的理解和崇拜之情：

---

① 《中国水墨画家李才旺画作理趣》，台湾《艺术家》2002年3月号。

奢华养惰性，清苦出佳品。

位显不自负，甘为平常人。

　　李才旺曾摹仿吴昌硕的作品，作画《天竹如花》，题款中注明是"粗临"，意思是体会一下前人的构图和笔墨而已，没有学究式的笔笔忠于原作。吴国亭说，这是"以古人之规矩，开自己的生面"，不是为临摹而临摹，就笔法学笔法。

　　吴国亭分析李才旺的成才是靠他大学历史系的科班出身，加之他广博的文化知识和丰富的人生体验，并且又生活在古代文化底蕴丰厚的三晋大地之上，所以，"他自修书画起点高，有主见、有眼力、不盲从、没有条条框框限制，不受门户之缰勒，博综百家，'取法乎上'，一句话：方法科学，路子对头。"[1]吴国亭先生所说十分准确到位，可谓李才旺的知音。

---

[1]《中国水墨画家李才旺画作理趣》，台湾《艺术家》2002年3月号。

第二节　董寿平、孙其峰的得意门生

李才旺投身学艺，向董寿平和孙其峰两位大师的虚心求教和密切交往的故事成为书画界的美谈。

对于李才旺同书画大师董寿平先生的交往，《山西日报》记者周同馨、赵春波曾以《一代宗师有传人——记董寿平和李才旺的师生情》为题，做过生动、详尽的记述。这篇长文先后发表在1997年9月19日《大公报》（香港）和1997年10月5日《山西日报》上。

1990年董寿平美术馆在太原晋祠落成后，李才旺曾多次前往，悉心研习，与董老可谓神交已久。1993年春，时任山西省政府副秘书长、办公厅主任的李才旺出差赴京，与山西驻京办事处副主任崔永柱一块去拜望董老。当时，年近九旬的董老正在钓鱼台为国宾馆作画。听了崔永柱的介绍，董老放下画笔连声道："是同乡，欢迎，欢迎。"李才旺握着董老的手说："董老，我对您老人家仰慕已久。这次来有两层意思：一是受省领导委托来看看您；二是我喜欢书画，想拜您为师。"董老问过才旺的年庚后摆手说："拜师不谈，你小我几十岁，咱们就做个忘年交吧。"李才旺见一代书画大师竟如此谦和，非常感佩。他请董老保重，董老指指一旁的血压计说："没关系，我老了，气力不足了。一天只画一两个小时，血压升到150就不敢画了。"李才旺细细看过董老的画后问："我看过您许多画都不着色，这是为什么？"董老说："中国画主要靠笔墨效果。""笔墨效果"，这话让李才旺牢记心上。

李才旺和董老首次会面便一见如故，谈书，谈画，谈人生，聊了一个多小时，方才告辞。临行，董老语重心长地说："从事中国书画创作，不能数典忘祖，但我也从不主张一定要刻意追求某家某派的师承或传统，要走自己的路。"董老说的"不能数典忘祖"和"走自己的路"，就是要处理好继承和创新的关系，这是李才旺终身遵循的创作原则。

李才旺辞别董老后，一路自忖：我拜董老为师，可董老还没有见过我的作品呢。回到山西，他精心书写了"宗师"两个大字，准备敬赠董老。时隔不久，李才旺再次进京，正好与一位摄影师同行，想到董老年事已高，便相商为董老摄像。这时，董老已住进中日友好医院。李才旺为人豪爽，一进门就说："董老，我这次是正儿八经以弟子的身份看望您老来了。"董老起身相迎。李才旺问过董老的身体安好，便问能不能摄像留个纪念。谦和的董老笑着说："摄吧，摄吧。"李才旺和董老在一起留下了极其珍贵的影像资料。李才旺打开写着"宗师"二字的条幅说："董老，这是我的字，也算是给您老交的第一份作业吧。"董老细细端详后说："嗯，有力度，有气质，有气魄，很大气。"

此后，李才旺凡来北京，总要抽时间去拜访董老，每次见面都谈得很愉快。

李才旺谈到自己在书画创作上是"三师"：即"师古人"、"师自然"和"师画友"。为此，李才旺每逢赴京有"三必去"：即中国美术馆、荣宝斋和拜访书画名家。他与董老谈中国书画史，谈书画技巧，谈自己对作书作画先做人的感受。对照董老关于书画家应讲求风骨、丰厚学养的教导，李才旺回顾自己走过的路，深感欣慰。他感到自己无意中走了一条正确的路，即先写诗，后习书，再学画。他在《赠书画大师董寿平先生》一诗中，表达了自己对董老的崇敬之情：

　　董梅董竹董老松，一点一划总含情。
　　醉心翰墨追高古，铸就毫端大师风。

师从董老后，李才旺的书画艺术实现了新的飞跃。

新疆天池写生

1996年4月，晋宝斋和书画界的朋友建议李才旺办一次书画展。他担心有人说闲话而举棋不定。正好有出差北京的机会，他上门征询董老的意见。董老说："办嘛，我二十来岁就办了。办展也是学习的过程。"李才旺这才下了决心。3月，晋宝斋举办"李才旺书画作品展"，原定一周的展期，因众口相传、观众踊跃而一再延期，竟长达一个月。其间，董老曾专门委派他的孙子、画家董良达前来致贺。

展览之后，李才旺进京见到董老。老人一见面就问他："听良达说，展览办得不错？"李才旺说："还好。有人建议我出一本书画集，董老您说敢不敢？"董老一挥手："为什么不敢？你的东西很大气，画路很宽。有人给你作序吗？"李才旺说："还没有。"董老说："我给你写吧。"不久，李才旺收到由董良达转交的《序》稿，看到其中有"悟性颇高、笔耕不辍的艺术人才"，"识者皆称之为花鸟大才"等字样，便打电话给董老："评价是不是太高了点？"董老说："不高。书名谁给你写呀？"李才旺说："当然您题最好，只是怕劳动您。"董老说："我给你写吧。"李才旺连声道谢。董老在题写的书名旁署名"九十三翁董寿平"。于是就有了那本由董寿平先生题写书名并作序，装帧讲究、印制精美的，于1997年7月由人民美术出版社出版的《李才旺书画选集》。令人遗憾的是就在《李才旺书画选集》出版的前几天，6月21日，享年九十三岁的董老溘然长逝，他最后也没有看到他的这位得意门生在他的关怀下出版的画集。

让李才旺欣慰的是，在董老的遗体告别仪式上，他再次幸遇启功先生。与启功先生有一面之交的李才旺强忍悲痛对启功先生说："董老走了，以后我跟启老学习吧。"启功先生说："不敢，不敢，我不如董老。"启功先生听说日本朋友邀请李才旺去办画展，马上说："好哇，我给你写展名。"并留了电话。次日，李才旺来到启功先生家，请先生看了自己的书画选集样本，启功先生连连称赞："好极了！你不愧是董老的得意门生。"启功先生心细，考虑周全，他提笔写了"李才旺书画展"六个大字后，又写了个"集"字，并说："我多写了一个字，以后你再出集子时可以用。"这让李才旺感动不已。

启功先生小董老八岁，与董老同为当代中国书画大师。李才旺先师董老，后遇启功先生，两位大师的悉心教诲和倾情关爱，确实是他的福气。

李才旺对董寿平先生的教诲终身不忘。他曾作144厘米×363厘米的大幅山水画《石铸黄山体》，其题识曰："石铸黄山体，松标峭壁魂。雄奇冠天下，领略须登临。略拟董寿平先生笔意作此图。丁亥之冬并识。李才旺"。李才旺吟《黄山》诗，作《石铸黄山体》画，想到的是被尊称为"黄山巨擘"的董寿平先生。可见李才旺对恩师的感激、敬佩之情。

李才旺的另一位老师是书画大师孙其峰先生。李才旺同我说起他到天津美术学院拜访美院老院长孙其峰先生的故事，至今充满了对恩师的感情。1997年末，李才旺带着自己的几幅画请孙先生看一看，指导指导。孙先生一张一张地看，看得很认真，看了半天就是不吭气。李才旺心里犯嘀咕，可能是大师对自己的作品看不上，可为什么又看得那么认真？于是，他主动地对孙先生说："我是个业余书画爱好者，请您多指正。"孙先生说："才旺，你不要老说你是业余爱好。我看画，就是看你画得怎么样。我一生是搞教学的。对于作品我是看画不看人。如果这个画好，就是业余作者画的，我也说好；如果这个画画得不好，就是专业画家画的，我也会说不好。"后来，孙先生问李才旺："你在创作的时候有什么感觉？"李才旺当时不假思索地就说："孙先生，我画画就是画一种感觉。我不是科班出身，没有受过正规训练，我感觉画对了，就觉得对了。"孙其峰先生觉得他说得对，认为李才旺的艺术感觉是良好的。

李才旺离开孙家后，孙其峰先生又细读了李才旺的画作，以《"似非而是"说才旺》为题写了一篇文章，给李才旺以鼓励和评价，并就《双鸬鹚》等6幅画作了点评，发表在1998年1月30日的《中国书画报》上。文中说，

"才旺同志的创作,大概就是凭自己的良好艺术感觉补足了技法的不足,这一点非学可致。这就是人们常说的天才。"孙其峰先生对李才旺的肯定,更使他坚信艺术感觉对于艺术创作的重要。由"感觉"李才旺还想到画牡丹与画凤凰的问题。他说,画牡丹,你见过牡丹;画凤凰,你没见过凤凰,怎么画,靠感觉。感觉是一种情绪,是一种心态,也是一种生活的反映。李才旺强调的是感觉对于艺术创作的重要性。

李才旺曾和孙其峰先生合作过两幅写意花鸟。李才旺画主体,孙先生补笔,并书写题识,成为珠联璧合之佳品。其一是《荷塘一隅》,李才旺画荷花与浮萍,孙其峰补画小鸟和水草,并题识曰:"才旺写荷塘其峰补鸟并记戊寅雨水后五日"。其二是《秋味图》,李才旺以白菜、辣椒、蘑菇入画,孙其峰补画几个百合,使整个画面醇香流溢,并题识曰:"才旺画秋味图其峰补画百合并记戊寅春日"。师生合作留下了笔墨佳作,也留下了画坛佳话,也给两位画家留下了无限的念想。

2003年1月,李才旺赋诗《赠恩师孙其峰先生》:

其书其画皆高峰,为艺为人两驰名。
对坐有如面泰岳,聆听恰似沐春风。

李才旺以恩师名讳入诗,概括出孙其峰先生书画齐名、德艺双馨的品格和成就,以"如面泰岳"、"恰似春风"写对恩师的仰望、崇敬和感恩之心,主观感受和客观描写相融合,更加突出李才旺对恩师之深情。令人感兴趣的是,这首诗既是李才旺对其恩师的赞颂,也可以表达书画界的一般的师生情,因为诗中意象的创造具有很强的普遍性

涵父在《收获在有意无意之间》一文中,对董寿平和孙其峰两位大师对李才旺的评价有个很好的概括:"两位大师的文章在肯定了才旺先生的艺术

成就和地位时，从不同角度提出了中国画创作的几个基本问题：即'笔'与'墨'，'貌'与'神'，'师古'、'博采'与'标新'、'别具'等概念。在这些概念中，客观上也有了'意境'、'气韵'等方面的内容，而'意境'和'气韵'则是中国绘画的基调，解读才旺先生的作品，自然也不能离开这个基调。"①涵父先生的概括正好指出了两位大师评价李才旺的文章内涵和李才旺书画创作的精髓。

---

① 见《李才旺艺术论》第16页，中国戏剧出版社出版2004年8月。

第三节　画艺惊艳田纳西州

多年来，因工作需要，李才旺曾多次随领导出国考察。1994年年底，李才旺随省领导参加在美国田纳西州举办的"中国经济高峰会"。出席这次活动的有美国前国务卿、中国驻美大使，还有世界级的艺术家、政界要人、金融巨头、企业大亨以及当地华人社团人士和学生会代表。当介绍到李才旺不仅是政府官员，还是诗人、画家、书法家时，全场顿时响起了一片热烈的掌声，因为人们尊重艺术家。

会议休息期间李才旺应当地学生会的邀请作书画表演。主办方在会场外的长廊里专门准备了纸笔墨砚。李才旺从容走来，画了一些水墨作品。当他寥寥几笔，便勾勒出一颗栩栩如生的大白菜时，霎时间引起了满堂喝彩。在场的许多美国人士，个个看得目瞪口呆，惊叹不已。一位美国艺术家情不自禁地赞叹道："李先生这支软笔，真是太神奇了，太了不起了！"观看的人们延颈举踵，争相求字索画。当地一所颇有名望的大学的教授、台湾籍的郑德明博士，为求得一幅字画，整整一下午随着李才旺跑前跑后。世界桥牌名将杨小燕女士挤进围观的人群，好不容易求得一幅字画，喜不自胜，如获至宝，再三要求李才旺先生一定到她家里做客。美国金融巨头陈守廉先生邀请李才旺先生到他家做客写字。他的家里至今仍悬挂着李才旺先生的条幅，每有客人来家，陈先生必然会请客人欣赏，为收藏有李才旺先生的字画心中十分得意。

第四节 李才旺书画集十四种

一、《李才旺书画选集》（人美版）

1997年7月，人民美术出版社出版了装帧精美的大型画册《李才旺书画选集》。董寿平先生题写书名，书名旁是"九十三翁董寿平"的手书。图版前有董寿平先生1996年10月于北京所作的序，有孙其峰先生1997年1月于天津所著的文：《貌离神合 似非而是——读才旺同志画作》。董"序"孙"文"，真知灼见，画龙点睛，对李才旺的书画作品给予很高的评价和恰当的指点，为《李才旺书画选集》添色加彩，也为读者欣赏李才旺的书画作品指引了门路。选集收李才旺的书画作品105件，其中绘画92件、书法13件。绘画皆山水花鸟，以花鸟为主；书法楷行兼备，以行草为主，大字、长卷均有，以大字为主。所有书画作品恢弘大气，气势夺人，彰显中华传统文化，充满时代精神，读之令人视野开阔，心怡神爽，是莫大的艺术享受。

董寿平先生在《序》中评价李才旺的绘画时说："他的画路颇宽，以花鸟为多。鉴于他的书法功底，其画或泼墨写意，或兼工带写，皆能见墨见笔，自然天成。""作为一个有造诣的画家，离不开对人生哲理和自然规律的深层体悟。才旺的书画作品，或宏幅巨制，或尺幅小品，皆能大气自如，同他在这方面的修养是分不开的。他在松鹤图中所表现的鹤之高洁和伸屈有度；在雄鹰图中所表现的鹰之英武和从容不迫；在鱼鸟草虫图中所表现的悠然自得和顾盼有情等等，都能给人一种哲理的思考与启迪。正可谓，心净则画净，心远则意远。"

孙其峰先生在《貌合神离，似非而是——读才旺同志画作》一文中说："才旺同志能诗擅文，又善书画。他的画自出手眼，另辟蹊径，不与人同，难能可贵。看了他的作品，我曾写了两幅字送他。一幅是'自发心源，别具一格'；一幅是'貌离神合，似非而是'。吾论写意画有是语，今观才旺同志所作山水画、花鸟画，差可当之。"

《李才旺书画选集》编者在《编后》中说，曾建议才旺同志写篇后记，谈谈他的创作体会，但是，他只淡然一笑说："不要写了，我的这些业余习作很稚拙。要说，我只想说这样几句话，就是我打心眼里感谢两位当代书画大师董寿平先生和孙其峰先生所给予我的教诲和指导；感谢书画界朋友在我习字作画过程中所给予我的帮助和鼓励；感谢人民美术出版社能够为我出版这本作品选集；同时还要特别感谢我的领导和同事们所给予我的支持和关怀。"编者认为"才旺同志的谦虚是真诚的。正是因为他的谦逊和勤奋，才使他获得了令人称道的成就"。"'文蹊政径两驰名，宦况诗怀一样清'。这是评论家们评价才旺同志为政时常爱引用的两句诗。有鉴于此，人民美术出版社出版才旺同志的书画选集，其展示给读者的便不仅仅是一本书画艺术作品，同时也展示了一个新时期的党政领导干部所具有的思想修养、文化素质和精神境界。"这是对李才旺其书其画其人的最好的评价，也是对这本《李才旺书画选集》的出版效益的最好的期待。

《李才旺书画选集》出版后，引起了诗书画界的关注和强烈反响。《人民日报》、《文汇报》、香港《大公报》等国家和省级许多报刊均有报道并作出好评。著名画家颜文梁先生三十年代的入室弟子、年过七旬的江苏画家李士延先生看到《选集》后连声赞道："据老朽所知，当今中国政界，书画能达到如此水平者，才旺先生当推第一人也。"[①]

[①] 见涵父：《收获在有意无意之间——读〈李才旺书画选集〉随笔》，《李才旺艺术论》第13页，中国戏剧出版社2004年8月。

著名书法家徐文达先生对《李才旺书画选集》的评价是:"总的印象是泼辣,遒劲,有生气。虽属文人画、写意画,画路却很广泛,有花鸟、山水、鱼虫、走兽,有巨幅,有小品,有单幅,有条屏;有的作品繁复、密不透风,有的简略得不能再简略了。没有临摹之作,多来自生活,有感而诗,有感而画。诗情画意各得其善,有的作品特别精彩。在感情的支配下,浓淡轻重,狂放细微,点染有致。或奔放或轻柔,变幻多姿。乍一看是随意挥洒,像是似是而非;细一看,则又非而似是,耐人深思。"[①]徐文达先生出自方家之见,自是生动准确,十分到位。

著名画家、评论家、《中国画》杂志主编文关旺先生在《大气出天然——读〈李才旺书画选集〉》一文中说:"李才旺画写意花鸟和山水,格调清新,立意深远,融诗书画为一体。他的书画作品见笔见墨,大气自如,诗意盎然,既有中国文人画的风骨,又富时代气息。""格调清新,立意深远","大气自如,诗意盎然",可谓用极其精练的语言概括了李才旺书画作品的思想内涵和艺术风格。文关旺先生的文章发表在1997年12月18日《人民日报·海外版》。

著名政余书法家、诗评家涵父在他撰写的长文中说:"令人惊讶的是,这部煌煌巨集,所收105题作品竟完全是才旺先生近一二年来在繁忙的工作之余的即兴、遣兴,甚或是不经意之作。"涵父先生还不乏幽默地说:"假如这部书画选集事先征集书名的话,在下一定投上一个自认为最贴切不过的,叫'工余·饭后·睡前'。"[②]正如涵父先生所说的那样,李才旺的作品确实是在工余、饭后和睡前创作的。李才旺人缘好,人气旺,很多朋友喜欢到他家做客、聊天,也观摩他写字、画画。他的许多作品都是在与朋友们边聊

---

① 《方知丛中有卧虎——〈李才旺书画选集〉读后》,1998年3月7日《山西日报》。
② 《收获在有意无意之间——读〈李才旺书画选集〉随笔》,《李才旺艺术论》第14页,中国戏剧出版社2004年8月。

边画中产生的。一到周末，兴之所至，往往是他一个晚上就要画好几幅，然后任朋友们评头论足，尽欢而散，不知东方之既白。正是这样的坚持不懈的精神，一二年里创作了大量的作品，有了这部精美、厚重的书画选集。

二、《李才旺书画选集》（台湾版）

2002年3月，《李才旺书画选集》由羲之堂文化出版事业有限公司在台湾出版。启功先生题写书名。图版前有书画大师董寿平先生的《序》和台湾著名画家、教授周澄先生的文章《砚耕知交 在海一方》。图版后有台湾著名企业家、永龄教育基金会董事长林淑如女士的《后记》。选集选绘画58件，多写意花鸟；书法8件，形式有立轴、横幅、斗方、中堂、条屏，书体有隶、草和行草。特别是每件书画作品皆有题识和钤印。题识说明作品的内容，而钤印则表达作者的情趣。钤印多用"李才旺印"和"畅怀斋书画印"两方，也有"寄情"、"笔耕"、"醉秋风"、"大石匠"、"仁者寿"、"峥嵘岁月"、"柳暗花明"、"知命之年"、"上党墨人"、"彰之闲也"、"美意延年"等闲章。

题识是作者诗书画全才的体现。所作题识多为作者自撰联或古代诗人的传世名句。读画品字赏印对提高读者的审美水平大有裨益。

书画作品后附有1943年至2001年的"李才旺年表"。一册在手，既可欣赏李才旺独具特色的书画作品，又可了解作者的政艺生涯，特别是董寿平、周澄、林淑如几位先生的序言和文章，其十分独到的见解和评析，可引导读者步入李才旺笔下所营造的艺术殿堂。

周澄先生在他的文章中满怀深情地论述李才旺的人品和文品，颇多独特的见解。他说，李才旺的"豪爽个性中融汇了文人气质，使得他在政坛有好名声，在文坛有好才气，在艺坛有好成绩，这一切源于他孜孜不倦的好性情"，来源于他"以一贯的谦和态度求专、求精、求进","他的成就是从极其辛苦中磨出来、淬炼出来的。唯其辛苦,所以有情,唯其有情,所以动人。这些动人特质在他的书画中处处流淌,造就出耐人寻味的深度与厚度,十分难得。"作为台湾书画家、教授的周澄先生对李才旺先生对两岸文化交流的贡献给予充分的肯定。他说:李才旺先生的"勤政、敏学、爱艺的种种有为,是地方之福,是两岸中国人之福,也是中华文化之福,以至情至性的才情在艺术上的发挥,召唤中国人深耕文化厚底,为华彩斑斓的传续带来放眼国际的生机,这样的坚守岗位、坚持恒久深具使命感,也更有意义。"

林淑如女士在《后记》中不仅独具慧眼,对李才旺的书画作品进行了简要的赏析,而且指出李才旺的作品对于加强两岸文化交流的意义。她说:"希望以李才旺书画展与台湾的艺坛先进及爱好水墨艺术的民众共同来欣赏优质的展览,期增进两岸文化艺术的交流及相互学习的机会。"

三、中国当代实力派画家系列《李才旺》

李才旺的书画作品入围"中国当代实力派画家系列",2008年5月由东方美术大观杂志社出版画册《李才旺》。画册收董寿平先生的《领异标新 自成风貌》和孙其峰先生的《貌离神合 似非而是》两篇文章,收李才旺书画作品28幅。其中值得重视的是收入的几幅大画,如山水画《锦绣江山》(680厘米×540厘米)、《太行雄风》(500厘米×360厘米)、《白云生处》(144厘米×366厘米),花鸟画《云逸天高》(144厘米×460厘米)、《晋地珍禽》(144厘米×366厘米)、《雪竹图》(124厘米×248厘米)。其他如《姿情》《无瑕》《清逸》《春风》《秋情》《塘边》《咏梅》《冰清玉洁》《碧波白羽》等,从标题到内容皆高雅脱俗之作。

四、李才旺书画系列《百鸡图》

《百鸡图》作为李才旺书画系列的一种，2006年由山西人民出版社出版。装帧样式别致，采用长卷折叠式加硬封套的形式，便于读者欣赏和保存。《百鸡图》有作者题识："新世纪二年十月，岁次壬午秋重阳节前日，李才旺写于古并州畅怀斋。"前有作者简介，著名画家、美术评论家吴国亭先生的代序文章《精奇脱俗的佳篇杰构——赏李才旺＜百鸡图＞》，后有作者以行书书写的"画跋"。赏画读文，可见作者精心创作《百鸡图》的缘由和旨趣。

《百鸡图》是在长3600厘米、高60厘米长卷上画了一百零八只形态各异、栩栩如生的鸡。一百零八是个吉祥数字，是由农历的十二个月、二十四节气、七十二个物候组成的。李才旺画一百零八只鸡，表达了他对新世纪的美好企望；同时，一百零八只鸡又如梁山上的一百零八位好汉，各有各的性格、本事，以鸡拟人，用心良苦。

李才旺为什么爱画鸡？因为鸡是红冠、白羽、黄趾，色彩鲜明，是入画的好题材。李才旺生于农家，从小见家里养鸡，他熟悉鸡的形态和习性。

李才旺为什么爱画鸡，更是寄托了画家的理想。他说："鸡是人们极喜爱的一种家禽，其性格特征尤为文人墨客所推崇。"《韩诗外传》云鸡有"五德"："首戴冠者，文也；足傅距者，武也；敌在前敢斗者，勇也；得食相告，仁也；守夜不失时，信也。"《韩诗外传》以鸡的文武双全和勇敢、仁义、诚信比喻人间美好的品德，李才旺画鸡正是为了表现这样的道德哲理。李才旺笔下的鸡威武雄壮，气宇轩昂，形体较大，也体现了他的艺术理想。

我们欣赏李才旺画的鸡，眼睛都是圆圆的，眼睛上面还画个眉毛往上挑。鸡一回头，表现出一种英雄姿态，一副傲世独立的模样，煞是好看。

李才旺画鸡，也是喻人的。他画鸡先画眉毛，"啪"地一笔挑上去了。他说，鸡有五德，我们有些人还不如鸡呢！要文没文，要武没武，要仁没仁，要信没信，成天鬼拍六道骗人呢！所以，画鸡实际上是劝世的。

画鸡是很难的。齐白石说："余画小鸡二十年，十年能得形似，十年能得神似。"黄冑也说过：鸡"生动活泼，其姿态千变万化，笔拙难以捕捉。"① 可见画鸡确实不易，而李才旺竟如此痴心画鸡，对农家寻常之物，施以笔墨，取得如此不凡成就，实属难得，而这又与画家的生活和理想有极大的关系。

李才旺在《百鸡图》画跋中说："余生于农家，长于农村，从小对鸡怀有一种特殊的感情。"所以他既有长卷《百鸡图》和多幅画鸡的图，如《雄鸡图》《雪竹山鸡图》《秋菊群鸡图》《梅花雄鸡图》《雪鸡图》等。在绘事之余，又写了多首吟咏鸡的诗，在他的《画跋》中就举了诗三首：

其一：
　　贵能五德聚一身，不慕荣华守清贫。
　　春夏秋冬相伴我，夜夜香梦君司晨。

其二：
　　梅园暗夜静无声，干树繁花满天星。
　　五更酣梦君先觉，高歌一曲日东升。

其三：
　　秋风萧瑟过山村，一篱黄花满地金。
　　更喜丛中白羽客，平生爱富不嫌贫。

这第三首是李才旺 2002 年 3 月访问宝岛台湾时作的一首题画诗。这幅

---

① 见吴国亭代序：《精奇脱俗的佳篇杰构——赏李才旺〈百鸡图〉》，《百鸡图》，山西人民出版社 2006 年。

五德之君　　　245cm×125cm

雄鸡图，画的前面是一只威风凛凛的雄鸡，后面是一道篱笆。他对台湾的朋友们说，爱富是人们共同的愿望，谁不爱钱？但不要嫌贫，嫌贫爱富就不好了。在场的台湾朋友们一致鼓掌说好，说画画得好，诗也写得好，李才旺先生诗书画都好，实在难得。

吴国亭先生的代序，对李才旺的《百鸡图》有着独到的见解和精辟的分析。他说："展开画卷，只见其中点点红冠与黑白相间一大群鸡扑入眼帘，好像走进了养鸡场，有的搏斗，有的理羽，有的蹲卧，有的呼朋，有的细语，有的腾跳，有的觅食，有的怒吼，有的嬉戏，有的顾盼……正、侧、背不同角度，姿态各异，极尽变化之状。"更耐人寻味的是每一只鸡均有自己的神情和个性特点，而成为真正的艺术品。至于画法，吴国亭指出："通观鸡群，其基本表现手法靠黑色的浓淡枯润和点垛的笔触所构成，既有颈羽和尾羽大块黑白的对比，也有黑色中留出的点点飞白和白羽中夹杂点点墨点的局部小对比，在黑白互错间濡毫吮墨，表现鸡的形体、神情的同时，兼顾笔趣墨味的效应。对于鸡的具体刻画，画家将生活不同类型和不同羽色的鸡大体上归纳成黑、白、红、黄四种颜色，冠红，足黄，颈羽白，尾羽黑，色彩单纯，色相分明，色阶对比度强，看去醒目。"我们欣赏《百鸡图》，可以感知画家在鸡的眼、胸、爪和尾巴这几个关键部位特别用心，从中可见其功力和技巧。画家画鸡的眼睛重在传神，画鸡的胸脯展现其威武气质，画鸡的脚爪表现其力度感，而画中高高翘起的尾羽尤能显示雄鸡趾高气扬的性格。吴国亭先生说："才旺先生画鸡，意到笔随，栩栩如生，精妙脱俗，格调不凡。"可谓知己之言。

至于说到画家画鸡的辛苦，李才旺有诗一首《灯下夜作》：

躬耕砚田日偏西，笔飞墨舞写群鸡。
夜来灯下又挥毫，直至黎明啼晨曦。

挥毫泼墨，画家画鸡，夜不能寐，直至鸡啼，这是何等的辛劳和痴迷。

五、李才旺书画系列《百鹤图》

《百鹤图》又名《鹤舞云天》，作为李才旺书画系列的一种，2006年由山西人民出版社出版，装帧、印制同《百鸡图》。《鹤舞云天》有作者题识："新世纪三年仲夏于并州梅山脚下畅怀斋李才旺绘"。前有作者简介，著名画家、美术评论家、《上海画报》社社长邓明先生撰写的《鹤舞云天序》，后有作者以行书书写的《画跋》。

邓明先生《序》中言："癸未暮春，非典为祸，白衣干城，神州始安，而晋阳百鹤胎息其时，才旺妙笔点化其间焉。……才旺因感白衣天使舍生取义而有〈鹤舞云天〉之制。""阅月余而成如是巨制，非块垒在胸，不吐不快，情系百姓，痛痒关心，又何能臻此佳境！"读此序可见，知李才旺画鹤的良苦用心者非邓明先生莫属也。

邓明先生还以艺术家的眼光对《百鹤图》作了简明的点评，引导读者欣赏这幅长卷佳作。邓明先生说："《鹤舞云天》写百零九鹤聚散于玉兰、芭蕉、荷塘、丛竹、老梅、古松，四季云水之间。或啄苔觅食，或梳翎顾步，或俯仰无语，或守望警露，或登枝唳天，或舞风驾云，百般情态，前未之见。"

李才旺在《百鹤图·画跋》中有一段很精彩的话言说其创作《百鹤图》的缘由：

> 鹤是中国花鸟画之常见题材。古往今来，画鹤高手辈出。观赏之余，总有一种创作的冲动。今年春夏之交，非典之疫肆虐，白衣天使们与之抗争，显示了一种极英雄极高尚的情操，深受世人崇仰。由此余又想到了鹤，并用时之余绘就了这幅八尺宣长卷，计五十余米、一百零九只鹤。在配景上用玉兰、芭蕉、荷花、翠竹、梅花、青松等，以分四季。画家为何喜以鹤为题材作画？挚友邓明先生曾

有一段极为精辟的论述。古人喻鹤之说甚多。鹤貌喻作清癯娴雅，鹤身喻作隐逸高士，鹤肩喻作仙风道骨，鹤胎喻作贵人坐怀，鹤心喻作思绪超迈，鹤舞喻作舞态蹁跹，鹤举喻作动止飘逸，鹤升喻作文采飞扬，鹤静喻作闲处散淡，鹤音喻作琴弦动人，鹤会喻作庆寿之聚，鹤算喻作遐龄高年，鹤纹喻作崇爵显位，鹤篆喻作文字古雅，鹤书喻作招贤告示，鹤天喻作境界邈远，鹤趣喻作脱俗情志。凡此种种，无不辞意优美，喻义高华。余之于鹤更爱其俯仰无语见高雅、伸屈有度自不俗的精神风貌和高贵气质。这种珍稀动物，据说全世界大概只有两千多只，中国约有千余只，系国家一级保护动物。余作此图之用意，除为表达对鹤之宝爱，也兼对抗击非典的白衣天使的钦敬之情，并祝全国人民健康幸福、吉祥如意，与鹤同寿。

癸未夏至后三日又识于晋阳古城省府寓所 才旺。

李才旺由邓明先生序中"前人喻说甚多"的一句话生发出如此奇妙的一段文字，并以行草书写作为画跋置于长卷之后，可见作者对鹤之形态与精神理解之深、感情之笃。真是鹤舞云天，中华幸甚！

六、《晋山晋水——李才旺山水画》

《晋山晋水——李才旺山水画》是一本大型账册式的活页画册，怀冰艺术社2014年印制。

画册首页为李才旺2005年9月22日于庐山含鄱口留影，在远山云雾的万绿丛中，画家悠闲端坐，尽享天地之精华。画册末页是画家用的数十方名章、闲章印谱，有"李才旺印""才旺书画""峥嵘岁月""寄情山水""柳暗花明""笔歌墨舞""大石匠"等。

画册两面印制，左为图片版，右为画作版。图片版前几页有书画大师董寿平先生的《领异标新 自成风貌》、孙其峰先生的《貌合神离 似非而是》、周澄先生的《砚耕知交 在海一方》三篇文章。图片版多为画家与党和国家领导人，以及书画界的良师益友的合影，弥足珍贵。画作版共收作品52幅，有巨幅大作，有尺幅小品，有大小扇面，均为画家山水画之精品佳作。画作题材大都取自莽莽太行，也有奔腾壶口，风起云涌，气势非凡。画家作品，有山有水，有松有石，常常是水中有行舟，岸边有钓翁，空中有飞燕，林中有茅屋，静中有动，动中有静，充满了生活情趣和生命力。

画册中大都为巨幅大作，横幅多为144厘米×362厘米，如《情系太行》《云涌太行》《太行峡谷》等，最大横幅为《江山多娇》（215厘米×550厘米）；竖幅多为180厘米×96厘米，如《峡谷清音》《雪瑞年丰》《春回峡谷》等，最大竖幅为《涧水东流》（213厘米×96厘米），无不气吞山河，辉煌大气。尺幅小品如27厘米×24厘米的《青山绿水》，69厘米×69厘米的《风正一帆悬》；22厘米×62厘米的扇面《荡舟》《湖光山色》《春雨潇潇》等，均精美绝伦，极具情趣。

画册中作品题识及钤印均极讲究。题识多画家所作诗句，而钤印往往是多方并用。144厘米×366厘米的大幅山水画《中华魂》的题识是："龙槽幽深壮千秋，黄涛天险一壶收。雄风彰显中华魂，汹涌澎湃万古流。"以轰响如雷的壶口瀑布状写飞流奔腾的中华魂魄，诗画合一，极具震撼力。另一件144厘米×362厘米的大幅山水画《英雄太行》的题识是："烽火年代太行山，军号声声震山川。军民浴血杀倭寇，血染漳河红染山。"一诗四句，三句有"山"，与画面上的峰峦叠嶂相配合，可谓气吞山河，壮志凌云。其他如《青山绿水》的题识："青山不墨千秋画，绿水无弦万古琴"；《青山碧丛》的题识："云浮青山外，泉流碧丛中"；《千峰万壑》的题识："千峰连天远，万壑草木深"，画题嵌入诗中，韵味悠长，对仗工整，以诗配画，

鹤舞云天　　　245cm×125cm

彰显美感。

七、入选《中国画典藏·当代画史名家经典》

"中国画是中华民族文明智慧的结晶，是以国学为基础传承发展起来的'国艺'。它源远流长，博大精深，意蕴深厚，有着我们民族天人合一、道法自然的领悟，华夏民族的神韵，表现着我们民族的风土人情及美学观。它是世界上独特的中国画画种，屹立在艺术殿堂上，令五洲人民景仰。"（史国良：《中国画典藏·当代画史名家经典·序》）

上海人民美术出版社编辑出版的《中国画典藏》系列画册的主旨是：振兴中华，弘道养正，发扬民族文化优秀传统，促进中国当代艺术界繁荣，更好地向国内外展示中国画创作实力和丰华，系统地宣传当代中国画名家的时代风采和创作成果。李才旺作为当代中国画名家之一，入选2011年6月上海人民美术出版社出版的《中国画典藏·当代画史名家经典》。

《当代画史名家经典》收李才旺的花鸟画11幅，并配以孙其峰先生《貌离神合 似非而是——读李才旺同志画作》的文章。所收的花鸟画均为李才旺的代表性作品，向为读者所赞赏，有《苍松雪羽》《塘边》《双艳》《岁月峥嵘》《初冬瑞雪》《君子之风》《荷塘清趣》《清逸》《事事如意》《桃》《冰清玉洁》，其中《双艳》《事事如意》《桃》皆有题画诗。诗书画合一，更显珍贵。

八、入选《中国画坛》

2008年2月，中国美术图书出版社出版的大型画册《中国画坛》收入了李才旺的书画作品19幅。这虽是全国七位著名画家作品的合集，但李才旺的作品不仅排在画册之首，而且肖像上了封面，封二、封三、封四都是他的作品。封二是水墨花鸟画《清逸》，封三是自书诗《雾中庐山》，封四是花鸟画《鹰击长空》，可见其作品在画册中的分量。所收的其他16件作品均为李才旺的名作。书法作品有横幅《临池观鱼》，有六条屏《沁园春·长沙》和《陋室铭》；绘画作品多花鸟，亦有山水，有《层林尽染太行山》《春雨染花红》《她在丛中笑》《初雪吕梁山》《鸡年大吉》《金秋送爽》《塘边》《柏鹿图》《梅》《兰》《竹》《菊》，以及巨幅山水画《石铸黄山体》。

　　附有华珂如的评介文章。华珂如说："先生博学强闻、睿智优雅、幽默豪爽、出口成章，更有其情景交融、哲意巧藏的诗书画。先生周身所散发出的那股定力和一种真正的霸气，使得与之交往的人实难抗拒。终究明了，如此生命大写意之态，乃先生人格魅力所致。既而，望远世界，所谓宝藏不过如此。"[①]

九、入选《中华美术收藏》

　　2008年12月，北京美术出版社出版的大型画册《中华美术收藏》收入了李才旺的书画作品14幅。此期画册共收入六位画家的作品，李才旺居于首，并作为封面人物，封二、封四皆其作品。收作者的艺术简历和董寿平、孙其峰先生的评介文章。所收李才旺作品14幅，有书法，有绘画。书法作品值得一提的是李才旺在中国书协新春联谊会上撰写的一副对联：

　　　　砚田百花齐放神州铺锦绣，
　　　　书海千帆竞发戊子庆丰收。

　　"砚田"对"书海"，"百花齐放"对"千帆竞发"，"铺锦绣"对"庆

[①] 《神思妙笔著华章 人品艺德担春秋——访我国著名诗书画家李才旺》，《中国画坛》2008年2月版。

丰收"，对仗均极为工整，且内涵深厚。

绘画作品中，李才旺对鸡和鹤情有独钟，有多幅作品以鸡、鹤入画。两幅同题《君子之风》及《相濡以沫》都是写鸡的，还有很少收入画册的《褐马鸡》；而《云逸天高》和《鹤舞云天》则是写鹤的。李才旺为什么如此喜欢画鸡画鹤，我们从他的题画诗中可以看出他的寓意和寄托。《云逸天高》的题画诗是：

丹顶颈黑腿修长，振翼长空任飞翔。
沼泽原本生息地，莫道云是鹤家乡。

纵然振翼飞翔也没有忘掉生息的故乡，这正是丹顶鹤的可贵处。

十、入选《水墨丹青国画四大家》

2011年8月，中国华侨出版社出版的《水墨丹青国画四大家》收入了李才旺的书画作品13幅，有台湾著名画家、教授周澄先生的文章《砚耕知交 在海一方》。画册封面是李才旺的中国画《云天展翼》，内收山水、写意花鸟画12幅，有《太行雄风》《初雪吕梁山》《荷塘情趣》《双鸬鹚》《壶口雄风》《丝瓜》，以及写鸡的《五德之君》、写梅的《暗香浮动》、写松的《舞龙》、写鹤的《岁月峥嵘》，写葵花的《向阳》，写柿子的《事事如意》，笔墨挥洒，充满了生机。

十一、入选《中国当代书画四大名家》

2011年10月，世界图书出版社出版的《中国当代书画四大名家》收入了李才旺的书画作品13幅，有董寿平先生的文章《领异标新 自成风貌》。

画册封面是李才旺的中国画《壶口雄风》。内收书法作品《壶口瀑布》《龙》《墨舞云烟》《醉秋风》和《南京夫子庙遇雨》；绘画作品《旭日东升》《初雪吕梁山》《鹤寿松年》《双鸬鹚》《事事如意》《五德之君》《国色英姿》，皆精品佳作。

十二、《李才旺书画》（折叠本，两种）

《李才旺书画》折叠本，山西博艺轩文化发展有限公司印制，有两种：一种由董寿平先生题签，是中日文对照本；一种是启功先生题签，是中英文对照本。两种本都是开本小巧，便于携带，深为读者喜爱。董寿平题签本收有写鸡的花鸟画《祥岁大吉》和写鹤的花鸟画《鹤舞空山》，收有书法行草条幅《砚边随吟》和横幅《临池观鱼》。启功题签本收有花鸟画《百鹤图》（局部）、《秋山红叶》、《瑞雪初落》、《仙风送瑞》和书法行草"德如清露不染尘"。两种折叠本各收李才旺书画四五幅，与装帧讲究、印制精美的大型画册《李才旺书画选集》，同样能够展现李才旺书画作品的风采。

十三、《才旺书画》插页

《才旺书画》封面由启功题签。内文有孙其峰的序言，沈鹏、尹瘦石、孙其峰、范曾、欧阳中石的题词，以及李才旺与多位书画大师的合影。插页有李才旺的书法《墨舞云烟》，花鸟画《红梅迎春》《吉祥如仙》《长空振翼》《寒禽沐雪》，均是作者的书画精品。

十四、《李才旺画作理趣》

《李才旺画作理趣》，李才旺画，吴国亭文，这是一本把画作、画理、画论融为一体的赏析性的著作，1999年4月人民中国出版社出版。吴国亭是当今国画评论大家、著名画家。他就李才旺的《振翼双雄》、《荷塘秋韵》等34幅绘画精品进行赏析，在李才旺的每一幅作品之侧配以千字左右的短文，以文配图，相得益彰。李才旺的画技艺高超，吴国亭的文卓有见识，读者赏画读文，自会有所领悟，有所启迪，对提高绘画的创作水平或审美鉴赏能力，不无裨益。

书画大师孙其峰先生以《珠联璧合 双星争辉》一文为序。孙其峰先生说："今国亭慧眼识珠，将才旺数十帧精品力作汇编成册，用以文配图的形式加以解析和阐释，将具体可视的画面兑换成画理画论，亦或说用画理画论去解读形象具体的画面，由感性上升到理性，使读者不止于停留在一般泛泛地浏览之中，而可深入堂奥，见性更见理，既可获得深入的审美愉悦效果，亦可获得有用的绘画技法知识。"

吴国亭先生在《后记》中谈到对李才旺的印象。他说："现任中共山西省委副秘书长、办公厅主任的李才旺既是一位政声颇佳的国家干部，又是一位诗书画兼擅的艺术人才。由于他的政绩和艺术成就，芳誉遍及三晋，遥驰北京乃至海内外。他的作品出手不凡，大气磅礴，没有世俗气，没有小家气，艺术起点颇高，是我衷心敬佩的一位好友和同道。"对于以文配图，他说："由于每幅作品的立意、构图、画材和笔墨各不相同，因之每幅作品就有了各异的特点。我根据每篇的特点围绕着画面谈构想、议美学、论画理、析画法，以创作规律为主线作多侧面的探究，意在使读者欣赏作品时可以领悟到中国画的特点，明了中国画'有法与无法'的辩证关系，悟解画家表现作品时构思酝酿的过程和种种意匠手段的运用。"书后还附了董寿平、孙其峰、

雄傲乾坤　　138cm x 69cm

徐文达等评论李才旺书画作品的 12 篇文章，同吴国亭的赏析文章同读，更有助于对李才旺书画作品的理解和欣赏。

第五节 李才旺书画作品的衍生产品十三种

李才旺书画作品集十四种先后面世,在社会上为众多的读者所购买、阅读和收藏。他同时也考虑到要使自己的作品走向更广大的群众中,让更多的人能够欣赏到他的书画,这十多年来,先后用台历、挂历、笔记本等形式出版面世,成为适应文化市场需要的衍生产品。这方面的产品,我收集的不算齐全,也有十余种。

一、《1997丁丑年李才旺花鸟画》挂历,收李才旺花鸟画7幅,包括《荷塘秋色》《凌波风韵》《春江水暖》《丽日流芳》《云海回眸》《幽谷溢香》《山林初雪》,皆水墨写意,画作气韵生动,画题充满诗意,由香港制版印刷。

二、《2001辛巳年李才旺诗书画》台历,收李才旺花鸟画13幅、自书诗12幅。

三、《猴年大吉2004甲申年李才旺书画》200电话卡·台历,收李才旺山水、花鸟、人物画12幅,由"中国网通·山西通信"发行。

四、《鸡年大吉2005乙酉年李才旺花鸟》插卡月历,收李才旺的金鸡图6幅,各有题识:"相濡以沫""春光明媚""志在凌云""洁白无瑕""高风亮节""仙气袭人",以彰鸡之"五德"。设计工巧独特,可置案头观看,亦可抽出画页欣赏。由山西博艺轩文化发展有限公司策划设计。

五、《2006丙戌年李才旺诗书画"运交旺年"》周历本，收李才旺书画作品53幅、诗歌53首。读者在记日记时，可欣赏李才旺的书画，以文养性，提高艺术鉴赏力。

六、为了"广结善缘，功德无量"，2007年3月17日，李才旺以端庄的行书敬书《千手千眼观世音菩萨大悲咒》，由山西博艺轩文化传播有限公司敬印，敬赠虔诚的佛教信徒和佛教文化研究者。

七、《2008戊子年李才旺自书联语》周历本，收以行、草、隶诸体书书写的53副对联，如"心似白云常自在，德如清露不染尘"，"为官存正气，从政树廉风"等，音韵和谐，对仗工整，内涵深厚，可谓格言警句。

八、《2009己丑年李才旺书"盛世丰年"》台历，除去每月月历配一幅花鸟画外，每月还有一个大字，十二个月十二字：道、和、诚、信、义、仁、礼、德、智、恒、忠、毅。每个字后引用儒家经典以释其义。如："道"，"道生一，一生二，二生三，三生万物"，出自《老子》；"和"，"和者天下之达道也"，出自《礼记·中庸》。这本台历构想可谓奇特，李才旺的书法成为彰显中华民族传统美德的载体。

九、《2010庚寅年"新年快乐 虎运连年·才旺联语"》笔记本，插页有李才旺的12幅花鸟画，每页页畔有李才旺撰写的对联，如"心如柔水德如山，气若云岩情若兰"，"静中悟道天机妙，闲里参禅世路新"，充满哲思禅意，读之有益修身养性。

十、2010庚寅年冬至李才旺敬书《般若波罗蜜多心经》绫裱卷轴，由山西博艺轩文化传播有限公司和山西当代书画院印制，2011年出版。

十一、《2012壬辰年李才旺先生国画精品"龙脉"挂历》，由山西博艺轩文化传播有限公司、山西当代书画院印制。挂历之所以称"龙脉"，是因为"壬辰年肖龙，顺风顺水"，以图吉祥。挂历收李才旺的花鸟画12幅，最大的特点是每个月份有同一幅的画作两张，一张是可以揭下来以便装裱的画作，一张是标有"龙脉"的不着颜色的画稿，可以看到蜿蜒曲折的"龙脉"。在每一张"龙脉"图上都有简明的题解，以表达作者的主旨和祝愿。一月的画是《国色英姿》，词是"龙脉升腾，雍容华贵，富贵吉祥，生机盎然"；二月的画是《事事如意》，词是"龙脉强健，枝叶茂盛，硕果累累"；三月的画是《峡谷清泉》，词是"双龙戏水，聚水生财，意境高远，镇宅旺业"；四月的画是《事事如意》，词是"双龙戏渊，聚水生财，气势磅礴，镇宅兴业"；五月的画是《水乡古柏》，词是"金蟾戏水，聚水旺财，水木华滋，事业昌盛"；六月的画是《山重水复》，词是"龙脉升腾，飞龙在天，山水清峰，藏风聚气"；七月的画是《太行新村》，词是"金蟾冲天，运势腾升，林木茂盛，聚水孕势"；八月的画是《金秋太行》，词是"五德之君，翘首挺立，龙脉雄健，独占鳌头"；九月的画是《秋雨绵绵》，词是"龙脉飘逸，运势腾升，竹报平安，蓄势聚财"；十月的画是《祖国万岁》，词是"龙脉呈祥，鸿运当头，松鹤延年，福寿无穷"；十一月的画是《初雪五台山》，词是"祥龙戏水，聚水生财，瑞雪丰年，厚德载福"；十二月的画是《太行雄风》，词是"群龙献瑞，风起云涌，龙脉强健，稳如泰山，藏风聚气，镇宅旺业"。中国讲龙文化，龙可治水，聚水生财；龙可兴邦，民富国强。李才旺作壬辰《龙脉》挂历，正是为了祈求民富国强，阖家平安。《龙脉》可作镇宅之宝，可寻文化之根，可欣赏李才旺画作之美，可谓一举多得。

十二、《＜上海铁道＞2012年1月和谐号》动车读物，以李才旺为封面人物，封二、封三、封四及其中的15个页码选收了李才旺的书画作品。封二是李才旺的自书诗《南京夫子庙遇雨》，封三是书法条幅《龙腾虎跃》，封四是花鸟画《事事如意》。收有董寿平先生《领异标新 自成风貌》的文章。在15个页码的版面中，有李才旺的山水画《壶口雄风》，花鸟画《秋到荷塘》《国色英姿》《初雪吕梁山》《松鹤图》和《秋雨绵绵》，有李才旺的书法"李白诗句"和自书诗《雾中庐山》《醉秋风》和《壶口瀑布》，还有中堂《苍松雪羽》和条幅《书画传神》。

在这本《上海铁道》的动车读物中，李才旺的书画作品是在"走进文化艺术"的专栏内编发的。这个专栏有一段写得很好的话，有助于欣赏李才旺的书画作品。这一段话是："弘扬文化艺术，发展文化艺术。在描绘物象上，主动运用线条、墨色来表现形体、质感，有高度的表现力，并与诗词、款赋、书法篆刻相结合，达到形神兼备、气韵生动的效果。另外中国画，还有着独特的装裱形式，起到衬托画体的作用。"

这本由上海铁路局主办的刊物，是在上海铁路局的动车上赠送给旅客的读物，很受旅客欢迎。

十三、《2013礼——"歌咏盛世·礼尚中华"李才旺诗书画》笔记本，由山西博艺轩文化传播有限公司印制。笔记本的页畔有诗人所作小诗，并插有多幅书画作品，供吟诵赏析。

第六节　李才旺书画展事

李才旺书画作品展在国内外多地举行，所展作品或宏幅巨制，或尺幅小品，皆充满时代精神，独具个性色彩，引起广泛关注和社会轰动。几场展览均是人潮涌动，观众莫不交口称赞，为之倾倒。

李才旺最重要的书画展事活动有：

一、《李才旺书画展》（北京）

《李才旺书画展》，1998年3月11日至15日在北京中国美术馆举行。由中国艺术研究院、《中国画》编辑部、山西省文联、山西省书协、山西省美协主办。展出李才旺写意花鸟、山水画和书法作品百余幅，题材广泛，形式多样，富有时代气息。党和国家领导人以及退下来的老同志丁关根、邹家华、宋平、李德生、雷洁琼、王光英、吴阶平、任建新、彭冲、张震，以及华国锋等出席并观看展览。省委书记胡富国陪同观看。著名书画家、美术评论家、书画鉴赏家启功、沈鹏、欧阳中石等出席开幕式并参加研讨会。

《李才旺书画展》虽然没有花篮、没有剪彩，但五天展期内，竟有数万观众排队入馆观看画展。其中，既有政界要人，又有书画界名家；既有党政机关干部，又有艺术院校师生；既有众多的国内观众，也有不少的国际友人，可谓盛况空前。中国美术馆工作人员对《山西日报》记者赵春波说："我天天在这里工作，像李才旺这样的领导干部举办的个人画展，能有这样的规模，

1998年3月，李才旺书画展在中国美术馆开幕

这样的水平，来了这么多的领导和书画界名流，实在是少见。"曾经得到徐悲鸿、齐白石、张大千等称许的中国第一书画装裱大师、86岁高龄的刘金涛先生观展后高兴地说："我在这里看过许多个展，但内容如此丰富，形式如此多样，艺术水平如此之高，轰动效应如此之大的书画展，只有一些大家的个展才有过。"

中共中央政治局委员、书记处书记、中宣部部长丁关根看了李才旺的书画展，对领导干部应该具有什么样的文化素养问题很感兴趣，他对陪同观展的省委书记胡富国说："这种风气应该大力提倡"，"山西省委有这样的干部应该感到骄傲。"

中国书协名誉主席、著名书画家启功先生边看边夸奖李才旺的字写得："好看！好看！"在李才旺的悬纸书前连连点头，说这种写法"极难！极难！"

李才旺先生才且旺盛,公务之馀,读书坐并作颇多遐想。昔郑板桥为官而以诗书画为人称道,才旺先生复踵後尘为学者乎?书此以博一粲。沈鹏

著名书法家沈鹏题词

中国书协代主席、著名书法家沈鹏先生观展后题词："李才旺先生才思旺盛，政务之余，诗书画并作，颇多遐想。昔郑板桥为官而以诗书画为人称道，才旺先生其后继后学者乎？"

著名书法家欧阳中石先生说："他的书画很有水平，我觉得很不容易，很能展示他的胸怀，所以我给他题了四个字'笔健才隽'，表达我对他的祝贺。这也是山西人的骄傲。我觉得他作为一名党务部门的工作人员，书画水平有这样的高度，不容易。"李才旺对欧阳中石先生所题的"笔健才隽"四个字的理解是，"笔健"是强调写字要劲健，有一种力度的美，而"才隽"则是强调读书的重要性，书画家要有知识和才气。这是对自己的鞭策和鼓励。

徐悲鸿夫人、徐悲鸿美术馆馆长廖静文说："才旺先生很有才华，他的画在运用中国笔墨方面很有独到之处，可以应用自如。画很有生气，书法上能看得出很有功力，下过工夫，而且有才气，能够表现他的感情。他在画中能够巧妙地运用中国笔墨，所以他的画我感觉很有韵味。"

旅美著名画家丁绍光说："李才旺的画在运用中国笔墨方面有独到之处，走出了自己的路子。"

中国书法研究院院长顾冠群说："我觉得他的书法很有特点，写得相当高雅，相当狂放，是用自己的性格写出来的。"

《人民日报》社社长、著名书法家邵华泽说："李才旺同志作为党政领导干部，公务很繁忙，在从政之余能画出这么多好画，写出这么多好字，确实不容易。他的画路很宽，有山西人那种很纯朴的特点。我认为才旺同志沿着这条路子走下去，还会有更大的发展。"

人民美术出版社副总编、著名画家孟庆江先生观展时，对李才旺的巨幅画作《祖国万岁》点评说："李才旺在艺术实践当中的修养、笔墨、经验，无意中全流露到画面上头去了。这张画在中国画的传统方面已经达到了相当高的水平。我很佩服他。"

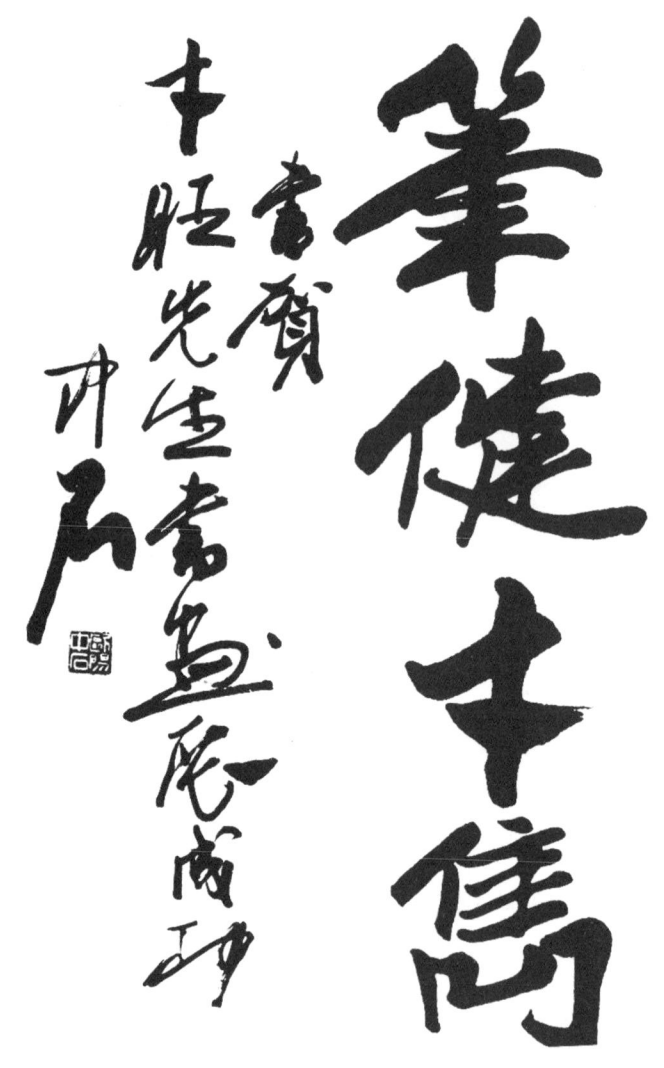

著名书法家欧阳中石题词

著名书画鉴定家史树青说:"李才旺的画不错,功夫不浅。作为一名公务员,有这样的书画不容易。如果我们国家或各个省都能出这么几位,那就了不得了。我作为收藏协会负责人,建议大家收藏李才旺同志的书画作品。"

毛主席的女儿李讷看了展览后说:"看了才旺同志书写的毛主席诗词感觉很亲切,特别是《为人民服务》这一巨幅作品,八百多字,一气呵成,写得很好。"

中共山西省委书记胡富国在展览期间两次观展,并题词:"德艺双馨"。

山西省省长孙文盛题词:"才气岂止书画,旺相何限展览"。

胡富国还赋诗一首《赞才旺诗书画》:"书画生涯,体悟人生。古朴典雅,气势恢宏。诗意动人,笔法遒劲。情深不俗,风貌自成。"

主办《李才旺书画展》的中国艺术研究院3月11日在京召开了李才旺书画研讨会。首都众多很有实力的著名美术史论家、美术评论家、教授、画家、编辑出席。前后有16位专家、学者发言。与会专家一致认为,李才旺的书画作品格调清新,立意深远,富有时代气息,具有浑厚、豪迈、奔放的特色,已达到相当高的层次。专家们着眼于李才旺书画与传统文化的异同,将其作品界定为"新文人画",归纳出"高、新、奇、大、宽、全"六个特点。研讨会由中国艺术研究院美术研究所所长邓福星主持。

立意高 大家认为,董寿平先生对李才旺书画作品"立意深远,清新高雅"的评价是准确的,这是由于他有扎实的历史知识和文学功底,所以他的作品有很高的立意。中央美术学院教授薛永年说,才旺继承了文人画的传统,眼界比较开阔,书画境界较高,体现了宽广胸怀、广泛兴趣、博大气势。在他的书画作品中,可以读到对人生的深刻体悟,对事业的执著追求,对祖国的无限热爱。

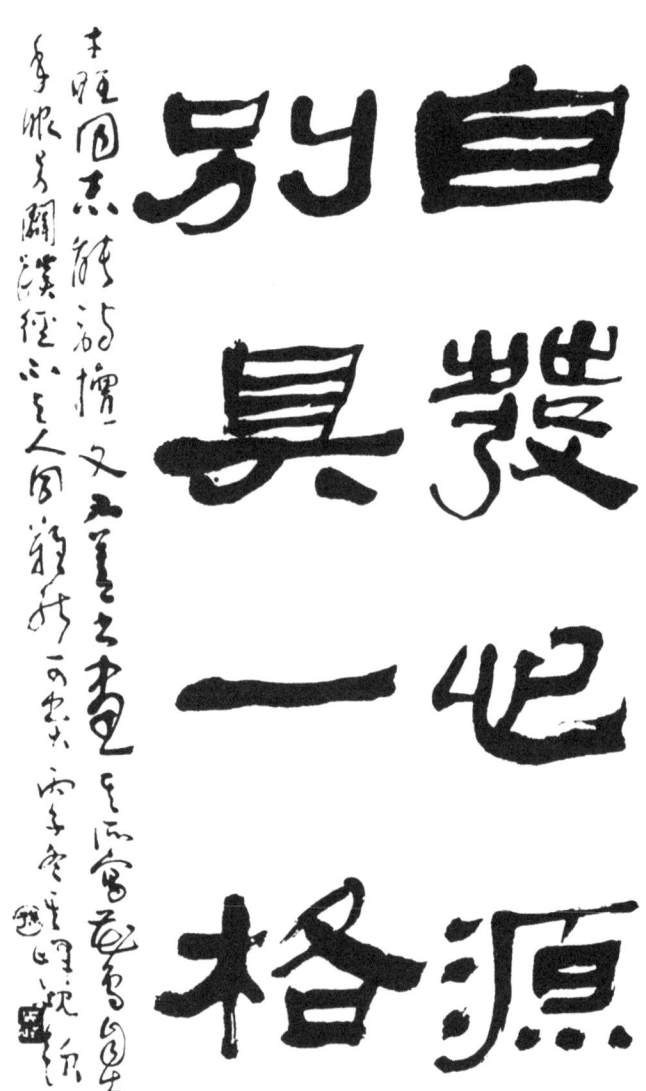

著名书画家孙其峰题词

手法新 会上不少专家认为，李才旺的笔墨技巧，突破了前人，跳出了藩篱，走出了自己的路子，形成了自己的风格。著名书画家顾冠群指出，李才旺的书法相当高雅，相当狂放，是用自己的性格写出来的。中国艺术研究院美术研究所所长、美术评论家邓福星说："才旺先生的书法笔力雄健，气势饱满，有阳刚之美。悬纸书是体现书者腕上功力的一种难度较大的书写方法，而李才旺却善此道。"

风格奇 徐悲鸿夫人、徐悲鸿纪念馆馆长廖静文认为，李才旺的画在运用中国笔墨方面很有独到之处，可以说运用自如，很有韵味。山西籍画家杨力舟说："才旺的书画没有框框，显得率真、新奇、大气、流畅，感情纯真、有境界，体现了中国画的本质。"原文化部部长刘忠德说，李才旺不是按照专业画家那样一板一眼地去书去画，而是自由地发挥，风格很大气。

气魄大 荣宝斋老经理侯恺先生的评价是"大气，活泼"。中央美术学院教授、《美术研究》主编邵大箴说："他的书画有气度。他的修养从书画作品中看得出来，艺术水平是高的。"有的专家指出，李才旺的大写意画能放得开，胸怀很大，有些专业画家也缺乏他这种胆识和气魄，这可能同他长期在领导岗位上工作有关。

画路宽 题材广泛，画路很宽，这是不少专家对李才旺画作的一致评价。

艺术修养全面 中国艺术研究院党委书记、常务副院长，文艺理论家曲润海说："李才旺是个大杂家，能诗、能书、能画，很不容易。"中央美术学院教授金维诺指出："才旺同志勤于探索，诗书画三者互相补充，他的诗促进了他的书，他的书又促进了他的画，相互联系，互相促进。"《中国画》

2001年5月，李才旺书画展在上海美术馆展开幕

杂志主编、画家文关旺说："诗书画是中华民族文化优秀传统，在世界上有独特完美的形式。解放后不重视，耽误了几代人，书画家有缺陷，有的会画不会写，有的会写不会诗，题画诗都写不好。'新文人画'对书画家学习诗书画起到促进作用。诗书画结合具有独特审美价值。才旺诗书画兼长，对专业画家有启迪，应大力提倡。"中国美术馆常务副馆长杨力舟说："领导搞艺术实践很重要。不可能因为是领导就给你办画展，要看书画质量、水平。才旺同志在这方面作了表率。他学历史，文化修养比较高。传统文化本质是一致的，才旺同志用诗书画抒发感情、表达思想，就把握住了本质。刚才一位部长看他的画很有感触，说他的画没有框框，率真，显得大气，流畅，作品有境界，表达感情是纯真的，抓住了中国画本质。"

李才旺在研讨会结束时说："各位老师、长者，学生站起来讲。这次到北京搞展览得到很多朋友的帮助、支持、鼓励。刚才各位专家、老师讲了很多很多好的意见，提了很好的建议，我要认真学习。"他说："我于诗书画只是一种业余爱好，办展的目的是为了结识更多的书画朋友，求拜更多的老师，得到更多的指导，使自己的书画艺术能因此而有所提高。"李才旺简略地介绍了自己的家庭出身、政治生涯和从艺道路后，说："我想我的政治生涯不会太长了，今年五十有五了，再过五年就到点了。昨天李琦老师问，你是否加入我们老年书画协会？我说现在我还是'共青团'，到时候会争取'入党'的。往后我会同在座的老师和没有在座的老师成为朋友。今天在座的既是老师，又是朋友。作为朋友，欢迎各位到山西来，我一定热情接待各位。"李才旺热情洋溢的答谢语赢得了大家热烈的掌声。李才旺通过展览确实是实现了自己拜老师、交朋友、多学习的愿望，通过这次展览使他在人脉上画艺上得到了很大的提升。

展览期间，新华社、《人民日报》、《经济日报》、《光明日报》、中央电视台等20多家主流新闻媒体对展览作了采访报道。《山西日报》记者赵春波撰写了长篇报道：《墨香京都三月风——"李才旺书画展"侧记》。新华社3月15日发出的全国通稿中指出："李才旺是山西近年涌现出来的优秀书画家之一，现任山西省委副秘书长、办公厅主任。他在工作之余，在诗、书、画艺术方面也多有建树，达到了相当高的层次。他的作品，具有浑厚、豪迈、奔放的特色。追求艺术作品的内在神韵，笔墨酣畅淋漓，大气自如。正像著名书画大师董寿平生前评价的，他'既是一位很具民本思想、敬业勤政的国家干部，又是一位悟性颇高、笔耕不辍的艺术人才'。李才旺的书画作品，格调清新，立意深远，富有时代气息，使我们看到了一位业余作者在书画艺术上达到的新高度。"新华社的评价可谓准确、到位。

为期五天的展览结束了，但展览引起的反响仍在继续。通过中央多个主流媒体的介绍，不少观众闻讯赶来观展，却因已经闭馆而感到遗憾。不少新闻媒体记者又赶来采访李才旺,有的外籍华人表示要把他的书画介绍到国外去。印度尼西亚、美国、日本、新加坡、澳大利亚及港澳台等国家和地区的文化单位、友人来函来电邀请李才旺前去访问或办展。

二、《李才旺书画展》(上海)

2001年5月3日,《李才旺书画展》在上海美术馆举行。这是继1998年3月在中国美术馆举办展览之后,时隔3年,这位成长于山西、驰名于全国的书画家第二次走出山西,走向全国。《山西日报》高级记者赵占锁、王悦以《真爱触新 大美掀情》为题[①],青年评论家谢玉辉以《海上生明月》为题[②],分别以生动的笔触记述了这次李才旺的书画展。

李才旺是上海美术馆邀请山西美术界办个展的第一人。为了准备这次沪上之行,他自接到上海美术馆的邀请之日起,就在家中精心准备,不舍昼夜,这次展览的近百幅作品都是他新近创作的。李才旺深知,上海是经济繁荣、文化发达的地方。在艺术界,上海人不仅以眼光挑剔而声名远播,更以敢言说"不"而为人敬畏。他必须认真对待。

开幕前夜,李才旺独步展厅,神情凝重,在每一幅作品前盘桓端详,作开展前最后的检点。这一晚,他难以入睡,在等待上海观众的检阅。

5月3日,画展开幕。山西省副省长杜五安,上海市副市长周慕尧,山西省文联名誉主席、著名版画家力群,上海市美术家协会主席、著名画家方增先等为画展剪彩。

说起来挺有意思。5月3日上海美术馆在这个档期,同时开展的有20世纪最伟大的和最疯狂的画家达利的"魔幻·达利展"和台湾侯翠杏画展,

---

① 见2001年8月3日《山西日报》。
② 见《艺谭文聚》,中国戏剧出版社2001年5月。

加上李才旺的书画展，这上海的画展真是做到了"东西合璧"、"中洋结合"。展览位置也有意思。一楼是最洋的超现实主义的达利，二楼是"西化"的台湾画家侯翠杏的油画抽象山水，三楼是东方的水墨丹青李才旺。观众观看展览当是一层一风景，心潮逐浪高。

美术馆前的招贴画也很有意思，李才旺居中，达利位左，侯翠杏在右，左右相拥，足见李才旺书画展在上海美术馆这个展期的地位。

李才旺在上海美术馆的展览，观众如潮络绎不绝，专家赞赏好评不断，共有 5 万人次前来观展。据上海美术馆的同志讲，这是上海最近几年参观人数最多的一次个展。上海艺术院校的师生们还把"李才旺书画展"作为现场教学课堂，一边欣赏品味，一边交流心得体会。上海各家媒体都作为"文化热点"进行了大量报道，影响甚大。那位同李才旺同馆举办展览的台湾同胞画家侯翠杏说："我刚才知道他日理万机，还可以有这样很生动的构图、画画的情怀。我看了他的画，觉得他的运笔非常大气，而且在色彩上我觉得非常的好。"一位上海观众说："他的作品是对中国传统艺术非常认真、非常有研究，能够保持中国画原汁原味的东西。"中国文联副主席、上海市文联主席、著名导演吴贻弓说："我觉得他处理题材各个方面，都有他自己的个性。在构图、运笔、色彩的运用上都是很有个性的。从画中我似乎感觉到一个艺术家拥抱自然还是非常坦诚的，一颗赤子之心。让人惊奇的是，他有那么多年的宦海生活，但很少在他的作品中看到官气，是一个很真诚的艺术家的感觉。"

记者赵占锁、王悦在展会上捕捉了一系列观展镜头，令人感动。

中宣部和上海市委领导久久伫立在李才旺的八条屏《哭邓政委》巨幅书法作品面前，静静地听着上海市美协主席方增先先生的评介。这位年届七旬的著名画家深沉地说："才旺同志最为可贵的是诗有情、书有意、画有爱，非为写诗而写诗、写字而写字、绘画而绘画。这首诗以太行山老区人民的语言长歌当哭，44 行一气呵成，可谓真诗！他又饱蘸对小平同志的无比思念之情，奋笔抒悲，308 字一挥而就，可谓真书！真诗真书出自真爱。艺术贵在真情真意。才旺的每幅画、每幅书法都体现着这一要旨，很耐人品味。"方增先生还说："李才旺作为一个北方人，他的画有些方面和南方风格接近，讲究水墨线条，灵动中有北方人的特点，比较厚实。他是一位诗人画家，因此我给他写了'画中有诗诗中画'的题词。"

年届 90 高龄的著名版画家力群先生专程来沪参观《李才旺书画展》。他站在一幅六尺大的国画《黄浦清芬》前，聚精凝视，品味良久，频频点头说："此幅画堪称作者白玉无瑕之精品，远观有如明月泻银，近嗅似有淡香浮动。"

中国文联副主席、中国美协主席、著名画家刘大为先生说："我和才旺同志是老朋友，更是好朋友，我很了解他。他是一个很优秀的党政干部，是一个很称职的文艺工作者。他能诗擅文，又擅书画。他的画很大气，很富精神气质，因此，我给他题写了'笔墨精神'四个字，以贺他在上海美术馆成功举办的书画个展。"

著名画家张培成先生在展厅里细细地观赏和品味李才旺的一幅幅作品，颇有感触地说，李才旺的作品是当代美术园地绽放的一朵奇葩，它的根深札在中国传统绘画艺术丰厚的土壤之中，意远境深，靠的大美感人，这是一种人性之美，人格之美，天地之美。

《上海画报》社长兼主编、画家邓明先生在展厅中细细观赏之后，不无感叹地说："李才旺擅长诗、书、画，这就使他具备了较为全面的艺术功底，'艺高人胆大'，敢于创新，所以他的画路宽，而且他又能娴熟地引诗入画意，寓画于诗境，由是就产生了他绘画艺术的又一个特点：画意蕴含人生哲理。"

《李才旺书画展》中大幅书画作品获得多位画家、评论家的关注和好评，他展出的众多小品，简洁清新，意趣盎然，也引起观众无穷的深思和遐想。

2002年3月，台北国父纪念馆李才旺书画展开幕式

正如《文学报》记者、著名评论家金晨所言："他的小品不小，追求的也是大家之气。别看画面中或是一行白鹭、几缕炊烟，或是三两只小鸡、七八朵山花，画面外却是延伸着对人生所作出的深邃思考。他画鹤，是表现鹤之高洁和伸展有度；他画寿桃，不取长寿的寓言，而是告诫人们要珍惜短促的华岁。他画里藏着的哲理意蕴，皆是'博观而约取，厚积而薄发'，信手拈来，便成玑珠。"

上海《远东经济画报》社社长黄正岩先生看了《李才旺书画展》后满怀喜悦，赋诗一首："读君书画诗，实是天才思。毫端藏浩气，翰墨垒风姿。"①展览之余，李才旺一一参观了鲁迅、刘海粟、朱屺瞻、吴昌硕这些在中国文化史上或称之为旗手、巨擘、大师们的在上海的故居、展馆，从中获得启迪和教益。师法前人，取法先贤，是李才旺在艺术上得以精进的一个很重要的

---

① 《喜读李才旺同志书、画、诗》，《远东经济画报》2001年第3期。

方面。

临近撤展,李才旺应邀作客上海人民广播电台。著名主持人陆澄专门为李才旺作了一档"李才旺诗话"的节目。在55分钟的时间里,李才旺向上海听众袒露自己的艺术历程和创作心态,获得强烈反响。

撤展在即,空寂的展厅里,李才旺又一次独自与他的作品在一起,度过这沪上之行的最后时光。此时此地,李才旺想到了什么?也许他什么也没有想。"春江潮水连海平,海上明月共潮生"(唐张若虚诗)。"五月的上海风景绝好,李才旺的书画个展也是相当之好",这是谢玉辉在《李才旺上海美术馆书画展纪行》一文中写的最后一句话。

三、《李才旺书画展》(台北)

由台湾永龄教育基金会主办的《李才旺书画展》2002年3月19日至24日在台北国父纪念馆德明艺廊隆重开幕。台湾鸿海集团董事长郭台铭夫人林淑如女士主持开幕式。台北原故宫博物院院长秦孝仪,国父纪念馆馆长张瑞滨,台湾鸿禧美术馆董事长张秀政,台湾著名画家欧豪年、周澄等莅临剪彩。来自山西同乡会和台湾艺术界人士观看了展览。是日台北大雨,但两岸情深,好画养目,观众如潮,浓兴不减。

这事还得从李才旺结识郭台铭先生说起。台湾鸿海集团董事长郭台铭先生祖籍山西晋城,事业有成后,一直热心回馈乡里,对家乡的文教事业和乡亲们的生活都尽力协助,在当地获得普遍赞誉。李才旺曾于1983年至1993年在晋城担任市长长达10年之久。期间与郭台铭相识后,郭台铭笑称李才旺是他的"父母官",而李才旺亦曾赠书画予郭台铭。郭台铭夫人林淑如女士主持台湾永龄教育基金会后,便拟邀李才旺到台办展,促进两岸文化交流。几经周折,终于成行,就在这草长莺飞、绿柳才黄的三月天,李才旺来到祖

李才旺在台湾表演悬纸书法

国的宝岛台湾，办了这次书画展。

我从这次台湾展的有关报道中得悉，开幕式上虽有数人讲话，但话语之短令人惊异。林淑如女士的开幕词只有160字，其他人的讲话也不过三五百字，真是惜言如珠，惜时如金。而他们的讲话又是言简意赅，字字珠玑。

台北国父纪念馆馆长张瑞滨先生在欢迎词中说："李才旺先生以行草笔法入画，抒发胸臆，笔触变化非常之多。无论是泼墨还是焦墨，都运用自如。在水墨的变化当中，透出非常清新、非常亮丽的感觉，证明他的功力是非常卓越的。……他以丰富的笔墨变化创作出许多山水、鱼虫、鸟类，让人耳目一新。尤其加上他的一些非常高妙的诗词，画龙点睛地把作品的意义进一步渲染出来，丰富了作品的内涵，让我们感到非常的生动。国画是一门综合的艺术，才、学、识三者缺一不可。我们尊敬的李先生，因为修过很多的诗词，很多的古文化,所以才有了今天的造就,让我们感到无限的钦佩、感动和喜悦。"

台北原故宫博物院院长秦孝仪先生在讲话中说:"李先生能够在继承传统的基础上自成体段,这很难得。我想就用李先生自己写的对联'胸中有丘壑,笔下生云烟'来祝愿他的书画前途广阔。"

台湾著名收藏家、鸿禧美术馆董事长张秀政先生在讲话中说:"我们拜读李部长的大作,可以感觉到李部长的大写意画,继承了我们中国文人画的传统,眼界开阔,笔墨潇洒。从他的画中可以读出一位北方大文人的豪迈粗放的那样一种气派。我们国父纪念馆、永龄教育基金会和羲之堂在我们两岸文化交流方面做了一件很有意义的工作。我们致力提倡'艺术生活化'、'生活艺术化',李部长在这方面堪称楷模。我们期待两岸的文化交流随着这次李部长的大作展览,能够更丰富、更多彩多姿。我们大家的生活也因有李部长引进的山西文人的风韵,变得更充实、更美好。"张秀政先生情真意切的讲话,我们今天读起来仍感到亲切、温馨,因为他表达的是两岸的文化根和血肉情。

《李才旺书画展》共展出 60 多件书画精品,包括花鸟、山水、人物、书法等,代表了他诗、书、画艺术的最高水平,受到台湾艺术界同仁的赞誉。此外,主办方还举办了"水墨群英荟萃现场挥毫"活动,让李才旺与台湾艺术界人士进行面对面交流。笔会上切磋交流者络绎不绝,观摩签名,以艺会友,气氛格外温馨热烈。

展览期间,台湾媒体《中央日报》《中国时报》《台湾立报》《民生报》《人间福报》《戏剧报》《艺术家》《典藏》等报刊,以及正声广播电台、台湾电视台等进行了广泛报道,刊发了不少意蕴深厚、文笔清新的好文章。

台湾《大成报》资深记者姜捷以《濡毫行墨才旺出》为题在文艺杂志《典藏》2002 年第 3 期撰稿评论《李才旺书画展》,开篇就说:"惊叹地看见一个才子挟全方位的才气跨海而来",文中盛赞李才旺的书法"高雅而狂放,气势雄浑,笔力万钧",称李才旺的花鸟画是"发于心源,潇洒有味,从画中可以读出他生活哲学的累积旨趣，可以读出他对自然情钟的丰沛感情"。姜捷还在《典藏》杂志同年第4期载文评论李才旺的绘画"以形写神，意在形先，已达中国画的妙处"。他不仅欣赏画中"雄鸡的威不可犯，雄鹰的从容不迫以及鸬鹚的游刃有余"，更对书法长卷《沁园春·长沙》进行了详析："从一个'独'字开始，大气磅礴之气度跃然而出。随着词意的意气风发、婉转曲折，书者之笔法渐入化境：行云流水中时而奇峰突起，高潮不断而又绵密如丝，收尾直上云端，呼应开笔，词意冲撞笔法，笔法宣泄激情，是李才旺'快意笔墨'艺术观的真实反映。"①姜捷还特别欣赏李才旺的一幅笔酣墨饱的古联："水清鱼读月，山静鸟谈天"，谓唯有心情很静的人才能坐观一池水月，与鱼共游，与鸟谈天，在大自然中分享这份难得的愉悦。②

《戏剧报》刊载曾金月先生的文章说："春暖花开，艺文空间也跟着活络起来，大陆重量级水墨书画家李才旺，近日在台北展开一场艺术交流，对盛开的花海留下深刻的印象。""现任山西省委宣传部副部长的李才旺，虽位居高位却勤于书画，从写意下工夫，作品扎实而面貌多变，书画特点是画中的书意与诗意，以行草法入画，简练而大气。"③

展览期间，3月23日下午2点30分，主办单位在国父纪念馆德明厅举办"水墨群英荟萃现场挥毫"活动。台湾陈康宜先生现场观看李才旺的书法表演，为李才旺书写时"走笔如飞、泼墨淋漓的气势"所感动。他说："李才旺亲自现身，以轻松的方式与台湾艺界人士进行交流。同时于现场秀出'悬纸书'的书写手法，其特色在于力道的控制，因若太重则纸破，若太轻则无法显现字的风格，是一项难度极高的书艺手法。"④

---

① 见刘琦：《才高旺达诗书画 泼墨激扬两岸情——著名诗人、书画家李才旺作品在台湾国父纪念馆开展获得广泛赞誉》，《中外故事》2002年第6期。
② 见《火花》2002年第6期。
③ 《李才旺宝岛展长才》，2002年3月19日台北《戏剧报》。
④ 《不论大小皆能大气自如——书画名家李才旺挥毫展才华》，2002年3月29日台北《台湾立报》。

台湾心律先生更以《李才旺悬纸书气势磅礴》为题盛赞他的书画艺术。他说：李才旺"在书法方面的造诣十分深厚，专精行草，兼及隶书，从出笔到谋篇布局，尤其是'悬纸书'，在腾空的宣纸上写书法，在运笔技巧上不仅有力道，且兼具气质，所书写的书法酣畅淋漓，气势磅礴，除有娴雅的古风，又能将豪气寓于恬静淡泊的书画中。"李才旺在绘画方面，"既能博采前辈画家的精华，而又有自己独创的风貌，不论是细腻的游鱼，宏幅的飞禽、瀑布，或是几笔焦墨点出公鸡的羽毛，以泼墨渲染成的小鸟，皆自由惬意，不拖泥带水，其他如芙蓉、竹、花鸟等皆有独到的运笔，尤其在那似与不似之间，饶富韵味的画风，颇有画坛大将之风。"①

在"水墨群英荟萃现场挥毫"活动现场，李才旺挥毫表演时，看的人很多。有一位老先生看到李才旺刚刚写好、墨汁未干的八条屏《兰亭序》，大为震撼。他觉得眼前这八条屏，豪情万丈的笔锋是显而易见的，笔笔有法度、有来历，隐约可见魏碑根底，却在行草中写出自己的面貌。老先生看了一会儿，就问李才旺："李先生，今年贵庚？"李才旺说："不敢！今年五十有九。"李才旺回敬问道："敢问，您今年高寿？"老先生说："我七十有九。长你二十岁。"原来这位长者是1924年出生于太原、原台湾《中央日报》社社长黄天才先生。说完打了个手势，意思是请李才旺继续写，老人悄悄地坐在一边看。李才旺把一幅字写好后，老先生又开了口："才旺兄，我问你多大年龄，是想问你文化大革命时你在哪里，干啥？"李才旺说："文化大革命时我在上大学。"老人又问："你受没受冲击？"李才旺说："受了一点，不要紧。因为我在山西大学是学生会主席、党员，是保皇派，也被贴过大字报。但毕竟是学生受到的冲击不大。"李才旺又问："先生问这是什么意思？"老人说："在大陆，一个'五四'，一个'文化大革命'，对传统文化破坏得太厉害了。"说到这里，老人话题一转："我想问，你这一手功

---

① 见2002年3月19日台北《人间福报》。

2002年3月，李才旺书画展在深圳何香凝美术馆开幕

夫，是'文革'前修成的，还是'文革'后练出来的？"老人不待李才旺的回答又好奇地问："你的书画老师是哪一位？"李才旺一本正经地回答："我有三位老师：古人、自然、画友。"于是李才旺同老人就书法问题聊起来，越说越高兴，越聊越投机。

老人继续观看李才旺作画。他对李才旺画的公鸡产生了兴趣。他觉得李才旺画的公鸡，从造型上，看得出有齐白石画鸡的劲与力，又融合了徐悲鸿画鸡的柔与美，取各家之所长，创造出更让人喜欢的作品，这就是李才旺的画。黄天才老先生评画可谓慧眼识珠、要言不烦。

李才旺送给老人两本诗集《有伞的风景》和《无雪的冬天》，这更引起老人谈诗论艺的兴趣。他说："我喜欢李才旺的诗，是他的诗很自然，不做作，不刻意讲究格律，不用典故，但又不失高雅，不同于所谓'打油诗'。他作诗的师承，应该和他在书画上师承一样，师古人，师自然，师诗友。"

黄天才老先生同李才旺谈诗时，讲到文名扬播两岸三地的大文豪台静农作诗的故事。他说，台静农先生作诗每有不合平仄之词，经人提醒，他也不改，答曰："改了就不是我的原意了。"因此，黄天才称台静农的诗为"才人之诗"，不可用"诗人"的格律来扼杀他的才气。李才旺听了台静农的故事，立即向黄老先生背述了自己的一首诗《南京夫子庙遇雨》："云遮夫子庙，雨锁秦淮家。风皱千池水，伞开一街花。"当时有人说"一街花"的"街"字不顺口，改为"一路花"就好了，但李才旺不肯改，他说改了就不是写实，就没有气势了。黄老先生听了说，不改好，就是要"重气势"、"重实景"，这就是"师自然"。

黄老先生说他读了李才旺的二百多首诗，最喜欢的是李才旺《有伞的风景》中作于1984年的一首《泽州夜行》。诗的最后两句："莫道甲子非吉岁，凤城无处不春风。"黄老先生说："我要把'凤城'二字改为'太原'，因为我是前一个'甲子'（1924年）出生于太原的。难得李才旺诗人为我这'甲子鼠'说一句公道话：'莫道甲子非吉岁，太原无处不春风。'""李大师，谢谢您了！"黄天才老人有趣，他把同李才旺这位"小老乡"的交往，写成了一篇《我看李才旺先生的诗书画》，发表在2002年3月24日的台湾《中央日报》上。

李才旺从同黄天才先生交往的这件事情上深深地感到海峡两岸同胞的血脉、文脉是紧紧地联在一起的。

山西省民间文艺家协会主席刘琦先生为李才旺的书画台湾展写了一篇生动的散文报道。他在文中最后说："回顾这次波澜壮阔的'李才旺画展'，应该说，实实在在起到了促进两岸文化交流的效果。一位台湾朋友说得好：'我们尊重他的勤政，敬重他的艺心，更期待两岸的艺文天空能无碍通达，在华彩斑斓的文化长河互放光芒，久久长长。'"[①]

---

① 见《中外故事》2002年第6期。

台湾展结束了。壬午仲春台海之旅萦绕在心，难以忘怀。李才旺作《赴台举办书画个展感赋》以感其事，以记其盛：

北国三月草初萌，台岛已然木棉红。
切磋翰墨纪念馆，聆听高论德明厅。
文笔首推天才老（作者自注：黄天才系台湾中央日报原社长），
资深当是秦孝公（秦孝仪系台湾故宫博物院原院长）。
欧君画风堪仰慕（欧豪年系台湾著名画家），
周澄文章耐品评（周澄系台湾著名画家）。
跨海东渡愿已足，受益匪浅不虚行。

李才旺通过台湾之行同台湾的同行们建立了深厚的友谊，有着密切的交往。他们同样深耕于砚田，悠游于笔墨，两岸同仁同心，为的是中华文化的发扬光大，中华民族的伟大复兴，齐谱时代曲，共筑中国梦。

四、《李才旺书画展》（深圳）

台湾展结束之后，2002年3月31日至4月4日《李才旺书画展》在中国改革开放的先驱城市——深圳的何香凝美术馆举行。暮春的鹏城啼莺舞燕，花团锦绣，李才旺的书画展为这座美丽的城市平添了一陌春色。展览由广东省文联和山西省文联共同举办。广东省和深圳市有关领导和知名书画家出席了开幕式。在展出的60多件作品中，花鸟、山水、人物、书法皆有精品力作亮相。凤凰卫视在4月3日的"凤凰新闻"中报道了这次展事，称"李才旺先生是一位艺术通才，在诗、书、画诸方面的成就名满全国，驰誉海外。他的画作意境高远、大气磅礴，他的书法真力内充、气势雄浑。"

2002年9月,天津李才旺书画展开幕式

开幕之日,虽然大雨滂沱,却依然人流不断,观者如潮,记者如云。深圳市美术家协会主席骆文冠赞叹这是奇迹,是精品的魅力。

《深圳商报》记者陈湘阳在报道中写道:"'风皱千池水,伞开一街花',李才旺'足以传世'(尹瘦石语)的《南京夫子庙遇雨》诗句,同样道出了昨日深圳的风景:众多市民冒雨前来观看书画展上的六十余件作品。虽然李才旺在画展开幕式上自谦'业余',但那些书画一气、诗题于旁、情理交融、大气磅礴的作品还是令人眼前一亮。"①

---

① 《艺术创作"非职业化"引人关注——"李才旺书画展"在深开幕》,2002年4月1日《深圳商报》。

五、《李才旺书画展》（天津）

2002年9月28日，第二届中国（天津）书法艺术节在天津举行。李才旺的近50幅书画作品在5个展位上亮相，吸引了众多参观者的目光。天津电视台在"天津新闻"和"艺林芳草地"栏目，天津人民广播电台在"天津新闻"栏目中播出李才旺书画作品展出的新闻。《中国书画报》、天津《今晚报》和《华北信息报》等媒体予以报道。《中国书画报》记者朱瑞昌在报道中说：李才旺的"12幅书法作品寓清隽于粗犷泼辣、纵横离披、不假修饰、满纸云烟中，笔锋变化多端，或精气内敛，或风骨振拔，不少作品写的是其自作诗，华章妙笔相得益彰。展出的32幅绘画作品入精微、致广大，笔墨生动，构图别致。"①

香港《大公报》高级记者刘现云在文章中评价李才旺以行草为主的书法作品，"笔走龙蛇，气势夺人，豪迈奔放，在'烟岚满纸'的统一格式下，笔锋变化多端、泼墨、焦墨、破墨并用，或风流蕴藉，含而不露；或逆来顺往，旁观侧出；或轻烟袅袅，晶莹透亮，形成了特重墨汁淋漓的氤氲效果。"对于绘画作品则谓"形神兼备。精微处，如蝉的须翼，能画得极为清晰；粗放处，一团黑墨，便画出了一片荷叶。"②

不少评介赏析文章讲到李才旺的书法作品"气势夺人，豪迈奔放"，"大气磅礴中亦求清隽典雅"；绘画作品"继承了文人画的传统，眼界开阔，体现了宽广的胸怀、广泛的兴趣、博大的气势"，他的花鸟画"无论鸿篇巨制或尺幅小品皆笔墨自然，气势宏大，更融入了自己的人生体悟"；从他的书画作品，"可以读到对人生的深层体悟，对事业的执著追求，对国家的无限热爱。"无论是天津媒体，还是广大观众，李才旺书画展，可以说是誉满津城。

---

① 《李才旺"三绝作品"亮津城》，2002年10月21日《中国书画报》。
② 《敬业勤政的书画家李才旺》，2003年5月4日《大公报》。

登太行第一山　　246cm×124cm

六、《李才旺书画展》（日本名古屋）

2004年4月5日至11日，"2004（日本）第四届中国书法美术作品展"在日本名古屋举办。李才旺应邀参加展览，他的作品受到日本各界人士，特别是书画界的好评和推崇。日本众议院近腾昭一议员看展后说："李才旺先生的作品清新大气，文意高雅，很符合日本人的欣赏习惯。"日本著名书法家吉冈和夫先生评价李才旺的书画作品，"既有继承，又有创新，个性鲜明，堪称大家风范。"日本朋友争相收藏李才旺的作品，部分作品被移送东京银座画廊展出。

第七节　李才旺画作欣赏

李才旺的画属于文人画。

对于文人画，著名画家范曾先生曾撰文说："所谓文人画，必须具有文人之识见、文人之襟袍、文人之情趣。只有那些学养丰富、内质卓绝的人物，才能当得起文人画的雅号。"①

中央美术学院教授薛永年也有一个很好的阐述。他说："从中国美术史看，从政的文人画家如宋代苏东坡、清代郑板桥、民国金北楼，很多，实际他们是业余画家，不能整天埋头画画，但却发展了文人画。这些书画家的特点是，搞书画不是卖钱，不去迎合低级趣味，想到国计民生，眼界比较开阔，书画境界比较高，不会迁就低级艺术趣味。"

诚如斯言。古代官员多文人，也就多书家和文人画，这是同古代的吏制分不开的。古代做官的都是士大夫出身，都会写字，只要他有天赋和兴趣，文人画也就自然会产生。正如人们常说的"文是政之余，诗是文之余，画是诗之余"。

薛永年教授说："才旺继承了文人画的传统，其诗书画体现了宽广胸怀，广泛兴趣，博大气势。在他的书画作品中可以读到对人生的深层感悟，对事业的执著追求，对祖国的无限热爱。"薛永年教授赞赏李才旺的文人画创作的意义，说"今天领导干部提高文化修养，业余从事诗书画创作，对支持高雅艺术，深入理解艺术，是个有力推动，有利于文化事业的发展。"②

---

① 见郭宝厚：《董寿平艺术人生》第114页，三晋出版社2013年6月。
② 见《李才旺书画研讨会发言节录》，《李才旺艺术论》第39页，中国戏剧出版社2004年8月。

著名美术评论家吴国亭先生说:"历来文人墨客借助笔墨'抒发性情'、'倾吐块垒',崇尚作品的意象、情致和品格,求那种看不见、摸不着、难以言传只可意会的'味外之味',即那种情趣和意象融化而成的境界。"①李才旺就是具有这种境界的文人画家。

李才旺的绘画作品,立意新颖,意在笔先,既有文人画的风骨,又充满时代气息,眼界开阔,笔墨潇洒,自成体端,积极向上,令人奋进,因此,李才旺的画被画界称为"新文人画"。

古人云:"人品不高,落墨无法。"画作的境界其实就是画者本身的境界。画者思想境界的高低直接影响到作品境界的高低。所以,画家要热爱生活、热爱人民、热爱社会、热爱大自然,提高自己的思想境界,才能画出充满朝气、生气、瑞气的作品。古今画家概莫能外。李才旺就是热爱生活,热爱自然,渴求上进,具有很高思想境界的画家,所以他的画作大都充满朝气、生气、瑞气,也是新文人画特点的体现。

一、以笔墨写高怀

文人画表达的是一种情操、情绪、感情和精神。所以,多以梅、兰、竹、菊"四君子"和松、竹、梅"岁寒三友"入画,这是文人画的重要题材。这也正是李才旺这位花鸟大才的强项。文人画重意而不重笔,重精神气韵,不拘形似。李才旺的画作以笔墨写高怀正是体现了这一特点。就像孙其峰先生评论他的画时说"貌离神合,似非而是",是对李才旺文人画的恰当评价。

吴国亭先生在《李才旺画作理趣》一书中,引著名美术家蔡若虹先生的一段话:"人们欣赏自然,赞美自然,往往结合着生活的想象和联想,自然风貌的特点,往往被看作是人的精神拟态。人们赞颂山的雄伟,海的壮阔,

---

① 《中国水墨画家李才旺画作理趣》,台湾《艺术家》2002年3月号。

钟灵毓秀　　　144cm x 366cm

松的坚贞，鹤的傲岸，同时也是赞颂着人，赞美与自然特点相吻合的人的精神。"吴国亭先生进一步阐发了蔡若虹先生的论述：我国写意花鸟画就是如此，常常用某种植物的品格象征近似的事物，赞美某种精神或寄托某种情思，如梅花象征清高，兰草象征洒脱，翠竹象征正直，菊花象征脱俗，荷花象征纯洁，萱草象征母爱，牡丹象征富贵，松柏象征坚贞等等。"迁想妙得"，"以形写神"（东晋顾恺之语），李才旺笔下的写意花鸟同样是人的精神拟态和品质象征。

被董寿平先生誉为"花鸟大才"的李才旺擅长花鸟画，花木喜松竹梅兰，鸟禽喜金鸡、仙鹤和苍鹰。正如吴国亭先生所说：李才旺"书法或绘画诸方面均属落落大度、气势磅礴的路数，其作品每多表现雄峻之概、阳刚之美，鹰、鹤、松、竹等是他常爱入画的题材。"[①]李才旺曾作八尺宣长卷《百鹤图》与《百鸡图》为人们所喜爱、珍藏。李才旺画鹤画鸡皆有所喻，实质上表达的是一种情绪。其他宏幅巨制如《红梅迎春》《寒禽沐雪》《巍巍太行》等莫不立意新颖，意在笔先。其尺幅小品《空中来香》《双鸬鹚》《高山流水》《寥廓霜天》等均旨趣高远，真情毕现。李才旺作画喜雨，有《春雨》《雨

---

① 《精奇脱俗的佳篇杰构——赏李才旺〈百鸡图〉》，《百鸡图》，山西人民出版社2006年。

霁》；喜雪，有《初雪》《飞雪》；喜秋，有《秋艳》《秋韵》《秋色》《秋塘》《高秋》《金秋》等；更喜青松和苍鹰，有《松鹤图》《松鹰图》《雄鹰图》《苍鹰图》等，无不寄托着作者的茫茫遐想和殷殷情怀，反映出他对人生哲理和自然规律的深层体悟，"心静则画静，意远则画远"，给人以哲理的思考和启迪。

二、名家评点赏佳作

读李才旺的诗让我感动，读李才旺的画让我沉醉。李才旺的画仿佛是一曲交响诗，因为它有蕴含的情感，有流动的音响，有巨大的美感。李才旺有的画气势磅礴，可以励志，激发我们奋发的勇气；有的画恬静优美，可以怡情养性，唤起我们愉悦的美感。

对于李才旺绘画作品的欣赏，有众多名家写过鉴赏性的专著或文章。其中最重要的有孙其峰先生和徐文达先生的文章，有吴国亭先生的专著。孙其峰先生在他的《"似非而是"说才旺》[1]一文中对李才旺画作欣赏有独到的见解。著名书法家徐文达先生在《方知丛中有卧虎》[2]一文以书画家的独到眼光评析了李才旺的多幅作品。吴国亭先生在他的专著《李才旺画作理趣》[3]一书中对李才旺的30多幅画作作了精辟到位的赏析。

其他著名的书画家和评论家也对李才旺的画作有独具慧眼的鉴赏。如王南等说，在李才旺的花鸟画中，"鹤的高洁和伸屈有度，鹰的英武和镇定，鱼鸟草虫的悠然自得、顾盼生情，在他的笔下无不大气自如，淋漓尽致。"[4]

---

[1] 1998年1月30日《中国书画报》。
[2] 1998年3月7日《山西日报》。
[3] 人民中国出版社1999年4月。
[4] 王南、倪连存、邱纯：《潇洒李才旺》，1998年3月7日《中国经济日报》。

台湾姜捷先生在评价李才旺的绘画作品时说,李才旺"很熟练地运用了大量的技巧,把水的掌控、墨的韵致、笔的趣味和纸的特性等,都作了相当多的尝试,效果温润而不粗糙,柔韧中有苍劲,意在笔先而取材亲切,线条活泼而布局灵活,连所题的款识、所盖的印章与画面之间的平衡协调,都有弧状的动线安排,显示他的确用功而且才气淋漓。"①今结合诸名家评点之要言灼见,与读者共同欣赏李才旺的画作。李才旺的绘画精品当以数百计,在这本评传性质的书里不可能一一都向读者介绍,今精中选精,共31件作品,在书画家们的导引下,与读者共同邀游于李才旺的绘画世界。赏文读画,也不失为一件阅读快事。

（一）模山范水太行情

山水画以自然景物为描写对象。举凡名山大川、风景形胜、楼观舟桥、田野村舍皆可入画。中国山水画不但表现了丰富多彩的自然美,更表现了中国人的自然观与社会审美意识,间接地反映了社会生活。

中国文人画家多作山水画。山水,是中国文人画重要的精神外化之物,反映的是道家"天人合一"的人生哲学。中国画论中有"山水居首"的说法。宋沈括说:"画中最妙言山水。"明周履靖说:"绘画之宗,山水居首。"明人薛冈认为:"画中惟山水义理深远,而意蕴无穷。故文人之笔,山水常多。"②中国文人画家对山水画情有独钟已成传统。画山水,赏山水,山水审美,正是"反映了中国人与大自然的精神关系,反映了炎黄子孙热爱自然,崇尚山水,俯仰宇宙,涤虑心灵,悟天地之正气,激人生之理想,追求美好生活的崇高精神。"③"智者乐水,仁者乐山。智者动,忍者静。智者乐,

---

① 《濡毫行墨才旺出》,台北《典藏》2002年第3期。
② 见王晋平:《中国传统画家的山水画情结》,《新美域》2012年第2期。
③ 见谢凝高:《山水审美——人与自然的交响曲》,北京大学出版社1991年11月。

仁者寿。"（《论语·雍也》）山水画中描绘的山、水、树、石、舍具有可居、可游、可观的审美效果，能够起到"登山则情满于山，观海则意溢于海"（《文心雕龙·神思》）的精神作用。画中所体现的人与自然的和谐，可给观者带来情绪的愉悦和心灵的体悟。所以，赏山水，画山水，成为历代传统画家的爱好和追求。

李才旺对山水画的钟爱和所取得的成就正是反映了他的山水情怀，表达了他的山水审美理想。李才旺的山水画，以行草笔法入画，无论是泼墨还是焦墨，都运用自如，在水墨的变化中，透出非常清新、靓丽的感觉。中央美术学院薛永年教授说：李才旺的"山水画有的受黄宾虹影响，有的受石鲁影响，有的广泛吸纳，这一点很好。""有的画受顾北斋影响，如山水，重视色彩，按视觉习惯一层层表现空间关系，把云彩画出来，虚实结合，信手点染，淡墨加朱，鲜艳夺目，很有特色，不低于专业水平。"[①]

中国近现代画家黄宾虹走的是一条师古人、师造化，并融合古人、造化形成自己独特风格的创作道路，画风苍浑清润，尤精墨法，在浓、焦墨中兼施重彩，写出浑厚华滋、意境深邃的山川身貌。中国现代画家石鲁作品多以黄土高原为题材，构思巧妙奇特，独具画心，开创了以传统山水画形式表现重大革命历史主体的崭新道路。薛永年教授说李才旺的山水画受黄宾虹、石鲁和顾北斋的影响确实是言之有据。

说到李才旺在山水画创作方面所受的古代大家的影响，还应该提到的是祖籍太原的米芾。米芾与蔡襄、苏轼、黄庭坚并称宋代四大书法家。米芾既是书法家，也是画家。他的绘画擅长枯木竹石，尤工水墨山水，以书法中的点画用笔融于绘画，并以大笔触的水墨表现自然山川的烟云风雨变化。米芾的烟云掩映的水墨云山，被称为米氏云山。我们观察李才旺笔下的山水，倏忽万变的云雾，时隐时现的山峦，奇松怪石，山水林泉，远村近舍，鹤啼鸟

---

① 见《李才旺书画研讨会发言节录》，《李才旺艺术论》第39页，中国戏剧出版社2004年8月。

鸣，其苍郁飘渺、气韵雄浑之势，无不蕴含着中国传统山水画清淳、高逸的韵味。

现代绘画大家李可染曾说："意境是山水画的灵魂。"齐白石老人提出"作画妙在似与不似之间，太似则媚俗，不似为欺世"，讲的都是传神和意境是山水画的最高境界。李才旺对山水画主张第一重境界，第二讲笔墨，正如古人所言"有境界自成高格"。李才旺这里所说的境界与朱光潜先生和齐白石老人所讲的传神、意境相似，即重神而不重形。清人恽南田云："须知千树万树无一笔是树，千山万山无一笔是山，千笔万笔无一笔是笔。有处恰是无，无处恰是有，所以为逸。"①也就如历代画家所所强调的"外师造化，中得心源"（唐张璪语）、"不求形似，聊以自娱"（元倪云林语），因"心"造境，因"境"生情，"迁想妙得"，"千山万山归为一山，写胸中之山，抒胸中之意。树石云水，俱无定形，心游万仞，妙悟察醒，最终达到一种随心所欲、圆融无碍的境界。"②

中国山水画所强调的这种意境和传神体现在李才旺的山水画创作中。他在广袤无际、纵深千里的太行大山里，既要观察山奇石怪之貌，谛听空谷天籁之音，又要重视自己的主观感受，融情于景，成竹在胸，所以作画时灵感突发，激情难已，毫飞墨喷，下笔如神，成就了他的一幅幅山水佳作精品。

李才旺笔下的山水不是一味地消极地远离尘嚣缰锁，寻找世外桃源，而是面对祖国的大好河山，以形态各异的山、水、云、雾、松、石、舍构成和谐的世界，寄托自己的山水情怀，表达自己的理想愿望。他笔下的一山一水都寄托了对国家乡土的感情，是哲理性的显现、抒情性的表达。读李才旺的山水画更觉前人所说的"始知丹青笔，能夺造化功"（唐岑参诗）、"丹青难写是精神"（宋王安石语）的精确。

李才旺写太行，画上党，直接以"太行"、"上党"为题的山水画作品

---

① ② 见王保安：《中国山水画的精神》，2013年3月15日《文艺报》。

太行雄风　　　550cm x 360cm

就有多幅。他的山水画多写太行山的气势雄伟、峻拔矗立，特别是壶关大峡谷更是作者入画的重要题材。最为引人注目的是，李才旺以《太行雄风》为题曾作两幅大画：一为215厘米×550厘米，一为500厘米×360厘米，横竖各一，皆为巨幅大画，气势雄浑，境界壮阔，尽显太行风光。以"太行"、"上党"为题的其他作品还有《层林尽染太行山》《太行古刹》《初雪太行山》《太行春早》《上党雄姿》《上党农家》等。

不以"太行"、"上党"为题同样是写太行、画上党的山水画还有《锦绣江山》《旭日东升》《白云生处》《高山流水》《霜红古塔伴晨钟》《大路出关》《谷隘觉天小》《飞瀑落天自清凉》《涛声依旧》《柳暗花明》等，均是描写太行山的大幅作品。《锦绣江山》是李才旺画太行山的最大幅的画，680厘米×540厘米。即使是一些较小幅的作品也是以太行风光和太行人家为表现对象的，如《清凉人家》《树丛溪边有人家》《山重水复》《陋室草堂亦温馨》《扬帆万里天地宽》《乐趣图》《高山揽胜》等，皆充满自然天趣和生命活力。

李才旺的其他山水画作品有大幅的《壶口雄风》《石铸黄山体》《棕榈深处傣家楼》，小幅的《天山之歌》《水乡小镇》等名作。

李才旺的山水画以行草笔法入画，并多有题画诗，所以他的山水画最能体现诗书画的统一。

李才旺的山水画较少勾勒设色，多以水墨描绘，可称水墨山水。在墨法中，有"染"、有"擦"、有"破墨"、有"积墨"，笔中有墨，墨中有笔，彼此互相渗透，极尽变化之能事，充分发挥笔墨独抒个性、传情达意的效能，成为李才旺山水画的独特风格。

《太行雄风》：这是李才旺画"巍巍太行万古峰，幽幽峡谷千秋松"（《题三晋山水图》）的太行山水系列绘画中影响最大的一幅巨作，215厘

米 ×550 厘米，也是画家投入感情和精力最多的一幅精品。在作品的右上方有作者的题画诗：

遥览群山如浪涌，奔腾不息向天穹。
何以极目能望远，为因脚下有高峰。

这首蕴含深刻哲理的山水诗，题为《观陵川山貌有感》，以此猜测，画家此作当作于位于太行绝顶的陵川。笔者曾登陵川王莽岭，只见从一片丘陵地带突起的太行顶峰竟是这样的巍峨秀丽。这是南北绵延千里，被称为"天之脊"的太行山的真正代表。现在我们从画家的笔下可以看到千峰竞秀、松林密布、飞瀑奔泻、烟云水雾，太行雄姿尽收眼底，让人感慨万千，既觉大自然的壮美，又感历史之悠长，形成山西地形"表里山河"称谓的太行山曾见证了中华民族多少星移斗转，沧桑巨变。

太行的巍峨险峻，历代诗人多有咏叹。诸如曹操、李白、白居易、李贺、元好问、于谦、傅山、陈毅等皆有咏太行的名作传世。更有金末元初学者、泽州人李俊民诗《下太行》："山中日日伴云闲，不见闲云只见山。君去试从山下望，青山却在白云间。"李俊明此诗可与李才旺的《观陵川山貌有感》一诗互为印证，作为李才旺山水画《太行雄风》的诗的诠释。

人民作家胡正有散文《太行胜景在陵川》。文中提到，抗战初期，有一位青年诗人桂涛声来到了太行山巅的陵川县。他以饱满的激情写出了歌词《在太行山上》："红日照遍了东方，自由之神在纵情歌唱。千山万壑，铜壁铁墙，抗日的烽火燃烧在太行山上……"歌词由冼星海谱曲后，歌声由太行山飞向了全国各地。太行山养育了炎黄子孙、中华儿女。太行山的儿女们也以不同的艺术形式来描写太行山，歌颂太行山。作为太行骄子的李才旺不仅有多首吟诵太行山的诗篇，而且有多幅描绘太行山的画作，山水画《太行雄风》

就是他描绘太行山的代表作之一。

《谷隘觉天小》：此画为竖幅大画，138厘米×69厘米。画家题识置于淡雅朦胧的群峰画面之上，赏心悦目，别具一格。题识曰：

> 驱车东双塯，谷隘觉天小。
> 丹青壁上挂，白云水底飘。
> 幽洞闻惊雷，高坝度鹊桥。
> 前川落飞瀑，拾级上九霄。
> 吾非仙人体，缘何到琼瑶？

此吟乃余游太行山之东双塯诗。一九九六年岁首写之于斯。上党才旺（题识标点系引者所加）。题识中所引诗为《陵川东双塯纪行》。画中双峰对峙，悬崖峭壁，似山劈斧削，一桥飞架，拱券弯弯，若临万丈深渊，险峻幽远，云雾迷蒙，真乃琼瑶仙境。

《谷隘觉天小》为大写意的水墨山水。全画不着一色，但在浓淡不同的墨块水渍中，深谷幽洞，坝上鹊桥，飞瀑奔泻，水底飘云，尽收眼底。可见画家水墨山水技法之娴熟和高超。

《柳暗花明》：130厘米×67厘米，画家有题识：

> 放牧出山村，纳凉卧柳荫。
> 牛吃河边草，我观天上云。

此诗乃余幼时放牛于河边柳荫下之意境。知命之年吟句并书，才旺（题

中华魂　　144cm x 366cm

识标点系引者所加）。

诗为《放牧》，诗画融为一体，营造了形神一致、情景交融，人与自然和谐统一的意境。这使我想起唐·贾岛的名诗《寻隐者不遇》："松下问童子，言师采药去，只在此山中，云深不知处。"烟云霭霭，柳暗花明，李才旺的画作似具有贾岛名作的诗意。画家用水墨洇染的淡淡的高山云雾，用浓墨勾绘的柳荫掩映下的房舍，以留白手法表现的潺潺流水，形成远近、高低、浓淡不同的视觉对比，给人以无限遐想的空间。特别是小河岸边悠闲的牛群和骑在牛背上的牧童，更是画中的点睛之笔，画家捕捉尘封的童年记忆，写出太行天然的情趣。

《壶口雄风》：144厘米×360厘米，有题画诗：

黄涛崩泻入壶中，轰响如雷令人惊。
泥沙岂能挡飞流，大河扬波自奔腾。

泼墨写意、坚如磐石的山石，黄色重彩、奔腾不息的波涛，壶口在画家的笔下，洪波急湍，惊涛拍岸，喷雪吐雾，气势壮观，更描绘出"听之若雷霆之鸣,望之若虹霓之射","水里冒烟"、"彩桥通天"的自然奇观。画家不仅极写壶口之势,而且讴歌壶口之魂,我们仿佛听到了《黄河大合唱》"风在吼,马在叫,黄河在咆哮"铿锵有力的节奏和振奋人心的旋律,展现了中华儿女为保卫黄河、保卫全中国而英勇战斗的壮丽场景。这是《壶口雄风》这幅山水画的特殊魅力。

（二）苍鹰古松浩气存

李才旺爱画青松,表现人的精神拟态,有多幅写松画作。他曾作《画松有感》：

老干苍劲立云头,松针锋利向寒流。

有助观者生傲骨,试问画家复何求。

这是人与青松的对话。这是青松对人的启迪。李才旺爱松、写松、画松,就是因为松树有一种震撼人心的力量,有一种蓬勃向上的精神,有一种挺立不屈的傲然。画家画苍劲的松树,画的就是力量、精神和傲骨。

李才旺爱画苍松,亦爱画与苍松相匹配的雄鹰,以及以苍松、雄鹰为主体的云海、山林、巨石、白雪等,表现"天高鹰飞远,云逸松凌空"（《题雄鹰图》）的意境。

李才旺画松的代表作有《丰碑》《祖国万岁》《巍巍太行》等,画鹰的代表作有《振翼双雄》《五鹰图》《群英会》《鹰击长空》《云天展翼》《凌雪枝头》等。

《丰碑》：1978年是敬爱的周恩来总理八十诞辰。李才旺怀着无限崇敬的心情画的一株巨松,象征敬爱的周总理伟大的革命精神,讴歌他崇高的革命品德。吴国亭先生对李才旺画题为《丰碑》的大画给予很高的评价。他说，一株巨松参天拔地，粗励，黝黑，雄浑，坚如磐石，巍乎壮哉，像一块巨大的石碑屹立在眼前，大有撼山易、撼巨松难的气概。全画不着色彩，全用一种墨色画出，愈发显得朴实、庄严。行笔枯涩，线条凝滞，表现了松树苍老遒劲的质感。

画面左上角有画家雄浑有力的题字：

雨猛风狂砥中流，敢将热血写春秋。
素怀壮志歌大江，几集群英唱舵手。
伟业昭昭垂千古，浩气洋洋贯五洲。
人心常留丰碑在，磊落光明誉全球。

诗书画结合，互相衬托，相得益彰，进一步突出了作品的深刻内涵，开掘了作品的主题意蕴。

《祖国万岁》：这幅八尺宣的巨制宏幅，画材是两株古松，画家把苍松与伟大祖国联系起来，这种看似寻常、实却高妙的构思，表现了画家爱国主义的情愫。

画面上，两株巨松参天拔地，画家着意刻画中段一截，精简了树冠，避开了树根，感到气势博大，融裁甚是恰当。两树左侧一株为主，向右倾侧，右侧一株为辅，向左倾侧，不定量，不并置，不平行，既有主从关系，又有向画面中心聚拢之势，布局中求险的经营亦甚得体。松树枝干墨浓笔滞，老辣苍劲，恰切地表现出老干嵯岈、枝如屈铁的质感。松针用线刚健挺拔，富有力度和弹性。这些笔墨出自书法线条，体现了中国画讲求骨法用笔、墨中见笔的传统美学精神。这是许多书画前辈之所以强调绘画要有书法基础的原因。

这幅画远看有气势，近睹有笔墨，是一幅"启人之高智，发人之浩气"的思想性和艺术性上乘的作品，被人民大会堂永久收藏。

《振翼双雄》：吴国亭先生说：两只雄鹰羽毛笔墨恣肆放纵，大笔浓墨画其双翼，背部和尾羽多散锋，多飞白，粗线夹点，酣畅淋漓，书写味极浓，有如黑旋风李逵抡动板斧一样痛快。但画头、嘴、眼和双爪关键之处，却如江南小女子绣花那样甚谨甚细，丝丝入扣，其轮廓形态、结构部位、比例大小和质感等都准确无误地表达出来。作者充分发挥了笔墨效果，体现了中国画用笔的节奏转换和造型手段的变化。与双鹰相比，松树居于次要地位，色度显然减弱了一个层次，笔墨也简约了一些，作为陪衬点缀以突出双鹰。松针用线刚健挺拔，颇有力度感，两处松针皆布在鹰之下，所安排的位置比较确当。下浓上淡的效果反映了由近至远的透视关系。松树不是秀美的小花小草，而是壮美的巨大乔木，由于有松树的衬托，双鹰的英雄气概益发显示出来。

《五鹰图》：在巨大的画面上表现郁勃的苍松和伟岸的群鹰，以铿锵之笔墨撼人心魄。巨松、雄鹰布局呈横空出世之态，笔墨浓淡有致，细微处精当，粗犷处有度，动静和谐。其雄浑、豪放、粗犷、磅礴的风格，具有充沛的力量感，表现了崇高美，使人肃然起敬。此作被国务院机关事务管理局国谊宾馆收藏。

吴国亭先生讲述，一株巨松因为画面太小难以容下，只好分为两处处理，一处为主干，在右；一处为分枝，在左。松树的描写是点、线、面综合出之，极尽浓淡枯润之变，笔墨铿锵，生动奔放，表现了枝干夭矫、肤皱枝拗的效果。松针用线挺拔刚健，有如虎须一般，有弹性，有力度，与枯梢老槎相凑泊，真切地再现了苍松老而弥健的精神。画面主体五只雄鹰姿态各异，树上的三只有俯瞰、回眸和凝视的区别，亦有向、背、蹲、站的变化。然不论怎

初雪吕梁山　　180cm×96cm

样的神态和动作，它们的眼神都有一种不可一世的傲气，表现了雄鹰睥睨一切的气概。全画最主要的两只为展翅高飞状，安排在画幅中央，四周凌空，最为突出，与树上的三只形成动与静的对比。前面一只昂首挺胸，由低处向高处奋飞，后面一只伸颈张爪，呼啸着由高空向下俯冲。同是飞翔，动态却有差别，可见创作时的精心推敲。

《松鹤延年》：此画风貌属大写意路数。大写意以书法精神入画，用书法笔墨表现具体形象。作者擅长书法，将书法意趣揉入绘画之中，以生动有力的笔触表现了丹顶鹤的形态和神气。颈部、敞羽与双足用浓墨交代，翅羽用淡墨侧锋擦扫，身躯大量留白，除了头顶一点丹红色之外，全不着色。

四条屏下端皆布松树作为陪衬之物。松树墨色较淡，用笔较虚，画家以极轻快的笔触和粗细、刚柔、枯润富于变化的效果刻画出了树干苍老粗砺的质感。四幅条屏分开各自成为单幅作品，合在一起，由于松树枝干的连缀，又成为一大幅通景画面。在这里松树起到了贯穿四条屏的重要作用。

《云海回眸》：徐文达先生认为此画是画家充分发挥了想象力。画家想象苍鹰应该飞得更高，直入云天，于是就随手画了一幅回首的苍鹰，空白处点了团团淡墨以示白云。画鹰又画云，一般不是画家所采取的做法，而是大都以山、树作陪衬，这种鹰云的画法，可谓独出心裁，其创新之意值得称赞。

《山林初雪》：孙其峰先生说此画表现了北方大雪纷飞的寒林景象，但在手法上却心源独运，没有落入前人窠臼，取得了新颖的艺术效果。作者没有按常规那样去枝枝树树刻画雪痕，而是"计白当黑"和"以有画无"的空白画雪法。远处则渺茫模糊，好像是被密密麻麻的雪花遮挡了人们的视线所看到的景象一样。

（三）花卉禽鸟重情趣

齐白石先生说："画花卉必须有虫鸟陪衬才更生动。"[①]这是因为画中物象除了鸟虫是动的外，其余都是静的。只有动静结合形成对比，以动显静，或以静显动，才能构成意趣盎然、富有活力的画面。

花鸟画的主体是花卉禽鸟，表现的是花卉和与花卉有关的鸟类、昆虫，既要画得美观、通俗、养眼、引人，还要有高雅的格调和深厚的内涵。

中国花鸟画集中体现了作为审美主体的人与作为审美客体的自然生物的审美关系，反映画家对生命之乐的感知、审美心理意向，以及对待人生的积极乐观、健康向上的态度。这里寓含着对生命、活力的赞颂和对意趣的欣赏，而"趣味是对生命的彻悟和留恋"[②]。

我们正是以画家这样的审美心理和生活态度来欣赏李才旺的花鸟画。

花卉中李才旺画梅、兰、竹、菊"四君子"均有佳作问世，如《暗香浮动》的雪梅、《香自幽谷岩缝来》的幽兰、《清风徐来》的修竹、《霜风吹白花千丛》的秋菊，其中尤以写竹为多，如《丝竹》《雪竹图》《竹焦飞雀》《澜沧江水滚滚流》等不同神韵的佳作。花中"四君子"之外，《冰清玉洁》的玉兰、《凌波风韵》的水仙、《池边野趣》的荷花亦有精品佳作。其中以荷花最多，说明李才旺爱荷、赏荷，亦善画荷。爱荷之"出淤泥而不染，濯清涟而不妖"（周敦颐《爱莲说》）；赏荷之"清水出芙蓉，天然去雕饰"（李白诗）；画荷之"中通外直，不蔓不枝，香远益清，亭亭净植"（周敦颐《爱莲说》）。作品有《比艳》《清夏》《秋色》《荷塘》《惠风》《叶肥花艳》《墨壮荷韵》《花开无边碧叶中》等，写荷春夏秋冬的不同形态，给人以美感。

---

① 吴国亭：《李才旺书画理趣》第8页，人民中国出版社1999年4月。
② 朱光潜：《艺文杂谈·谈读诗与趣味的培养》，见吴国亭：《李才旺书画理趣》第52页，人民中国出版社，1999年4月。

李才旺不多画含烟沁翠的夏荷倩影，而多画风雨飘零的残荷败叶，如《风荷》《秋江残荷》《残荷自有残荷味》一类。吴国亭先生曾问其所以然，李才旺只是说："近来对残荷兴趣颇浓。"其原因未直接言明。吴国亭猜想，是不是枯梗败叶间能"会笔墨之趣"、"得笔墨之神"，以追求中国画的至高境界？吴国亭先生认为画家是在追求一种"残缺美"，如断臂的维纳斯比完整的维纳斯要美，故意敲破边缘的图章比原来的更有金石味和厚重感，锈迹斑斑的出土的青铜器比新翻铸的古朴纯厚，更具美学价值。

李才旺画鸟禽独爱画鸡和鹤，有《百鸡图》和《百鹤图》这样的传世之作。他不仅画鸡和鹤，也画鸬鹚、雀、鸭之类常见的禽鸟。还有不属于禽鸟的小松鼠。这使我们想起中国画坛上杰出的人物画大师黄胄先生。黄胄不仅以人物画著称，他的动物画，尤其是画驴，也取得了很高的成就。黄胄带着一颗大爱之心对待动物，所以他画它们，随手绘来，就能画出它们的千姿百态，画到它们的精神里去，说明"心中有爱，笔下丹青才真实"。李才旺的画也说明了同样的道理，对于花卉鸟禽，一切生物，只有你足够热爱，才能画得足够真实，画出它们的千姿百态和奕奕神采。

李才旺的花鸟画予花鸟以生命力和各不相同的神形特征，寄寓自己的独特感受，体现了中国绘画缘物寄情、托物言志的"寓兴"精神。正如他自己所说的："我的花鸟画，不管画的是雄鸡，还是八哥，实际上都是写人的，写人的感情，或者是画家本身的感情。这样的作品就会有一种感染力，有一种把花鸟和人联系起来的感染力。"

这里，我们在花卉方面重点欣赏李才旺画的荷，禽鸟方面重点欣赏李才旺画的鸡和雀，从中既可以欣赏李才旺的绘画艺术，又可以探知画家的思想境界和理想志趣。

《香月古梅》：孙其峰先生评价此画，笔辣墨浓有似李晴江处，韵调横拙又得高凤翰遗风。这可见他在传统继承上是有根底的。李才旺在学习古人上，不是"亦步亦趋"，而是"得意忘形"的。梅干用笔信手纵横，这无疑是得力于他的书法造诣。现在有些人画写意花鸟，不愿下画外的功夫，尤其忽视书法的学习，这是一种急功近利的近视看法。

李晴江，即李方膺，号晴江，清代画家，"扬州八怪"之一。擅画松竹兰菊，尤长写梅，用笔放纵而苍劲。高凤翰，清代画家，"扬州八怪"之一。多作花卉树石，笔法奔放，纵逸不拘成法。孙其峰先生言李才旺在笔法、韵调上有前贤遗风，可见其对李才旺花鸟绘画功夫的评价之高。

对于画梅，古人有云："梅以曲为美，直则无姿；以欹为美，正则无景；以疏为美，密则无态。"[①]晚清画梅高手查礼主张："画梅要不像，像则失之刻；要不到，到则失之描。不像之像有神，不到之到有意。"李才旺的画梅之作大都暗合前人之法。

著名画家康富平、赵志光先生说，《香月古梅》画面舒展，清新明快，更似一首"大珠小珠落玉盘"的轻快乐曲。朦胧的月色照在窗前，一枝腊梅清秀挺拔地从盆中伸出，上着数点黄色花朵，错落有致，流畅自然，充满生机。使人观后，心旷神怡，如饮美酒。[②]

《香自幽谷岩缝来》：这幅写兰图，笔法简练潇洒，构图简洁明快。画家以焦墨擦写的伸曲有节的长叶，以淡墨线勾的婀娜多姿的小花，创造了一种自甘幽僻、淡泊清雅、清正不俗的意境，透出一丝从幽谷岩缝里飘出来的淡淡的清香，让人神思遐想、痴迷陶醉。

画家曾作《题兰图》诗：

幽谷藏身沐春晖，惠风徐徐香送谁？

或许牧童能到此，晨露滴滴似清泪。

---

① 杜文和：《侏儒记》，《中华散文百年精华》第692页，人民文学出版社1999年3月。
② 《发自心源 别具一格——读李才旺的诗书画》，1997年4月2日《山西日报》。

有宋人林逋"疏影横斜水清浅，暗香浮动月黄昏"（《山园小梅》）之诗意，极写兰花的幽谷清香，带有诗人的几分不平和哀伤。

李才旺曾为驻晋某部军旅画家冯刚所作兰花题字"以兰养德"，并在旁边写下"兰生幽谷不以无人而不芳"一行小字。这话出自一段名言："芷兰生于深林，非以无人而不芳"（《荀子·宥坐》），"君子修道立德，不为困穷而改节"（《孔子家语·在厄》）。可见画家写兰画兰，对兰的洁高气正的尊崇和敬畏。

《雪竹图》：李才旺写竹、画竹，赞赏的是竹子"根植破岩有虚怀，叶舞清风无媚态"（《题竹图》），"何曾畏霜寒，堪爱有风骨"（《题竹二首》之二）。画家所有的写竹图都体现了这种高尚的格调。

让我们欣赏这幅醒目养眼的《雪竹图》。白雪冰封的深山密林中，几只鲜活的山鸡，天然的情态使寂静寒冷的山林充满了生机。在色彩运用上，红色的鸡冠与冷色的白雪、竹林形成鲜明的对比，墨色的浓淡体现了意境的幽远。作品立意高远，构思独特，气势恢宏，笔力劲健，酣畅淋漓地绘制了一幅雪后茂竹图，喻示着伟大祖国像挺拔、茂盛的劲竹勃勃向上，万古葱茏。这幅八尺大画在"2000 年首届世界华人艺术展"上获绘画金奖。李才旺也因之荣获"世界华人杰出艺术家"称号。

《篱下黄花》：吴国亭先生说，画中篱畔一角，一丛菊花倚着顽石傲霜竞放，花朵明艳，枝叶茂密，花下有觅食雏鸡和迎风翠竹相伴，显示着秋天自然界的一片郁勃的生机。画以秋菊为主体，但如仅秋菊一种画材则易失之单调，也难以布局，所以画家引入了石块、翠竹、雏鸡和苔草等几样内容，合理组织在一起，不但丰富而且也美化了画面。全画分量似偏向右侧，于是在画左侧题诗布长款加盖印章，以加重左侧分量，求取画面平衡。画家长于作诗，擅于书法。在画上题诗，不但在形式上对疏密、虚实、轻重的节奏调度有重要作用，更重要的意义是能够把画的主题、意境表现得更鲜明，更深刻。其《题菊图》云：

群芳凋零百草衰，独有篱下黄花开。
为因生性能傲霜，引得陶公伴君来。

这里题诗将秋菊与"采菊东篱下，悠然见南山"的田园诗人陶渊明联系起来，言陶公爱菊之霜寒傲骨而色不变，就不仅是就画题画，而是画外之音、诗外之意，更耐人寻味。

《凌波风韵》：描绘水仙竞放，打破盆中水仙布局的老传统，水仙不斜不倚，直冲向上，叶密花繁，犹如一处水仙花园。此画令花鸟画大师孙其峰先生赞叹，言其非同凡响。孙其峰先生说，迎眼的效果，既不是笔法的挥洒自如，也不是运墨浓淡随意，更不是设色的浑然一体，它使人首先感到的是郁郁葱葱的一种生命力。对生命力的歌颂，是花鸟画创作要求的一个重要课题。同是水仙，在传统的作品里，固然不乏佳作，但也确有一些为作者低沉思绪所染了色的病态水仙。李才旺的画虽然与传统的文人画一脉相承，但他却能择善而取，自出手眼，另具一格。

徐文达先生认为，《凌波风韵》中的水仙，先涂色后勾线，使涨墨与色彩相融合，以显示水仙的厚苗刚健，把几束本来翠嫩的水仙变得粗壮有力，葱郁挺拔，表现了一种强大的生命力，是一幅难得的上乘之作。

《月夜玉兰》：徐文达先生认为《月夜玉兰》纯以线勾成玉兰花，无论圈花、布干、理枝，清闲劲健，用笔熟练沉着，恰到好处，底铺朦胧月色，温馨高雅，无可挑剔。徐文达先生认为画家很会处理章法布白，大有助于意境的表现。有圆有缺，有正有偏，不是一个格局，有很大的灵活性。

《比艳》：此画构图取俯视，淡赭墨画荷叶、水草和芦苇，荷花盛开，翠鸟立于荷梗之上，此画打破败枝残叶的老传统，荷叶饱含水分，狂风舞动。孙其峰先生说，这幅画表达了荷塘野趣。笔墨浓淡相宜，花叶纷披自然，信手点染，若不经意，这是文人画的精辟观点。在经营位置上，一反常规，采用俯视角度，花叶杂陈，不见或很少见到荷梗，使观者如置身荷塘，使人不禁想起"接天莲叶无穷碧，映日荷花别样红"（宋杨万里诗）的名句。

孙其峰先生的评价甚为精辟。在李才旺的大量画荷作品中，大片泼墨的荷叶常与若隐若现的荷花形成强烈对比，体现了红花需靠绿叶扶的人生和艺术哲思。

《风荷》：康富平、赵志光先生评价这幅花鸟写意作品时说，这幅作品立意新颖，构思独特，布局严谨，气势磅礴。从画面上可以看到狂风吹过荷塘，虽枝折叶损，花瓣飘零，但混乱中有规律，残破里存生机。题画诗曰："一阵狂风过荷塘，摧枝折叶碎群芳。或许浮萍能苟存，随波逐流飘四方。"这是写残荷的状态，更是对浮萍似的人格的嘲讽和鞭挞。画家的爱憎与情感在作品的笔墨穿插与交织中表现得何等淋漓尽致。徐文达先生认为，《风荷》是画家以怒气表现狂风，而题画诗又是以诗情补充画意，堪称诗画合璧。与《风荷》异曲同工的还有被吴国亭先生评价为"柔韧中见苍劲"的《秋雨残荷》，在深秋细雨中，荷塘里的枯梗败叶，虽然失去了昔日含烟沁翠的芳华，但其间仍盈溢着一种野逸苍浑之趣，表现一种飘零的凄美。《荷雾》画面上只见一片迷蒙的朝雾，一派虚幻的混沌，荷花在有无中，荷塘于隐现间，表现了一种若有若无的迷人境界。《荷塘秋韵》一幅更被孙其峰先生誉为"艺

双鸬鹚　　46cm × 69cm

术感觉良好"。

《荷塘一隅》：这是李才旺与恩师孙其峰先生合作的一幅佳作。这幅作品首先映入眼帘的是墨气酣浓的荷叶，其次是荷花和小鸟，再次为小草和浮萍，视觉层次井然有序。荷叶、荷花均为李才旺所画，由孙其峰先生补画小鸟、水草和浮萍，丰富了画面，平添了生机。吴国亭先生说："二人合作一画，风格往往不易协调，构图不易统一，这里他们处理得天衣无缝，珠联璧合。"

《双鸬鹚》：这幅画深受读者喜爱，并为专家所赞赏，被收入多种画册中。诸多画家、画评家从艺术上给予高度评价，并从画面、笔墨等方面进行赏析。孙其峰先生的评价是：画面写浓墨双鱼鹰，神态自然，空余水面，点缀几笔淡淡水草，形成强烈反差。水面不着一笔，但由于鱼鹰的存在，却让人感到明净的水面。这种表现手法上的大胆取舍，正是显示了才旺能诗善文的画外本领，体现了古人"气通于道"的艺术法则。

中央美术学院薛永年教授说："他画的两只鸬鹚，一个伸直脖子叼鱼，另一只缩回脖子食鱼，画面相当完整，非常简练，笔墨也好，没有毛病。"①吴国亭先生说，这里画的是两只鸬鹚鸟在池塘中捕鱼的情景。一只已捕到一条小鱼衔在口中，屈颈弓背，安然自得；另一只急速前进，伸长脖颈追捕仓皇出逃的游鱼，神态较为紧张。画家只寥寥几笔便把两只不同动态不同神情的鸬鹚刻画得栩栩如生，跃然纸上。两只鸟喙用枯笔焦墨线条勾写，身体用大笔洇化的墨团点虱，形成了强烈的线与面、枯与润的对比效果。其用笔准确，落墨肯定，看似生动自然漫不经心，那是为了体现中国写意花鸟画"见笔见墨"的审美情趣而有意为之的结果。

画面环境也十分精练，只点虱几笔浅绿的水草，大片空白虽不着一笔，却让人联想到是一片水面。简短的题款文字与画风甚为协调，放置鸟后画右也很贴切，留出左面较多的空间以使鸬鹚的活动有回旋的余地。这幅小品"形似草草，实则规矩森严，物形或未尽有，物理始终在握"（《黄宾虹画语》）。

康富平、赵志光先生说，《双鸬鹚》画面空灵而不单薄，墨色饱满而不板滞。其用笔肯定并敢于大胆取舍。两只鸬鹚在水中嬉戏捕食，姿态生动，自然潇洒。画面黑白对比明晰和谐，充满田园风情，给人一种宁静闲适之感。②

《吉利图》：图中一群小鸡，一枝枇杷，笔墨简洁，设色明净淡雅，格调明快温馨。小鸡之憨态，枇杷枝叶果实之悬挂、滚落，皆极富情趣。吴国亭先生像欣赏一首无声的小诗一样讲述这幅作品。他说，《吉利图》画的是一群小鸡和一枝枇杷。画家把小鸡人格化，富有了生命，有了思想感情，于是也就与枇杷有了"关系"。小鸡如同一群小顽童，被鲜美的果实引诱得馋

---

① 《李才旺书画研讨会发言节录》，《李才旺艺术论》第39页，中国戏剧出版社2004年8月。
② 《自发心源 别具一格——读李才旺的花鸟画》，1997年4月2日《山西日报》。

涎欲滴，想啄食之又不知如何"下手"，画面精致生动，充满了情趣和诗意。画家表现小鸡色墨融浑一体，点写简约，寥寥数笔便将其天真可爱、憨态可掬的神态刻画出来，似乎还能让人听到唧唧鸡叫的感觉。内行人看画鸟雀成败高下主要在脚爪上，画家画的这几只小鸡的双爪都颇为成功，有力度，有骨节感。全画最为精彩的是那只落在地上的枇杷和旁边的一只小鸡。小鸡走向前去，对着那颗红红的、黄黄的果实欲啄未啄，似在玩赏，煞是有趣。

《百鸡图》和《百鹤图》：一百零八只鸡，一百零九只鹤，无一不刻画入微，动态自然。鸡鹤皆形态各异，构思巧妙，想象力非凡，似乎每一只鸡、每一只鹤本身便是一个故事。而在笔墨点染上，无论是鸡鹤之姿态，还是鸡鹤之形状，都极有法度。精工妙丽，结构天然，设色浑逸，笔力遒劲。鸡、鹤之喙、之足，逼近真实情态又富于灵性之美。鹤之飞翔、之优雅诸势，尤具匠心，臻于妙境。其四季草木野花衬托之物，亦皆精益摹写，如干之劲、叶之灵、草之柔、花之简雅而不繁，皆因出自全才之手。

《吉祥如仙》：《李才旺书画展》在上海举办期间，中国文联副主席、上海市文联主席，著名导演吴贻弓先生特别喜爱李才旺的《吉祥如仙》这幅花鸟画。他以感性的语言对记者说：在布满水仙花的山坡上，跃动着12只大鸡和24只小鸡。大鸡中，公鸡们或乍翅引颈高歌，或昂头健步徜徉；母鸡们或带着小鸡寻寻觅觅地找食，或静卧花旁享受一种甜蜜的安逸；最招人爱怜的那一只只毛茸茸的小鸡，或欢蹦乱跳，或探头探脑。有意味的是，12只大鸡象征一年的12个月，24只小鸡象征着一年是24个节气。这画面，从构思到构图都给人以美的享受，我真想伸手从画上抱一只小鸡回家养哪！这画意画面营造的环境真是吉祥如仙，大美如天！

《黄浦清芬》：这是一幅六尺花鸟佳作。力群先生评价此画时说，作者在所空的当中，画了六只飞翔的小麻雀，增加了画面的动静之感，而六只小麻雀之疏密处理也恰到好处。作者在玉兰花的附近又用淡青色点了些点，这些属于抽象之笔，并不表现什么事物，但为画面所需，有丰富画面的作用。因此，《黄浦清芬》实乃作者白玉无瑕之精品也。①

著名画家李国维说："画中玉兰迎风飘逸，姿态别致洒脱，枝干用墨浓淡相宜，自然老到，几只麻雀欢快活泼，凌空飞跃，构图上错落有致，充满了节奏感和动感。仿佛画面的玉兰树在迎风摇曳，与鸣叫飞翔的麻雀形成一种和谐的乐章。"②

《金秋》：徐文达先生说，《金秋》画的是入秋的芦苇，有意突出芦穗之美。画家没有把画面处理成横向，而是安排在一幅瘦长的大条幅上，并且把芦苇偏于右下方的一侧。层层而上，左上方留下一片空白，点几只麻雀。这样的狭长偏侧的布白，反感到异常生动，可想象出是一片旺盛而萧瑟秋风的金色世界。这种以少胜多的出奇之作，可谓独辟蹊径。

吴国亭先生说，这幅画描写的是深秋十月，天高气爽，粟米含风，几只小麻雀穿过庄稼地在广袤的苍穹下驭风高翔。这就把无形的秋风也表现了出来，正像我们的传统绘画画鱼不画水而感到满纸是水一样。画面靠着迎风摇曳的庄稼和麻雀把秋意点染得甚是浓郁，表现了画家对大自然的爱恋之情。正如唐代诗人刘禹锡诗云："自古逢秋悲寂寥，我言秋日胜春潮。"（《秋词二首》之一）

《寒禽沐雪图》：一片白茫茫的雪野，一群蛮有精气神的鸟儿静栖其间，

---

① 《自学成才 前程似锦——观看"李才旺书画展"》，2001年5月29日，《文学报》。
② 《笔情墨趣 自然天成——小议李才旺中国画》，2003年7月，《山西日报》。

在一只鸟的喙与爪之间,有一条或隐或现的嫩芽破土而出,令人瞬间生出一缕惊喜,并从中悟出一些人生况味。画家的题画诗更加深了读者对作品的理解:

冬云密布白絮飞,雪野寒禽耐风吹。
山果草丛觅食处,新芽破土待春归。

《葫芦与八哥》:吴国亭先生认为这幅画运用了艺术的三条规律,即脉络线的运用、起承转合的运用和空白的运用。画中,我们可以感到,从画幅顶端的枝叶向右下方延伸至中部,再转向八哥脚下的枝叶,仿佛有一条隐伏着的脉络左右着葫芦枝叶的走势。它将葫芦的枝叶串缀起来,使其连贯。这种有脉络可循的构图样式,称之为"得势"。画中脉络线的趋势有如弓之柄,是张开着的,画面松弛,而八哥居左向右在枝头作回望状,顿使画面收拢,在视觉上有回环因素。全画有聚敛、集中的感觉。八哥这一回首动态是这幅画的关捩所在。这幅画重视平面的效果和空白大小的分割,物象显得清晰、明确。特别是八哥的位置,四周留出大片空白,造成十分明豁的黑白对比,起到"无画处亦是画"的审美想象空间。

《春江水暖》:《美术之友》主编李福顺先生说:"《春江水暖》一画借用苏东坡的诗句,呼唤春天的信息。涯下水塘中三只小鸭自由嬉戏,涯石浑沦,是用水墨交互渗染造成的肌理效果,'作'而不作,自然天成。"[①]孙其峰先生说,画面运用了"特技",表现了他开阔的艺术心胸。其实"特技"与那些传用已久的"常技"之间,并无不可逾越的鸿沟。一切常技,在开始被人们发现和运用的时候也是"特技"。在李才旺看来,大概不分什么特技与常技,只要能表达主题和抒发情感,就是好技。

---

① 《艺政双辉 相得益彰——读李才旺绘画作品有感》,《美术之友》1998年第2期。

《秋味》，这是画家的一幅小品。李才旺以气势恢宏的大画著称，而其小品则以笔墨无多、画面简洁、活泼率真而充满情致。《秋味》当属此类作品。《秋味》描写的是一鸡一虫。秋虫在草丛中跳跃前行，母鸡在旁睁大眼睛欲啄而食之，而虫竟毫不觉察，画面充满情致和意趣。吴国亭先生说："鸡用一种黑色绘制，浓浓淡淡几笔便把夸张的眼睛、有力的双爪、生动的动态刻画出来。秋虫作黄褐色，虚笔轻勾淡染，形神顿然俱出，几乎觉得要蹦出画外。在艺术表现上鸡和虫画得都很成功。"

　　《空中来香》：吴国亭先生认为这是一幅生趣横溢的作品。画的是一只小松鼠见树梢上挂有一只松果，正欲上窜捕而食之。画家笔下的松鼠通过抬头、翘尾、前爪蜷缩和后腿蹬踞等几处动态要点表现得活灵活现。松鼠的胡须、鼻尖、趾爪等处交代得十分精细。就整幅作品的笔墨看来，松鼠色墨融浑一体，松树主要用粗细不一的线条勾勒，而石块用粗笔浓墨大刀阔斧地点厾，三处地方三种不同的手法与效果，可见画家以笔墨立形质的匠心所在。

　　（四）瓜果蔬菜秋意浓

　　瓜果蔬菜，百姓盘中餐。李才旺以瓜果蔬菜入画，其作品鲜明的形象，散发出清新的香味，让人馋涎欲滴。举凡白菜、辣椒、蘑菇、百合、丝瓜、茄子、桃子、柿子、葵花等，无不贴近百姓生活。李才旺画白菜，言其清白无瑕；画葵花，颂其奉献精神；画柿子，寓意事事如意，以瓜果蔬菜写人间美德，为读者所喜爱。

　　这使我想起人民艺术家齐白石老人。齐白石的绘画以花鸟草虫为大宗，且兼工、写两种作风，俱都造诣高深。齐白石以白菜、芋头、青蛙、雏鸡等生活中常见物入画，造型简练，色彩鲜明，微毫毕现，意趣横生，倾注了画家对这些果蔬草虫的真挚的感情。1956年，齐白石荣获世界和平理事会颁发的国际和平奖。他在颁奖仪式上说:"正因为爱我的家乡,爱我的祖国美丽富饶的山河土地,爱大地的一切活生生的生命,因而花费了我毕生的精力,把一个普通中国人民的感情画在画里,写在诗里。"①

李才旺亦如齐白石大师,"爱大地的一切活生生的生命",所以才有他苍鹰古松、花卉禽鸟、瓜果蔬菜之类的注入他的真情和理趣的绘画佳作。

《秋味图》:这幅画在李才旺完成后,孙其峰先生在白菜之下辣椒、蘑菇处加添了几个百合,与其他果蔬相映成趣。由孙先生题写画名,并作题识曰:"才旺写秋味图其峰补画百合并记戊寅春日"。李才旺与孙其峰师共同作此画可谓画坛佳话。

画家以普通蔬菜入画,反映了画家朴实的生活情趣和平实的艺术追求。画中白菜、辣椒、蘑菇、百合凑在一起,虽说都是果蔬,但各有自己的特色。首先白菜比其它果蔬大得多,几乎占了画面的二分之一,且用笔浓重,显然是一画的领衔之处,其余果蔬皆居于次要地位,从而交代了一画的主从关系。辣椒红而细,灰赭色的蘑菇圆而润,白色的百合则呈多瓣状且外廓多棱角,并有根须。它们各逞姿态,大小、形状、质地和色泽均不相同。视觉上互相比照映衬,造成和而不同的美感效果。这里的白菜用绳索捆扎,表现了白菜圆浑的体积感。白菜将辣椒分隔开来,百合分两处布置,蘑菇与辣椒的交错安排等,处理得十分得体,其间距也恰到好处,不可更易。此画虽尺幅小品,但确是一幅精当的佳构。

李才旺对画白菜更有自己的独到见解。他说,官不可无此物,当官的也要吃白菜,民不可有此色(菜色),言当官的要爱护老百姓,不能让老百姓食不果腹,面有饥色。

---

① 见于国源:《简单的大爱者——读齐白石的〈煮画多年〉》,2013年7月21日《太原晚报》。

《风动葵香》：李才旺曾以葵花入画。因为他喜欢金黄色的花朵、大片的叶子和坚挺有力的茎秆。他想通过画葵表达一种追求，特别是对青少年一代更是如此，要学习葵花朵朵向日开的精神。

李才旺在省委工作期间曾在左权麻田蹲点。他在扶贫工作期间，时时以向日葵作比喻，警示自己要像葵花一样对人民有所奉献。这是一种多年来形成的内心情结。他记得一个初秋的季节，他从家乡壶关到太原的路上，途中看到遍地的葵花长得非常好，葵干郁郁葱葱，葵花满盘金黄。他就想到这葵花从春种到秋收也是一生啊！秋到了，它枯萎了，但它留给人们的是一大盘葵花籽。于是他就写了一首小诗：

杆壮叶阔花金黄，无须风助自向阳。

春去秋来不虚度，留与人间一轮香。

诗人想到葵花尚且如此，那么作为人的一生最后能给人间留点什么呢？

李才旺所作八尺巨制《风动葵香》为国务院机关事务管理局杏林山庄收藏。吴国亭先生以《寻求艺术表现的法道》为题评说这幅画的艺术处理。他说，画面中只有向日葵，没有其他什么陪衬点缀之物，素材单一，难以处理。但有心计的画家求取物象自身的各种变化以使作品丰富耐看。具体地说，首先把向日葵分组安顿，几组中分主次，几组间有间距、有远近，形成疏密节奏、高低错落的构图变化，而避免单调乏味。正如黄宾虹先生所说的："法从理中来，理从造化变化中来。"

《丝瓜》：丝瓜是一种很宜入画的素材。它有曲折缠绕的藤蔓，有扁而阔的叶片，有黄色的花朵和长长的果实。这些茎叶、花朵和果实的造型各不相同，形态亦不一，可形成对比的美，所以历来为画家所喜爱。吴国亭先生对此画的简介入情入理，把读者引入画中，欣赏体味。他说，从画面上看，显然作者首先画丝瓜叶子，因恐与绿色的丝瓜着色重复，叶子改成了墨色，先点墨团叶形，后勾脉络，画成叶子。接着再勾写藤蔓，使其连接起来。接下来画丝瓜。丝瓜按叶片布置之势安排，分为左右两组，左边一组一只，右边一组六只，并有高低、大小、疏密和藏露不一的变化。至于花朵，其部位和数量皆恰到好处，十分相宜。画到此，最后似又添勾了一些藤蔓与丝瓜相缠绕，至此一张画全部完成。这画的构图上实下虚，画面中心集中于上半部，"上重下轻之布置，易于灵动，易得气势。"（潘天寿《听天阁画谈随笔》）吴国亭先生的讲述仿佛他就站在画家的身边看画家作画，感受深刻，观察入微。

《茄子》：吴国亭先生引清人方薰《山静居论画》中的一句话，来评价李才旺的这幅画："作一画，墨之浓淡焦湿无不备，笔之反正虚实旁见侧出无不到，欲似随手拈来，便是工夫到境。"画中茄叶全用墨色不用色彩，显得朴素大方，而茄子果实用色彩表现，恰又形成对比，突出了果实。就笔致而言，用笔干脆利落，不抠不描，有表现力；就布置而言，有疏密，有参差。可见画家驾驭笔墨的能力和对宣纸性能的把握，而表现出这种不凝于心、不滞于手的艺术效果。

《贺岁图》：版画大师力群先生见到这幅《贺岁图》，端详半晌，而后激动地情不自禁地拍案叫绝："好啊！李才旺厉害！"确如力群老所言，此画就艺术表现而言，笔墨和造型出手不凡，功力深厚；就构思立意而言，独具慧眼，别开境界，体现了画家画里画外的才智和修养。

《贺岁图》桃子是主体物，画家施浓烈的鲜红色，如火欲燃，十分突出。篮子用焦墨枯笔，线条富有变化，行笔老辣生涩。其间尤以篮柄更为明豁，白纸黑线，前实后虚，掂掇恰到好处。墨篮与红桃比照，强烈酣浓，醒目快心。

寿桃是传统花鸟画的老题材，寓意吉祥、长寿。画家却能别出心裁，写出惜时新意。当完成篮桃之后在上端大片空白处以潇洒飘逸的行草写下了四句新颖别致的诗句：

  桃有千年寿，人无几何春。
  华岁当珍惜，切莫弃晨昏。

其实，画家夜以继日，惜时如金，岂止晨昏。人们赏画读诗，当会受到深刻的教益。桃树龄长而人寿苦短，吾辈当倍加珍惜时光。

李才旺在绘画上取得如此成就，是同他的人生阅历、各方面的深厚修养，以及刻苦磨炼分不开的。著名画家、美术评论家邓明先生说："才旺涉画本政坛雅事，诗后遣兴，争奈才情过人，无师而通，兼采众长，自成一家。其性也写意，其心也绵密，其力也开石，其气也舒长，惟无半点贵人习气，与诗一调。"[①]邓明先生对李才旺的评价可谓知人知艺。

齐白石老人"衰年变法"，刻意求新。65岁至94岁是他绘画创作的高峰期，艺术臻于化境。李才旺年方进入"古稀"，来日方长，在书画艺术上正可大有期待。

---

① 《鹤舞云天序》，《百鹤图》，山西人民出版社2006年。

第六章
哲思艺潭
ZHESIYITAN

李才旺是诗人、书画家,也称得上是一位哲人。哲人,是聪明的人。哲人李才旺,就是聪明的李才旺。李才旺的聪明表现在他的政绩和艺术成就上,也表现在他的一系列观点和主张上,包括他的人生哲理和艺术主张。这种人生哲理和艺术主张可以概括为富有诗性的哲思艺谭。

第一节 李才旺人生哲理——"文蹊政径两驰名"的辩证法

香港《大公报》曾载文称李才旺"文蹊政径两驰名,宦况诗怀一样清"。中国自古不乏"文蹊政径两驰名"的人物,如宋的苏东坡、清之郑板桥。对此,李才旺从切身的体会,自有一番感受。

李才旺在不同范围和对象的讲座或报告会上,经常说到一个问题:我们当官,为什么当官,为谁当官,怎样当官,当官时遇到这样那样的情况和问题,怎样应对,都是首先需要思考的问题。有人也常常问李才旺当官怎么能洒脱一点,潇洒一点,他的回答是:"非常不容易。"就是在这个"非常不容易"的问题上,李才旺有不少既是来自实践的,包括工作实践和艺术实践,也是来自理性思考的体会和心得,成为他人生历程的精神财富和艺术道路上的宝贵经验。

一、从政和从艺

李才旺在从政的过程中,由于对艺术的爱好,对诗书画的特别钟爱和所取得的成就,成了中国作家协会、中国书法家协会、中国美术家协会、中国曲艺家协会等全国协会的会员,在艺术界有了很大的名气,有了"文蹊政径两驰名,宦况诗怀一样清"的美誉。他觉得这个评价从自己来说虽然高了一点,但应该是一个爱好艺术的从政者追求的理想境界。

李才旺做官有地位,有政绩;从艺有成就,有影响。李才旺是怎么处理好这两方面关系的,这是众多关心和研究他的人常常提出的一个问题。

有人问李才旺："你的作品不论宏幅巨制，还是尺幅小品，怎么都能大气自如呢？"李才旺说："这与画家的经历及从事的工作不无关系。就拿我来说吧，四十多年宦海生涯，加之较早走上领导岗位，处理了成千上万件事情，解决了许多矛盾，可能自己对人生的体悟、思考较其他艺术家就多一些。"

李才旺对于自己在艺术方面所取得的成就，以及同工作的关系，有着自己独到的见解。李才旺把自己对诗书画的爱好同本职工作联系在一起，从诗书画创作中悟出搞好本职工作的道理，其见解独到而精辟。

（一）为政、从艺与驾驭矛盾

李才旺说："艺术大师是善于驾驭矛盾的高手。矛盾在艺术家的生活和艺术中无处不在。驾驭矛盾的大小、多少在某种程度上反映了艺术家成就的高低。"这种特殊的生活艺术矛盾论，是李才旺几十年人生经历和艺术实践凝结成的真知灼见。

为政和从艺是一对矛盾，二者性质不同，处理的办法当然也相异。但是，世上就怕有心人，有心人就能从差异中找到共同点，以共同的理念和手段去处理不同事物的矛盾。李才旺说，为政要解决经济社会发展和民生问题的种种矛盾。作为一个领导干部，需要协调处理好上下左右等方方面面的关系，各种矛盾处理好了，就能创造一个和谐的环境，工作才能有突破，出成绩。艺术创作也要处理各种矛盾。作画，尤其是中国画，讲究画的布局、浓淡、远近、虚实、偏正、干湿、倚让等等关系，因而作画的过程也是一个解决矛盾的过程，矛盾解决得好，就是一幅好画。

李才旺认为，为政之余研习艺事，只要分清主次，处理得当，并无矛盾。他说："从政和从艺，两者处理得好，相得益彰，相辅相成。书法、绘画是驾驭笔墨的艺术，领导行为是驾驭人才、驾驭全局的艺术。也就是说，领导干部要做好领导工作必须掌握一些基本功，诸如授权艺术、说话艺术、处理矛盾的艺术、运筹时间的艺术。要熟练掌握和灵活运用这些领导艺术，就会化解矛盾，增进团结，达到预期的领导目标。从政与从艺二者方式不同却精髓相似。挥毫泼墨要求把握方寸，各得其所，差之毫厘就可能是败笔。用人要尽其所能，各得其所，放错位置，学非所用，也是败笔。因此，领导干部要讲究领导艺术，必须提高自己的艺术修养。"

2002年3月，在深圳举办《李才旺书画展》。李才旺在接受《深圳商报》记者采访时说，从政和从艺，是可以协调，可以成为一个整体的，从艺对从政是有帮助的，"做官的如果特别喜欢艺术，更可能是一个好官，因为他多一分艺术的爱好和追求，就会减一分请客吃饭之类的嗜好"。李才旺说："另一方面，从政经历也会令艺术创作受益匪浅。在政府部门工作，经常要面对成千上万的群众，经常要解决棘手的问题，可以锻炼人的气质。宦海生涯最能体验人生的大起大落、大喜大悲、大爱大恨。"[①]这当然对艺术创作也是大有好处的。

李才旺说，"文似看山不喜平"，这"不喜平"既是艺术上的要求，也是坎坷不平的从政经历在艺术上的反映。为政的艰辛繁难，从艺的呕心沥血，在二者的渗透交融中结出艺术之花。因此，从政和从艺是相通的，没有什么矛盾。或许在时间上会有所冲突.这就需要善统筹、巧安排了。他说："任何成功者都是妙用时间的高手。"

（二）书法上的避让与工作上的互让

李才旺说，书法讲究避让，工作中同事相处，同样要求同存异，互谅互让，这里有相通之处。

李才旺有诗名《感怀》：

事在理上三分让，谁道量大是糊涂？
施恩图报非君子，能屈未尝不丈夫。

---

① 《"艺术创作非职业化"引人关注——"李才旺书画展"在深开幕》，2002年4月1日《深圳商报》。

除夕瑞雪　　68cm×138cm

李才旺的意思并不是讲凡事都要委曲求全，而是说与人相处要襟怀坦荡，豁达大度，和谐友善。

和谐是处理一切矛盾，包括政治的人事的艺术的矛盾的最根本的办法和途径。为政要"以人为本，执政为民"，处人要与人为善，同样艺术创作也要以人民群众为服务对象和表现主体，使作品具有深刻的人民性。同时从政的经验又往往能为艺术创作提供丰富的营养。

（三）大胆落墨与小心收拾

李才旺说，作画讲究"大胆落墨，小心收拾"，在工作中也可以这样说。所谓"大胆落墨"就是要大刀阔斧地干一些应该干的大事，同时又要特别注意处理好每个细节。没有"大胆落墨"就没有开拓精神，不悉心细致地处理方方面面的矛盾，就像不"小心收拾"一样成不了好画，也绝称不上是一个成熟的领导干部。

（四）字外功、画外功的较量

李才旺说，同样都是书画家，但是到了一定的时候，就不是再以笔墨的较量来分高下，而是字外功、画外功的较量。他还说，就干部队伍来说，最后的较量也不是看官阶的大小，而是看一个干部的政治修养、思想修养和文化修养。这是提高一个干部品位的很重要的要求。这正反映了李才旺对从政与从艺的看法。实际上正是李才旺的从政生涯帮助他提高素养，开阔眼界，在艺术创作上形成自己的风格。

这里我想向读者介绍国画家崔如琢先生的一段话，可以与李才旺的主张相印证。崔如琢先生说："艺术不能故步自封，艺术家最难的是超越自己的美学思想、绘画语言、绘画风格和艺术境界。画家把思想关在画室里，那肯定是画不好的。中国画家不是只拿毛笔画画，还要修身治国平天下，不能太注重笔墨反而忽视了自身的修养和修炼，没有全方位的修炼，想把中国画画好是不可能的。"他还说："画家得先活明白了，才能画明白。"①

李才旺四十多年的从政生涯，可谓起伏跌宕，历尽艰辛。处理各种纷繁复杂的矛盾的人生体验，可能是一般专业书画家所体验不到的。这种体验对他的艺术创作大有裨益。这种体验也使他的书法、绘画，追求气势恢弘、大气磅礴。"天斋云笺海为砚，笔卷雄风追雷电。权将尺幅当宇宙，腾龙跃虎任狂颠。"这首《临池狂想》可以说是李才旺书画创作所追求的一种大气势、大气度。无疑，这种气势，这种气度，来源于他的宦海生活，与他的工作经历息息相关。正如诗人珍尔所感慨的，李才旺"这样一位既从政，又集诗、书、画于一身的人，他是如何在繁冗琐碎的政务与悠闲高雅的艺术之间穿梭往来而又做到游刃有余的呢？"②

李才旺这些来自实践、发自内心的深刻感受，比任何评论者的论说都要生动得多，也深刻得多，当然也就会给人以更多的教益和启迪。这种处理矛盾的思想，又何止有益于从政者或从艺者，其实所有的人都会从中得到启迪和借鉴。

二、业余与专业

李才旺说："我不是专业画家，框框较少，不是完全按照成法去创作，这样画出来的东西就可能出现一种新面孔。"

在中国文化史上，从严格的意义上讲，绝对的专职作家、艺术家并不多。艺术上有大成就者往往都不一定出自专业。历史上屈原、杜甫、柳宗元、苏轼等伟大作家都曾担负过一定的官职，并以官职称谓，如"杜工部"、"柳

---

① 2014年1月28日《大公报》。
②《聚宇宙于尺幅之间——读李才旺诗选〈有伞的风景〉》，1996年4月24日《山西物价报》。

柳州"等。中国古代伟大诗人屈原也曾担任过三闾大夫。曹操做过汉丞相，苏东坡官至礼部侍郎，辛弃疾先后出任湖北、江西、湖南、浙东安抚使等职。特别是在唐代，许多文坛上的文人就是官场上的官员。李白曾供奉翰林，虽然是个闲职，但也是官员。有学者曾统计唐朝百分之八十的官员是文人，反过来也可以说唐朝百分之八十的文人是官员。写出"衙斋卧听萧萧竹，疑是民间疾苦声。些小吾曹州县吏，一枝一叶总关情"诗篇的郑板桥就曾做过潍坊知县。他们的从政经历，他们的社会实践，他们的颠沛流离、忧国忧民，恰恰又成就了他们成为伟大的诗人、作家。杜甫如果不是忧国忧民、颠沛流离，又怎能写出《三吏》、《三别》和《自京赴奉先县咏怀五百字》这样的传世名篇？怎能写出"朱门酒肉臭，路有冻死骨"这样的千古绝唱？

李才旺有《读郑板桥书画集偶成》一诗：

清风两袖辞官去，诗竹一卷传世来。
书画原本无专事，宦海自古有高才。

好一个"书画原本无专事"，李才旺走着前贤的道路，取得了成就，说明这是一条为历史所证实的通达之路。

李才旺不是专门从事诗词和书画创作的，但是他在诗书画创作方面都有相当的成就和造诣。我省也曾有多位省、厅级领导干部工作之余或吟诗作赋，常有佳作发表，或挥毫泼墨，时有书画问世。而李才旺诗书画均有建树，实属难得。这方面，我国当代著名的大师、名家对李才旺的"为政从艺两怡然"均有十分中肯的评价。董寿平先生说："我觉得才旺既是一位很具民本思想，敬业勤政的国家干部，又是一位悟性颇高，笔耕不辍的艺术人才。"沈鹏先生曾为北京"李才旺书画展"题词："李才旺先生才思旺盛，政务之余诗书画并作，颇多遐想。昔郑板桥为官而以诗书画为人称道，才旺先生其后继后学者乎？"欧阳中石先生称赞李才旺是"笔健才隽"。台湾画家周澄先生对李才旺的评价是："在政坛有好名声，在文坛有好才气，在艺坛有好成绩，这一切源于他孜孜不倦的性情。"这些大师、名家对李才旺的褒奖之词，正是体现了他"宦况诗怀一样清"的人生追求。

三、"大把式"与"大角色"

李才旺关于"大把式"和"大角色"的说法，同样体现了"为官之道"的辩证法。他说："人生就像一个大舞台，生活就像一出戏。大家要争当大把式，不要争当大角色。主角配角，只是分工不同，但能否叫好，并不在于角色大小。演什么就应该像什么，大臣就是大臣，小兵就是小兵。如果你争着演了一个大角色，却没有人给你鼓掌，你算不得大把式；但一个小角色，虽然没有多少台词，却能引起满堂喝彩，同样是大把式。"李才旺确实是"大把式"，他"演什么像什么"，能"引起满堂喝彩"，因为他在不同的岗位上都能尽职尽责，取得优异的成绩，也就成为"大角色"。

2012年6月，北京人民艺术剧院演员黄宗洛去世。黄宗洛以擅长扮演小角色著称，塑造过一百多个小人物形象，如《茶馆》里的松二爷，有"小草"、"龙套大师"等诸多雅号。黄宗洛虽然扮演的角色都是小人物，戏少，台词也不多，但他都要精心琢磨，把这些小人物演得成为经典人物形象。黄宗洛"跑龙套"跑成了大师，就是很好地解决了"大把式"和"大角色"的关系，在艺术创造和人生舞台上找到了自己的位置。

四、领导与被领导

李才旺作为领导非常关心和爱护被领导的同志。李才旺作为被领导也注意处理好同领导的关系，特别是在细节问题上十分注意。他熟悉官场上的一些习惯。他认为，领导与被领导在人格上是平等的，但在处事上要有个分寸，要考虑到自己的角色。同领导同志在一起，李才旺坚持的原则是：一般不和领导在同一个会上讲话；不和领导在同一个场合上写字；不和领导在同一个地方挂字，指写好字后立即挂在墙上供人观赏——以免造成彼此的不便和尴尬。因为他认为再大的官也是普通人，不是超人，会有自己在特定情景下的所思所想。李才旺坚持这样的原则，是从自己的角色出发的，也是从维护领导的尊严考虑的。

五、得意淡然，失意坦然

2002年5月，山西大学百年校庆。李才旺作为山大校友，学校请他去做一次讲座。李才旺对请他的山大领导说："没时间准备。"那位领导说："你不要准备，越不准备越能讲真话。"李才旺说："也是。"李才旺来山大演讲，学校要出海报，李才旺说海报上写演讲题目就叫《我的政艺生涯》吧。李才旺的开场白是："同学们！我今天是以一个老校友的身份来和大家交流。我讲一个小时也好，讲两个小时也好，如果那句话对你有启发，你便不虚此听，我也不虚此讲。"李才旺讲到："我离开山大近40年了。这40年，在官场上的成功与失败、欢乐与苦恼、经验与教训，我和盘托给同学们。如果同学们将来步出校门，走向社会，当你遇到一些问题的时候，你能回想起有个老学长曾经讲过一句什么样的话，对你有帮助，我想，我此愿足矣。"李才旺就是以自己的得失成败、苦乐荣辱，推心置腹地同青年学友们交流，受到了大家的欢迎。

在政界官员们的出路主要是在职务上能够不断地得到提升，由科级到处级到厅级到省级，期望为党和国家承担更大的责任，自己得到更好的待遇。

这种政治追求只要是走正路，不搞邪门歪道，是能够被人理解和接受的。但是，也应该做到"得意淡然，失意坦然"，以平常心应对这些事。李才旺在这方面就处理得比较好。社会上有人说，李才旺的官应该做得更大些，今天做到这一层有点委屈了。特别是最后由省委、省政府的核心岗位调到文艺界，当了文联主席。大家有各种各样的议论。李才旺自己觉得做人不能求全，对事情不能过分在意，心胸开阔，也就坦然了。

李才旺学习历史，涉猎古今，博学多才，又从政多年，见多识广，洞明世事。他常对人说："什么是是非非，荣辱得失，在历史的长河中皆是弹指一挥间的事。"他在自勉诗中更是袒露了自己光明磊落的人生追求，"心似白云"、"德如清露"的气度和胸襟，一向为诗界朋友所赞赏。

2007年6月，李才旺在榆社县下乡，中午吃饭时，县委的一位副书记说："李秘书长，你这个样子多少年没变呢！"李才旺说："老了，六十有四了，还能没变？"李才旺还向大家说起，前些天他到晋城，晋城的人说："李市长，你怎么还是个底样（晋城话："这样"的意思）呢！"李才旺自己说："老了，李市长老了。"那位晋城人说："你二十年前来晋城当市长，我也没觉得你怎么年轻，现在也没觉得你怎么老。"李才旺后来对人说："他这个话说得很俏皮。我的显著特征是脑门比较大。从二十多岁的时候就开始掉头发，掉得掉得不掉了，这二十多年稳定了。二十多年前为什么到现在还是这个样子？我自己总结，我这一生经常有一种满足感。这个很重要。"李才旺经常和人们讲起祖辈从河南林州逃荒到壶关，自己苦难的童年；讲起自己作为一个从太行山里走出来的农民子弟，上了大学，做了县里的干部、市里的领导，又在督军府里当了一个不大不小的官儿，不错了！虽然语多幽默，但却是真诚的。

六、"公道"和"不公道"

李才旺在从政的道路上经常和大家讲的一个问题就是,在从政的道路上可能是一帆风顺,也可能是挫折连连,麻烦不断,关键在于怎么看待。如果一味地攀比,就会心里不平衡,产生埋怨情绪。比如说,我是大学毕业,他也是大学毕业;我工作了十年,他也工作了十年,他怎么就当了县委常委、某某部部长,我现在还是个乡镇干部,总觉得不公道。李才旺说,公道与不公道是相对的,世界上没有绝对公道的事。他写了一首小诗《公道小议》:

世间原本无公道,为求公道说公道。
心底无私天地宽,自觉公道便公道。

这首说"公道"的小诗,充满哲理,可以说是道尽了"公道"的奥秘,世界上的事情就看你是怎么去看待的。

李才旺认为,公道不公道,一般地讲是从个人利益考虑的。当然做领导的对下面要讲一点公道,不能欺负老实人。从个人来想,领导用人要"知人善任",如果不为领导所知,那又怎么能为领导所用。进不了领导的视野,领导不认识你,又怎么会提拔你,就可能漏掉一些优秀干部。在干部任用问题上的公道不公道,李才旺是从领导和被领导两个方面来考虑的。

李才旺还强调个人的才能问题。他说,如果你从政干了十年、二十年,在县里连个科长、副科长也混不上去,在省里连个正处、副处也混不上去,就说明你不是一个当官的料,应该从自身找原因,不能一味地埋怨。他还举例说,如果你开饭店没人进,开商店没人来,干什么也干不成,把老本也赔光了,这只能说明你不是经商的料,还得从自身找原因,确实有个能力问题。能力也有,自身也努力了,尽心了,还有个需要不需要的问题。需要,你就上去了；不需要，你就上不去。所以，只能是顺其自然，不能产生"羡慕嫉妒恨"的情绪。

李才旺说："我一生奉行四个字：'顺其自然'。如果说这有点消极的话，那么就再加几个字，叫'一切顺其自然，又一切都在努力之中'。只要你努力了，尽心了，至于其他就不要想那么多了。"

李才旺有诗曰《感怀》：

> 谋事在人成在天，成功失败皆坦然。
> 久步人生坎坷路，当知苦中亦含甜。

可谓道尽人生真谛，自可不为宦海沉浮所纠结。

李才旺还在他的许多诗作中表达了他的这一想法："事在理上三分让，谁道量大是糊涂"（《感怀》），"豁达大度雅量在，心不藏奸浩气存"（《己卯吟怀》），"莫道大度是愚蠢，得饶人时且饶人"（《旷达为怀》），"世事纷繁矛盾多，贵能善解善调协"（《和谐》）。

遇事如此处置，不要斤斤计较，定会免除许多烦恼。

李才旺还有一首《感怀》把人生说得更加透彻：

> 人间多少未了情，生离死别万古同。
> 恩怨终归成往事，坦然面对自从容。

诵读此诗，纵然不一定能够做到大彻大悟，也应该做到"一笑泯恩仇"了。

李才旺还说："出路出路走出去就有路，旱路不通走水路。只要你迈开步，脚下就有路。"关键是要有一个好的生活态度。要热爱人生，热爱生活，有一个好心态。"为人岂能无憾事，但愿平生不负天"（《感怀》），只要

奇松秀水仙人洞,卧虎藏龙五老峰。难识庐山真面目,只缘山在云雾中。

有一个好心态，你就能生活得有意义，就能做好自己想做的事情，取得成就。

国学大师季羡林先生曾说："不完美才是人生。"追求人生的完美只能是一种理想，而人生的不完美则是人生的常态。处于人生常态，自怡自得，就会有一个好心情。

李才旺曾有《和苏轼题西林壁作雾中庐山》一诗：

奇松秀水仙人洞，卧虎藏龙五老峰。
难识庐山真面目，只缘山在云雾中。

这首诗把苏轼的"不识庐山真面目，只缘身在此山中"两句改了几个字，便有异曲同工之妙。把这首诗引入官场之中，那就是许多事情说不清楚或暂时说不清楚，也不需要说清楚，可谓颇有见识，十分精辟。

李才旺作为诗人，对于宦海沉浮也常以诗人的眼光抒发自己的感慨。有一年春节初二晚上，李才旺随同领导回长治，车队经过沁县，但见远处村落灯火明灭，闪闪烁烁，再加上警车上颜色变化的灯光，就好像是老百姓所说的一明一灭的"鬼火"。由此，他联想到清代沁县籍保和殿大学士兼刑部尚书吴璘，想到吴阁老为官清廉贤能，为人宽厚和平，堪称百代楷模，联想到官场宦海的成败得失，起落沉浮，草成一首小诗：

只要世上忠奸存，荒野何处无冤魂。
宦海沉浮本常事，明彻此理自不群。

七、苦与乐

李才旺一次和几个朋友聊天，说起各自的工作和生活境况，大家都说自己活得很苦。李才旺问甲："你怎么样？"甲答："苦不堪言。"问乙："你怎么样？"乙答："唉，不是人干的事儿！"向丙转问丁："他怎么样？"丙说："他干不成，干不成。"大家都在诉苦，没有一个人说我现在"甜"着呢。李才旺听到这里，就说，大家回答我一个问题。李才旺问，你妈生下你第一声是哭还是笑，都说当然是哭。李才旺说，人"呱呱坠地"首先是一声啼哭，给父母以惊喜；如果生下来就哈哈大笑，那肯定是个"怪物"，在农村非溺死在尿盆里不可。既然你来到这个人世间，生下来第一声就是哭，那就说明你生下来是吃苦来了，还账来了，受罪来了。这就说明人的一生会遇到很多的痛苦和烦恼，既然苦是人生的主要滋味，就必须树立一种正确的苦乐观。李才旺立即写了一首小诗《苦乐随想》：

原本带哭离娘胎，平生能有几开怀。
以苦为乐苦亦乐，任凭狂飙八面来。

可以说是道破了人生真谛。

李才旺同大家说，你回想一下，你一生几十年有过几次开怀大笑。可能你考上大学了，你开怀大笑过；可能你担任了科长啦、处长啦，你开怀大笑过；可能你有了孩子了，你开怀大笑过，所以说"平生能有几开怀"，"以苦为乐苦亦乐，任凭狂飙八面来"，要有正确的苦乐观。人生在世要有吃苦的思想准备，把苦作为无所谓的事情。有这个思想准备对人的一生很有帮助。李才旺还向大家说，我现在吃丸药，嚼着咽下去，品它的滋味，也就不觉得苦了，的确是苦口良药。他说，人这一辈子，一定要学会苦中求乐，苦中得乐，以苦为乐。

李才旺给我讲过一个小故事。一位老和尚问三个小沙弥："你们说人生是什么？"一个说："人生就是数日间（意思是人生短暂，不过数日而已）。"一个说："人生就是饭食间（意思是不能吃饭人生也就不存在了）。"一个说得更明白:"人生就是呼吸间。"只有能呼吸才能证明人生的存在。这些话说得都很实在,但回答了一个很重要的问题。要热爱人生,热爱生活,这样才能做到"为人岂能无憾事,但愿平生不负天"。李才旺特别推崇老子说的"上善若水"这句话,就是"水善利万物而不争"(《老子》卷八)。李才旺主张,人生无论是顺境,还是逆境,都要保持一个良好的人生态度。

同苦乐观、幸福观相联系的还有名利观。李才旺说,人生非名即利,名利可求,但要把握一个度。如果为名利生,为名利死,就会吃名利亏,上名利当,为名利辛苦一辈子,最后死在名利上。所以人生在世,一定要把握好"名"和"利"的度。有人向李才旺求字,他就写了"知足"二字。

李才旺有一副对联:

有好事有坏事,天天有事,此乃常事
甜也乐苦也乐,事事能乐,即非凡人

这就是一种境界。佛教讲"舍得",该放弃的就放弃,该得到的就会得到,生活得才会愉快。

八、过好退休这一关

李才旺和从领导岗位退下来的同志经常谈论的一个话题就是怎样解决退下来的失落感问题,也就是正确对待人情冷暖、世态炎凉的问题。

李才旺说,这一关不大好过,但是必须过,过不好,就会要了你的"小命",这在我们同龄人中见得多了。一次、两次、三次打击,最后癌症一发,告别了,成了我们追思的对象。李才旺说,你当个大小领导要对群众好一点,要关心群众,善待群众,"授人玫瑰,手留余香",在你的权力范围内,帮助群众解决一些实际困难，比如"帽子""房子""票子"问题，对于符合条件的干部该提拔的就要提拔，不要等人家送钱才提拔。你不要搞"要想富，提干部，只讨论，不公布"，等着人家给你送钱，送了再说，那可不行。

李才旺还开玩笑地说，考察一个单位的领导好不好，要看这个单位癌症发病率高不高。这癌症除去基因之外，很重要的一条原因就是生气，在家受老婆的气，上班受领导的气，三气两气，"小命"就完了。所以，过好退休这一关很重要，要想得开，不能生气。

李才旺写过一首诗《炎凉吟》：

> 变故常将人唤醒，世态何时不炎凉。
> 胸怀宽阔乾坤大，冷暖从容日月长。

世态炎凉，过去有，现在有，将来还会有，这是一个亘古不变的社会现象。"夏天不忘戴草帽，冬天不忘穿棉袄"，要随着四季的变化增添衣服，这是很自然的，所以要"冷暖从容日月长"。在古今中外的文学名著中有过多少世态炎凉的故事。《红楼梦》里林黛玉和贾宝玉的爱情悲剧，梁山伯和祝英台的殉情结局，哪一个不是人情冷暖、世态炎凉的反映？人生在世什么时候都会碰到这个问题，就看你怎么对待了。如果"冷"也从容，"热"也从容，当然日月就长了。我们从李才旺的《炎凉吟》中读出了浓重的悲凉、凄清和苦涩，也读出了飘逸、浩然和超脱。

李才旺讲话，爱掏心窝里的话，坦率质朴，大家也爱听他这样讲话。2007年6月8日，他在榆社县举办了一个讲座。他说，过去当省委秘书长随同省委书记到榆社考察，可以说是车水马龙，前呼后拥，好不威风。现在自己来榆社，县长陪着吃一顿饭，就感觉很不错了，行了，你还要咋？你不就是老百姓一个，文人一个，不就是一个书画匠吗？李才旺的意思是你在位的时候和不在位的时候，别人对待你肯定不一样，这是很正常的。所以要改变刚刚退下来的不适应的心态，重新找到自己的位置，这样才会心态平和。

在一个讲座上，李才旺给大家讲了一个笑话。有一位老干部退休了，一时很不适应。几十年的惯性行为，吃了早饭，夹上包包，出门上班。这天，他夹上包包走出家门，一想，他妈的，我不是领导了，还到哪里上班呢？自己也觉得没意思，又返回去了，坐在写字台前，不知道该干啥。他拉开抽屉，看见儿子的一封来信，就在信上批了一段话，意思是，儿子你来信了，如何如何。因为这位老干部在位时批惯了。

李才旺还讲了一个让人心酸的故事。有一位省里的老厅长，会气功，和李才旺见了面常常谈谈心，还教他练气功。后来是别人无意说的一句话把老厅长的命送了。有一次厅里老干部有个活动，请老厅长参加，老厅长要厅里派车来接。办事的同志说，今天厅里没有车，您打个车来吧，我给您报销。老厅长说，好，那我就打车去吧。老厅长果然打车去了单位。有一位老同志和他开了个玩笑："啊呀，老厅长，下海啦！"认为打车就是下海经商了。就是这样一句话，老厅长听了不高兴，没几天就病倒了，患了癌症，三个月，去世了。

李才旺讲这几个小故事，是想说干部，特别是领导干部退下来以后，一切都要想得开些。人生应该进退从容，学会放弃，如果退下来以后还整天想着大权在握时的荣耀和待遇，而不习惯退下来后的冷落日子，那就会出大问题。

2000年4月的一个礼拜天，李才旺在家里画了一幅八尺宣的大画。画这样的大画，要面壁而立，是十分劳心劳力的。画完之后，已是下午四五点钟了。他在自家的小院子里散步。院里没有人，儿女们都带着孩子出去了，家里只剩下李才旺和他的老伴冯涛清，一整天连个门铃声也没听到。过去是门铃整天响个不停，宾客不断登门，迎来送往，好不热闹。可今天院里屋内都是一片静悄悄。李才旺心上觉得一阵苍凉袭来。他站在院子里，听着宿鸟归巢的叫声，于是一首小诗脱口而出：

> 门铃不语客来稀，面向梅山闻鸟啼。
> 独步庭前吟冷暖，丹青伴我度朝夕。
> （《庚辰春日偶成》）

这就是李才旺对待人情冷暖的态度。虽然有几分伤感，但人生有所寄托，也就能够找到心灵上的慰藉。

李才旺还有一个很鲜明的美学主张是"境由心造"，是讲对客观环境的看法同主观情绪有很大的关系。心情不好，看什么都不会觉得美，而心情好了，看什么都是美的。花前月下是美的，即使是荒草野地也是美的，只要你的心情好。为此，他还作了一副对联：

> 境由心造四季喜伴风雨雪
> 情随墨起一生偏爱画书诗

人生如此，挫折困顿，进退升降，又奈我何，只要心胸豁达，应该一切都不在话下。

李才旺从省文联党组书记位子上退下来后，仍然是省文联主席。但他坚持的原则是，文联是党组负责制，自己的态度是全力支持和配合党组和党组书记的工作，但不能"抢板"。坚持不叫不到，不给不要，不争不闹，保持心情的平静，过着一种"笔墨纸砚诗书画，香烟美酒普洱茶"的闲适散淡的生活。这话是李才旺的自我调侃，其实他的日子过得一点也不闲适，更不散淡，他有很多事情要做。他也不会对文联的工作就不闻不问，只要文联有活动，他还是有请必到，让讲必讲，因为他要尽到文联主席的职责。

李才旺有诗曰："老来醒世不算晚，尚有余年当青春"（《赠友人》），即便退下来，也要珍惜"余年"，过好"余年"。他说"宦海生涯时有尽，笔墨情缘无穷期"（《案头随吟》），要正确对待退休这一关。他更劝一些老同志，"最是达观胜妙药，寿星多从笑中来。"（《与中年朋友共勉》）

散文家梁衡在《文章大家毛泽东》一文中谈到毛泽东的才艺，包括诗词、文章和书法传世时说："文章千古事，纱帽一时新。君看青史上，官身有几人？不像我们现在的许多干部，退休后一没有会开，就坐卧不宁，无所适从。"[①]这话说得有些尖刻，但确实是一针见血，点在要害处。

"看庭前花开花落，荣辱不惊；望天上云卷云舒，去留无意。"当用一颗平常心去对待周围的一切，包括离退休，这是一种崇高的人生境界。

写《康熙大帝》《雍正皇帝》和《乾隆皇帝》"落霞三部曲"的著名作家二月河说："人生就是一个弧线，有上升也有下落，下落的时候也是很美的。人不能像高射炮，打出去就直冲云霄，还是遵守自然的规律才好。"[②]朝霞璀璨，晚霞夺目。伴日而生的朝霞，与落日同辉的晚霞，同样是美丽的。通达人生的这一道理，李才旺当属"莫道桑榆晚，为霞尚满天"的达人和智者。他的退休生活就是一道美丽的晚霞风景。

---

① 见《火花》2013 年第 5 期。
② 张维：《二月河：再掘一寸 即见黄金》，2012 年 10 月 25 日《中国电视报》。

第二节　李才旺艺术观之一——
　　　　　书画创作的美学思考

李才旺的艺术哲学，即美学思想，有语言论述，但大都体现在他描写诗书画创作和感受的诗歌作品中，可谓以诗论道。

一、书道画法

书讲书道，画讲画法。李才旺有不少诗作论述书道画法，极其简明地反映了他的创作思想和美学主张，包括对书品与人品、有法和无法关系的见解，以及"国画的最高境界是简约"的艺术主张。

（一）书品与人品

李才旺有《观薛俊明书法》诗，可见诗人对人品与书品关系的推崇：

俊逸无雕饰，明理有道法。
书妙风神在，品端自生华。

书讲道法，更重品端。古人有言："诗品出于人品。"（清·刘熙载《艺概·诗概》）同样亦可言"书品出于人品"。书家能如此，方能有妙品，确也是至理名言。李才旺说："诗言志，画有品，诗书画体现着作者的情操与素养。画品、书品和诗品，是人品，是'德'的一种重要表现形式。"正如我们今日之所言"德艺双馨"。

（二）有法和无法

李才旺有不少诗作论书道画，体会深切，给人启迪。如《书法》一诗：

不弃荒古意，体现时代情。
有法又无法，法在自然中。

可谓深得书法三昧，遵"法"而不拘泥于"法"，师法自然，贵在创新，方为正道。正如清代画家石涛所言："有法无法"，"无法而法，乃为至法。"①石涛又言："古人未立法之前，不知古人法何法？"著名画家孙其峰先生说："才旺的画，自出手眼，另辟蹊径，不与人同，难能可贵。"肯定的是李才旺遵"法"而不泥"法"的独创精神。

（三）简约

李才旺有诗《作画随吟》：

竹之风骨梅之魂，削尽冗繁见精神。
笔墨精良非易事，不辞甘苦功自深。

只有"削尽冗繁"才能显示出"竹骨梅魂"的精神，也只有"不辞甘苦"赋诗作文才能达到"笔墨精良"的境界。诚哉斯言，当是李才旺长年笔耕之心得。

特别是李才旺对"简约"有自己的独到见解。他说："做加法容易而做减法难，国画的最高境界就是简约。"由简到繁易，由繁到简难，这是从文从艺者之通感。在《画案随吟》一诗中李才旺形象地道出了其中的奥秘：

---

① 见史乃瑾：《墨映春晖 笔挠蛟螭——浅谈李才旺的画与书》，1999年1月23日《山西日报》。

> 一石双鸟几竿竹，疏疏朗朗菊丛出。
> 作画最是简笔难，笔简未必意不足。

画简诗亦简，笔简意更浓，正如郑板桥所题书斋联："删繁就简三秋树，领异标新二月花"，主张以最简练的笔墨表现最丰富的内容，以少许胜多许。比如画兰竹易流于枝蔓，应删繁就简，使如三秋之树，瘦劲秀挺，没有细枝密叶；同时主张要"自出手眼，自树脊骨"。我们今天的理解是艺术创作要独出心裁，标新立异，而不可赶浪头，追时尚，跟在别人后头，亦步亦趋。

"辞约而旨达"（南朝宋·刘义庆《世说新语·文学》），言辞简约而意旨显明，从来就是为人所推崇的。为文如此，为书画者亦如此。

欧阳中石先生说："我感觉，在艺术上，越简单越高明。艺术手法最简单，产生的效果最丰富，是最了不起的。""我想，真正的艺术品是手法简单，而内涵丰富。"[①]

画评家吴国亭在《李才旺画作理趣》一书中引《黄宾虹画语》作画"不难为繁，难为用减，减之力更大于繁，或以境减，应减之以笔。"[②]张松泉在《美学简论》中说："作家对生活艺术描写越是求多求全，读者的审美关照所得反而越少；越是留有余地以少胜多，读者的所得反而越多。"[③]台湾陈康宜先生说："李才旺的绘画，以'简练'著称，简练非简单，而是对描绘的事物更加集中、概括地进行夸张、提炼，更加突出描绘对象的特点。"[④]事实上，简练不仅能达到形似，更能达到神似，而形神兼备。

要做到简约，就要学会放弃，要学会用减法，从艺如此，做人亦如此。

---

① 《把书画纳入到文化背景中》，2001年7月6日《中国艺术报》。
② 见吴国亭：《李才旺画作理趣》第10页，人民中国出版社1999年4月。
③ 见吴国亭：《李才旺画作理趣》第38页，人民中国出版社1999年4月。
④ 《不论大小皆能大气自如——书画名家李才旺挥毫展才华》，2002年3月19日《台湾立报》。

凝思　44cm × 30cm

一位戏剧家在谈到戏曲表演时，强调演员表演要"该藏则藏，该露则露"，藏露之间要拿捏得恰到好处。就文学而言，一切散文佳作大都是"熬"出来的，做到冗繁删尽，才能字字玑珠。

青年学者赵勇在《加法之累与减法之美》一文中评论高尔泰的作品《寻找家园》时说："他写人，三笔两笔勾勒，人就活了；他写景，三言两语描摹，气象全出；他那种富有诗性的思考又如同散金碎银，遍布于写人记事的空隙，让人感受着生命的呼吸，心灵的颤动。他不抒情，他懂得一切景语皆情语。他也不铺陈，总是点到为止，给人留下了硕大的想象空间。"[①]文学与艺术的创作规律有相同之处。

著名散文家梁衡在一篇题为《石头里有只会飞的鹰》的散文中说："好画，是因为舍弃了多余的色彩；好歌，是因为舍弃了多余的音符；好文章，是因为舍弃了多余的废话。一个有魅力的人，是因为他超凡脱俗，超脱了什么？常人视之为宝的，他像灰尘一样地轻轻抹去。"[②]

赵勇评价高尔泰的"减法之美"，梁衡所说的"舍弃"，同样印证了李才旺所说的"国画最高境界是简约"主张的中肯和正确。

画家能做到"简约"，并非易事。诚如苏轼所言："谁知简远有深意，一笔一画万卷书。"运笔简约却是出于深厚的根底。

二、笔墨

笔墨是中国传统绘画的精髓和基石。

书画大师董寿平先生说："笔的作用在于表达事物的形象，墨的作用在

---

① 《加法之累与减法之美——读〈夹边沟记事〉与〈寻找家园〉》，《书里书外的流年碎影》，中国人民大学出版社2011年2月。
② 《石头里有只会飞的鹰》，《语文教学与研究》2008年第36期。

于显现笔所运行的痕迹,二者相互依存,这种有机融合便是笔墨。笔墨是绘画的基础,要达到形神兼备,就需要笔法、技巧、用笔的速度、广度、刚柔、深浅、曲直、虚实等。没有这个基础,笔墨就不能传导画家的情感意向。"①

力群先生在评价李才旺的书画作品时说:"前些时由吴冠中提出'笔墨等于零'而引起美术界一场论战,我虽未参战,但也并非止于观战,我认为否认了笔墨功力,也就等于否认了中国画。"②

李才旺论书画,第一看重境界,第二讲究笔墨。李才旺主张笔墨互济:有笔无墨不滋润,有墨无笔不精神,笔墨互济乃佳品。李才旺以画荷为例。有人问他,你这个荷杆为什么画得有力度,有质感?李才旺说:"别人画荷杆是侧锋,像素描,那就不会有力度。我是中锋运笔,逆锋而行,一笔推上去,加上毛刺和飞白,就感觉有力。这就是笔墨的功夫。功夫不到是学不会的。"李才旺很赞赏孙其峰先生的一句话"绘画要不择手段"。这在生活中是贬义,但在艺术上是褒义。只要能够表情达意,取得效果,怎么运笔都可以。

著名画家李国维在评价李才旺的笔墨功夫时说:"他一方面继承了传统中国画的笔墨技巧,但又渗入自己的理念加以出新,落墨大胆,灵活自如,形成了自己作品的个性风格。从才旺作品整体上透出一种凝重大气、气韵生动、自然天成的感觉,从立意构思到笔墨功夫渗透出厚重的文化底蕴、艺术修养和精神气质,富有浓郁的时代气息和强烈的艺术感染力。"③

三、经意与不经意

李才旺还以自己的艺术实践说明艺术创作上的成功往往在于经意与不经

---

① 见郭宝厚:《董寿平艺术人生》第94页,三晋出版社,2013年6月。
② 《自学成家 前程似锦——观看"李才旺书画展"》,2001年5月29日《文学报》。
③ 《笔情墨趣 自然天成——小议李才旺中国画》,2003年7月《山西日报》。

意之时产生的，所以无需过分在意。李才旺创作的诗歌名作《南京夫子庙遇雨》就是在不经意间产生的。他说，这首诗是在当时的情景中（风和日丽，游人如织，突然大雨倾盆，满街伞开）和诗人当时的心情下（惬意、惊异、发现、感慨）写出来的。诗一写出来就受到周边人的称赞。李才旺还提到书法大家王羲之的《兰亭集序》也是在特定的环境、情景和心情下，在不经意间写出来的，成为书法经典。李才旺的意思是，搞艺术创作的人，凡事不可太经意，也就是太操心，太经意、太操心了，用不上；当然也不可太不经意、太不操心，那也不成。在经意与不经意之间有一个度，把握好这个度，就不必劳心费神，一切听其自然，只要自己努力就行。这正像他在自己的一首诗中所说的"兴来泼墨偶成画，笔走随意方自然"（《题鹰石图》）。李才旺的一些作品就是在张与弛、虚与实、似与不似、经意与不经意之间取得成功的。

李才旺还谈到艺术上的"生"与"熟"的问题。他说：太"生"了不成熟，太"熟"了没味道，要在"不生""不熟"之间掌握好艺术创作的火候。

四、书画欣赏

对于书画欣赏，李才旺主张："远看看势，近看看致。"远看是看大的形势、大的效果，看黑、灰、白的运用，看画面的处理；近看则是看笔墨的情致。有的画以气势取胜要远望宏观，有的画细节精彩要微观细审，远望与细审相结合，才能起到理想的审美效果，产生多方面的审美愉悦。

李才旺在书画创作、欣赏方面之所言，均是出自实践之体验，深中肯綮，弥足珍贵。

第三节 李才旺艺术观之二——
"诗书画相统一"的艺术主张

诗为心音，书为心画，画为情感的流泻。苏东坡说："诗不能尽，溢而为书，变而为画"①，导致诗书画的合一。

一、"诗书画合一"的论述和典范

诗是无形的画，画是有形的诗。或曰：诗是有声的画，画是无声的诗。正如古代文人所称"诗画一律"、"诗书同体"或"书画同根"。诗书画是相通相融的。诗词讲究"韵律"，书画讲究"法"（包括笔法、墨法、水法、章法），三者统一于相通的艺术规范中，即意境的营造，"诗情画意"、"书情诗意"、"诗中有画，画中有诗"的审美追求。

对于诗书画的结合，古代大家、当代专家多有论述。

唐代画家张彦远在《历代名画记》中有言："夫物象必在于形似，形似须全其骨气，骨气、形似皆本于立意，而归乎用笔；故工画者多善书。"宋代诗人苏东坡说："诗画本一律，天工与清新。"（《书鄢陵王主簿所画折枝二首》）元代画家赵孟頫有诗："石如飞白木如籀，写竹还应八分通。若也有人能会此，须知书画本来同。"现代画家黄宾虹认为："不懂得用笔用墨，终无以见章法之妙"，"阴阳开阖，起伏回环，离合参差，画法之中通于书法"。②

---

① 见李福顺：《艺政双辉 相得益彰——读李才旺绘画作品有感》，《美术之友》1998 年第 2 期。
② 见靳钟：《诗书画奇才——李才旺》，《李才旺艺术论》第 312 页，中国戏剧出版社 2004 年 8 月。

山水大师李可染说："字和画表现上看来并不相同，但用笔的肯定有力、刚、柔、虚、实等等基本规律是一样的。画家掌握了这些就大大有助于发挥创作的表现力。"①

子川在《习书初蒙》一文中说，在古人书法首先是一种应用工具，是诗文之余。"齐白石、林散之评价自己的诸般技艺，都不约而同强调自己的诗第一，余皆次之"，"齐老、林老强调自己诗第一的自我评价，大约也是想把书法还原到古人的诗余、文余的位置。这种还原其实有深意，值得所有搞书法的人去思考。"②

一幅传统画就是一首绝妙的诗，而一首好诗定是一幅好画。诗，特别是描写风景的诗，如杜甫的"两个黄鹂鸣翠柳，一行白鹭上青天。窗含西岭千秋雪，门泊东吴万里船"，这首无声的诗本身就是一幅有声的画。画家不必工诗，但以诗人之天资和修养精研绘画，由文学之功底支撑绘画的意境，必然是感觉敏锐，韵趣隽永。

唐代太原祁人王维不仅能诗，而且精通书画和音乐，是一位三晋文士引以为荣的旷世奇才。且看他的诗："田父荷锄至，相见语依依"（《渭川田家》），"竹喧归浣女，莲动下渔舟"（《山居秋暝》），"行到水穷处，坐看云起时"（《终南别业》），既是一支支恬静优美的抒情曲，又是一幅幅清新秀丽的山水画，至于脍炙人口的"大漠孤烟直，长河落日圆"（《使至塞上》），千古绝唱，更是呈现出一幅粗犷壮美的边塞风光。这些佳作名句充分体现了诗书画相结合的艺术魅力。

同为大诗人、大画家的苏东坡惺惺相惜，对王维赞不绝口，称"味摩诘之诗，诗中有画；观摩诘之画，画中有诗"（《书摩诘蓝田烟雨图》），是典范的"诗画一律"。

---

① 见吴国亭：《李才旺画作理趣》第42页，人民中国出版社1999年4月。
② 见2013年5月22日《文艺报》。

二、李才旺的主张与实践

"古来画师非俗士,妙想实与诗同出。"(苏轼语)古代如此,当代亦然。齐白石、范曾等都是有诗书画"三绝"之称的大家。

李才旺深受前贤之启迪,遵循前贤之教诲,吸收前人的笔墨精华,把自己的诗歌之情、书法之功融入绘画之中,而气韵生动,独具一格。

李才旺既是画家,又是书法家,他凭借扎实的书法功底,将笔墨线条与形象表现统一起来,在他的绘画作品中得到了充分的运用和发挥。所作大都诗中有画意,画中有诗情,把诗情注入画意,用画意抒发诗情,使诗道与画理、诗情与画意融为一体,成为他诗书画创作的一大特色。

《书法导报》曾评价李才旺说:"他是当代中国少数在诗书画等艺术领域都有杰出建树的艺术家。"[①]确如所言,诗书画兼工的文人,在历史上亦不多见,李才旺当属"三绝"大家之列。

李才旺认为,诗书画应该是一个统一体。中国的诗、书、画的美学特征是相通的。古人云:"凡学书者,得其一,可以通其余。"郑板桥有诗:"要知画法通书法,兰竹如同草隶然。"启功先生说过:"画不要多学,诗作好了,画自然好。"中国诗讲究意境,中国画同样讲究意境,意境是诗书画的共同属性,而意境的营造就来自文学修养。

李才旺说,画家没有文学功底,特别是诗歌功底,发展下去就会受到限制,不会创造出深邃的意境。画家没有书法功底,发展下去同样会受到限制。书法本身就是无言之诗、无形之画,书法对于绘画极其重要。如果画中没有书法的功底,你画的山水、花鸟,也就失去了应有的韵味。只有诗书画相结合,作品才能诗中有画,画中有诗,充满诗情画意。

李才旺说:"我先学书后写诗,而后作画,可能是无意中走了一条正确的路。"他认为,中国画有两个基本的东西是必备的。一是必须有意境,也

---

① 2003年11月29日《书法导报》。

就是画中蕴含着画家丰厚的文学功底。二是必须见笔见墨，笔墨必须好一点，这就要靠书法的功底。毛笔在你手里必须得心应手。比如画荷，如果毛笔功夫不到，荷杆是抹出来的，就缺少线条的力度美。二者都具备，画的品位就高。可见作画是离不开文学和书法这两个基本功的。李才旺的大写意画就是以书法精神入画的。

1998年7月，李才旺在接受山西电视台记者采访时说："中国画讲究笔墨，没有好的书法底蕴，有些东西是画不出来的。"他指着手边画荷的一幅画告诉记者，像这一笔，如果不通书法，画不出这样的效果，只能是抹出来的。

评论家寇宗鄂在《诗歌与书画结合的时尚——对美的追逐与跨越》一文中说："中国文人画一贯强调'以诗为魂，以书为骨'，尤其是注重诗的意境，有无诗意和笔墨功夫，是区分画作优劣的标准"，"画缺少了意境，便透出匠气、俗气。"[1]李才旺画作的成功就在于画有意境，有笔墨功夫。笔墨与意境相互为用，相辅而成，二者结合，可称完美。意境与笔墨正是李才旺画作追求的根本。

李才旺可谓工于诗、精于画，达到"诗中有画，画中有诗"的理想境界。李才旺主张，一幅好的画看上去就是一首诗，同样，一首好的诗读出来就是一幅画。李才旺在画梅花的时候，就题了这样一首诗：

老干新枝花点点，平生喜与雪为伴。
试问乔灌岁几度，梅龄小寿越千年。

诗画一体，相得益彰，珠联璧合，更富韵味。

李才旺有《咏春》诗：

溪边两行柳，山下一河风。
布谷啼草绿，春雨染花红。

---

[1] 见2012年5月30日《文艺报》。

太行大峡谷青龙潭　　124cm×124cm

春雨沙沙，布谷声声，河风习习，柳丝飘飘，溪柳河风，草绿花红，这既是一幅春色满园的风景画，也是一首春到人间的交响乐，是"诗中有画"的最好的体现。

李才旺是诗书画的全才。他在绘画上所取得的成就得意于他的书法功底。他以行草入画，画中有诗意，简练而大气。他特别重视诗书画的统一，而以诗为基础，即作品的诗情、画艺、书艺、题款，要无一不佳。李才旺以诗养字，以字助画，以画浸诗润书，形成诗书画的统一。他认为，就一幅画来说，如果画得好，题款的字不好，也不和谐好看；如果字还可以，但题款的内容欠雅，也会影响画的质量。李才旺曾画《孔雀图》，题了一首诗，寄托了艺术要为人民服务的思想，就是诗书画统一的好作品：

不羡闹市住华笼，乐在深山伴老藤。
彩屏开与春姑看，金曲唱向樵夫听。

李才旺的绘画作品本身就富有诗意，有的画面题了画家的自作诗，有的画面没有题诗，只有画题，也富有浓厚的诗意。文字精粹简洁的画题，实际是言有尽而意无穷，能给人以丰富的联想。如画瀑布一角，题曰"涛声依旧"；画深秋霜叶，题曰"又是金秋霜叶红"——既富诗意，又寓哲理，诗题成了画作的点睛之笔。

李才旺在艺术上的最大成就体现在诗书画的统一上。历史上诗人众多，书法家、画家也不乏人。但是集诗书画于一身，而且取得杰出成就者则属凤毛麟角。有的画家画不错，但字不行，作画后题不了字；有的题字还可以，但是写不了诗，所题的字多为陈词套话，难以表情达意，是为白璧之微瑕，美中之不足。李才旺自画自书自撰诗，从一幅作品中即可感知作者深厚的文化学养和艺术功底，以及辉煌大气的风格。诗书画相统一，这确非易事，是李才旺下数十年的苦功夫得来的。

三、大师、学者的评价

李才旺在"诗书画相统一"方面的主张和成就，赢得了书画界众多大师、学者的肯定。我们在这里摘引几段他们的评论，从中既可以看出大师、学者们对李才旺的评价和赞赏，也可以看出他们对"诗书画相统一"这一主张的重视和倡导。

书画大师孙其峰先生在评析李才旺的花鸟画《香月古梅》时说："梅干用笔信手纵横，这无疑得力于他的书法造诣。现在有些人画写意花鸟，不愿下画外的功夫，尤其忽视书法的学习，这是一种急功近利的近视看法，才旺同志当会同意我的这一看法（其实也是老生常谈之语）。"①

版画大师力群先生说："李才旺在中国画方面的成就，就首先因为他在笔墨上具有惊人的功夫之故。但这又和他在书法上的成就是分不开的。只要看他写的'雄风'二字就能看出他的书法之不凡。吴昌硕很讲究运笔上的'屋漏痕'，而李才旺的有些书法上的运笔似乎也有'屋漏痕'味。"②

台湾著名画家、教授周澄先生说："才旺兄的诗作才情敏捷而旷达、细腻皆有之。他不刻意讲究平仄、对仗或声韵，反而潇洒的吐哺出心中所感，取材亲切的乡情关怀，显现出腹有诗书的气度，加上诗作、书法和水墨的兼容并蓄、相辅相成，因而不泥古、不拘限、不媚骨，志趣与襟抱都在濡毫行墨之间；诗作烘托画境，书意酣畅行笔，三者完美的搭配演出，互有加分效果，这也是高才情才做得到的游刃有余。"③

---

① 《"似非而是"说才旺》，1998年1月30日《中国书画报》。
② 《自学成家 前程似锦——观看"李才旺画展"》，2001年5月29日《文学报》。
③ 《砚耕知交 在海一方——〈李才旺书画选集〉（台湾版）序二》，羲之堂文化事业出版有限公司2002年3月版。

第四节　李才旺艺术观之三——
　　　　"三分（奋）"之说和"三师"之道

李才旺在谈到自己的艺术道路时，常常提到的有两句话。一句是："天分、勤奋、缘分"；一句是"师古人、师自然、师画友"，"三分（奋）"和"三师"可以概括为李才旺的成功之道、艺术之路。

一、"三分（奋）"之说

"三分（奋）"音同字不同，但凡搞艺术的都离不了。

"天分"靠父母，父母的遗传基因，当常怀感恩之心，勿忘父母生我养我教我之大德。

各行各业的杰出人物，特别是搞艺术的人没有一点天分是不行的。这是一个人成功的基础。一部文艺发展史告诉我们，要成就一位艺术家，是必须具备一定的天分的。不具备艺术天分的人，即使再刻苦，再努力，也不会成为一位有成就的艺术家，但是可以成为一位优秀的政治家、军事家、教育家、科学家等等。正像老百姓所说的"你不是吃这碗饭的，你就不要去干这个事"。

李才旺给我讲过这样一件事。有一次几个朋友在一起吃饭，一个朋友亮了几嗓子京剧，大家说不错，唱得好。他说，没啥，没啥，还挺谦虚的。接着他说了一段话，就不着调了。他说，会说话的就会唱歌，会走路的就会跳舞，会写字的就会书法。这真是蹬鼻子上脸，夸了他几句，他就"谦虚"得过了头。李才旺当时就说，你混淆了一个很重要的概念。我们承认，你不会说话咋能唱歌，你不会走路咋能跳舞，你不会写字咋能谈书法？但是，你忘了，会说话、会走路、会写字，都是工具，而唱歌、跳舞、书法却是艺术，二者是不能混淆的。作为一门艺术，不能说你会说话就会唱歌，你会走路就会跳舞，你会写字就懂书法，这里除去学习、锻炼，的确有个天分问题。大家都觉得李才旺说得对，那位主张会说话就会唱歌的朋友笑了笑，也不再说什么了。李才旺用一个浅显的道理说明天分对于艺术的重要。

画家裴文奎在为《翰墨情缘作品集》所作序言《岁寒八友学而而已》中说："所谓成就，所谓水准，七分靠打拼，还有三分是天注定，不全是个人努力所能决定的。"裴文奎这里所说的"天注定"就是李才旺所说的"天分"。讲究"天分"应该是画家的共识。

"天分"高悟性也就会高，也就会对某一种艺术产生一种强烈的爱好。爱好会使"天分"的潜力发挥到极致。

但是，光有"天分"不够，还需要"勤奋"和"缘分"。

"勤奋"靠自己，就是后天的努力。

人们常说的"一分耕耘一分收获"，"宝剑锋从磨砺出，梅花香自苦寒来"，"书山有路勤为径，学海无涯苦作舟"，讲的就是勤奋，勤能补拙。

李才旺说，任何一位书画家，都是从宣纸堆里爬出来的，没有勤奋是不行的。李才旺还说，搞艺术的一定要有胆，可贵者"胆"，可怕者"懒"，就是一定要勤奋。选择了艺术就是选择了苦恼和孤独，要耐得住寂寞。他说："要在书画创作中取得成就，天赋和悟性固然重要，但如果不用奋斗之犁去耕耘，不用辛勤汗水去浇灌，艺术之花绝不会绽蕾盛开，更不会结出硕果。"[1] 李才旺经常与国内外书画界同仁切磋技艺，工作之余，言必谈书艺，指必染毫墨，是他不断提高、出新的一大秘诀。

---

[1] 见赵春波：《墨香京都三月风——"李才旺书画展"侧记》，1998年4月3日《山西日报》。

事事如意　　180cm × 96cm

李才旺曾有十年的市长生涯，八年的省府和省委副秘书长兼办公厅主任的经历。李才旺的本职工作非常繁忙，节假日也常常得不到休息。繁忙是这些岗位的基本特点。长期以来，他养成了一个习惯，就是善于统筹时间、把握时间，当天的事当天完成，绝不拖延到第二天。这样就可以把自己的业余时间百分之百地利用起来，也就是把别人指头缝里漏下来的时间用在诗书画创作上。李才旺把这叫做"边角料"，用好了同样可以创作出非常精美的作品来。这就是一种见缝插针、持之以恒的功夫。

李才旺说："工作和写字画画在时间上是存在矛盾，但是只要你喜欢，总是会抽出时间的。任何成功者都是妙用时间的高手。'诗人本无种，勤奋自得之'"。

在李才旺看来，时间是世界上最公平的东西。每人每天不多不少24小时，分秒不差。正因为分秒不差，所以要分秒必争，做时间的主人。

在长期的机关工作中，李才旺的体会是，时间是有限的，但是再忙的人，也有业余时间，就看你在业余时间干什么。李才旺常常把别人睡觉、打牌、应酬的时间，作为他习书、作画、写诗的时间，甚至出差途中坐在车上，他想的都是写字，在腿上用手练字，在脑子里用意念练字，在口中用舌头练字。在别人看来，李才旺仿佛是在闭目养神，可谁知他早已沉浸在书法世界的漫游之中了。有一年夏天，李才旺在北京出差，天气异常闷热，无法入睡。夜里他就站在葡萄架下，空着两手，做握笔、蘸墨状，院里走了一回，想象自己写就一篇《赤壁赋》，直累出一身大汗。

一次，李才旺赴京参加中国文联全委会，见会议大厅里悬挂着某位大师的巨作便乘会议休息之隙临摹下来。对于他这种时时不忘学习的态度人们都十分敬佩。他有诗句："学养勤中得，莫虑人笑痴。"

李才旺虽然政务繁忙，身不由己，但他书画功夫不断。习字作画，虽不能做到"天天"，但却能做到"常常"。在尽可能的时候，他是无日不写字，无日不画画，平时日画两张，一年便有七百多幅。节假日、礼拜天更是玩命地干，一口气可以写上十几个小时。

这样下来怎能不手稳笔健练就一身好功夫，写出一手好字，画出一手好画，成为书画大家。在山西艺术界不少人说，在勤奋这一点上，我们和李才旺相比，自愧弗如。

李才旺在写字画画时，付出的是"挥毫又湿两层衫"，"不知苦累几多年"（《砚边随吟二首》之一）的艰苦与努力。从艺虽然艰苦，但是他心情开阔，情绪乐观。李才旺写字画画时，有时一笔不慎，出现浮洇涨墨，他会诙谐地用上党梆子套上京剧道白连喝两声"坏了，坏——了"，然后就势收拾，把局面扭转过来。

李才旺有《感怀》诗甚感时间之珍贵：

人生苦短岁月少，事业无成遗憾多。
当奋为时应奋为，莫待老迈空蹉跎。

作家张平在评价李才旺时说："生活丰富了他的才能，勤奋铸就了他的智慧，艰辛磨炼了他的意志，清贫促成了他的毅力。"[①]这是对李才旺"勤奋"的最好的表述。

"缘分"靠社会，主要是指机遇。

机遇可遇而不可求，抓住了机遇，就有成功的可能。抓不住，徒唤奈何，因为际遇往往难得一遇，转瞬即逝。李才旺说他的"缘分"来自他的经历。人常说："功夫在诗外。"其实，何止"功夫在诗外"，功夫亦在书画外。就李才旺来说，这"功夫"主要得力于他的阅历和学养。多年的市长工作历

---

① 《李才旺艺术、人格和风采》，《华夏英才》1997年7月全国卷三。

练和秘书长岗位磨砺，对他深入群众、贴近生活、感悟人生都有莫大的好处。心动于中，情发于外，是他的诗书画创作的前提和根源。这种特殊的工作经历当然是一种难得的"缘分"。

李才旺说，我如果不在省里工作，接触不到那么多的名家大师，自己也就不会有那么多的学习机会，使他在同艺术家的交往中得到启迪和帮助。在省里力群、徐文达、赵梅生等大师名家都同他有着密切交往。李才旺还说，如果没有胡富国、孙文盛这些省领导对书法、绘画的爱好和支持，他的作品就不会在省里引起广泛的注意，更不可能在中国美术馆举办展览，以及后来在上海、深圳、台湾、天津，到韩国和日本举办展览。李才旺认为这就是"缘分"，就是老百姓所说的有"贵人"相助。李才旺是一个懂得感恩的人。每逢他谈起这些领导、这些艺术家，都是牢牢在心，念念不忘。

二、"三师"之道

李才旺的"三分（奋）"之说，言简意赅，十分精当，而"三师"之说更是简洁明了，蕴含深刻。李才旺成了书画大家，有人问他，你的老师是谁？李才旺说自己不是师出某门某派，也不是无师自通，自学成才，真正的"老师"有三个：

一是"师古人"就是继承中国书画博大精深的优秀传统，譬如以形写神、形神皆备之类。李才旺最推崇八大山人、吴昌硕的艺术成就。他赞赏吴昌硕，有诗："奢华养惰性，清苦出佳品。位显不自负，敢为平常人。"（《读吴昌硕画集》）他推崇郑板桥，有诗："清风两袖辞官去，诗书一卷传世来。书画原本无专事，宦海自古有高才。"（《读郑板桥书画集偶成》）李才旺学前贤的技艺，但更多的是学前贤的人品书品、学风书风。

二是"师自然"就是采撷宇宙天地之山水精英，"肇自然之性，成造化之功"（王维语），即"外师造化，中得心源"（张璪语）。李才旺作为太行山之子，太行山给予他的灵气、霸气，使他终于攀登上艺术的高峰。李才旺以自然为本，以山水为师，正是"到处云山是吾师"，他从"师自然"中切身感受到好处。他曾对采访他的记者说："面对自然，完成的画作挂在家中壁面时，心情更高兴，身体中的酶自然产生变化，对健康当然有益。"①

三是"师画友"则是得益于当代书画大师的教诲和指点，诸如启功、董寿平、孙其峰、力群、欧阳中石、关山月、黎雄才等大师。李才旺或切问近思，或切磋砥砺，耳濡目染，皆有所获，正如李才旺诗中所言："何以极目能望远，为因脚下有高峰"（《观陵川山貌有感》）。大师们慧眼识珠，对李才旺作品的评价，也更激励他再攀高峰。董寿平先生对李才旺书画"领异标新，自成风貌"的评语，孙其峰先生对李才旺书画"自发心源，别具一格"的赞赏，肯定的都是他的独创精神和艺术个性。这无疑使李才旺更加坚定地走艺术创新的道路。李才旺每到北京，必做三件事：拜访董寿平、启功、欧阳中石等书画界前辈，去荣宝斋观摩名家精品，到中国美术馆看展览。每去一次，皆有所获，心中有感悟，艺术有长进。

李才旺不仅以书画大师董寿平、孙其峰等为师，而且以身边的书画家为师，虚心求教，潜心学习。他有《读郑林同志书作》："林泉临池数十年，今意古风凝毫端。拙乎巧乎任品味，潺潺流水自天然。"赞赏郑林先生临池数十年的苦功，今意古风的书法意蕴和自然天成的书法风格。他有《观书法家徐文达先生书展》："书至老到方随意，年逾古稀有童心。墨苑竞誉徐公好，博学广才乃奇人。"赞赏徐文达先生博学奇才，人书俱老，童心不泯，书法随意。他有《赠画家赵梅生先生》："梅老经风雨，逢春发新枝。悬壁屋生辉，清赏令人痴。"赞赏赵梅生先生经风雨，发新枝，求新求变的艺术创造精神。李才旺临徐悲鸿的奔马，言："余喜闲涂抹，画马识悲鸿。问马

---
① 见黄宝萍《艺术养生学 书画添经验》，2002年3月19日台北《民生报》。

蹄何疾，神州荡春风。"（《临悲鸿奔马图题句》）李才旺临吴昌硕画《天竹如花》。吴国亭先生说："这幅〈天竹如花〉是他摹仿吴昌硕的作品，题款中注明仅是'粗临'，体会一下前人的构图和笔墨而已，没有学究式地笔笔忠于原作，目的是'以古人之规矩，开自己之生面'，不是为临摹而临摹，就笔法学笔法。从这幅习作中可让我们看到作者科学学习方法的一斑。"他又说："临摹是为了创造，不是跟着前人亦步亦趋，这是才旺一再强调的。"①

李才旺有师从，但不依傍门户，不受门户之见的束缚，而是博学百家，取法乎上。他师古而不泥古，博采众长，立异标新，自成风貌。他曾对画评家吴国亭说："我向古代画家学习，也向当代画家学习。我的信条是不拘百家，择善而从，渐修顿悟，行成于思。"②这也正如吴国亭先生所说，李才旺"力主转益多师，博采众长，反对拘泥于某家某派的陈腐习气。他不但学古人，也学今人，不带框框时时取鉴于人，因而看不出明显的衣钵传授痕迹，不知出自何家何派，却又是从传统中来，学习的路子十分宽阔，可说是无常师，取众长。"③这正说明李才旺不拘泥于古法，不拘泥于一家一法，而直逼自然之道法。

台湾黄天才先生说李才旺："他画'公鸡'，从造型上，看得出齐白石的劲与力，同时，又融合了徐悲鸿画鸡的柔与美。取各家之所长，融合创造出更让人喜欢之作品，这就是李才旺的画。"④

李才旺说："学习前人，要有极大的勇气打进去，也要有极大的勇气走出来，就像齐白石大师所说的'学我者生，似我者死'。"确如所言，要在

---

① 《以古人之规矩 开自己之生面——读〈天竹如花〉有感》，《李才旺画作理趣》第58页，人民中国出版社1999年4月。
② 见《李才旺画作理趣》第2页，人民中国出版社1999年4月。
③ 《无常师 取众长——〈荷塘秋韵〉的画外话》，《李才旺画作理趣》第54页，人民中国出版社1999年4月。
④ 《我看李才旺先生的诗书画》，2002年3月24日台北《中央日报》。

继承传统的基础上，广纳众家之长，形成自己的特色和风格。要博观约取，勇于探索，敢于创新。历史上的书法大家王羲之、欧阳询、颜真卿、柳公权等都有自己的风格，他们的作品成为后世临习的法帖。当代的启功、舒同等均有人们一见便知的书法特色，成为计算机字库备选的范本书体。这些古今名家的书体代表着一种品质，成为一种品牌，而为人所尊崇。

李才旺概括的"三师"岂止有益于书画创作，对于做人、做一切学问又何尝不是可贵的启迪。

第七章
媒体聚焦
MEITIJUJIAO

"文溪政径两驰名,宦况诗怀一样清",这是形容李才旺政艺双馨的两句诗。李才旺是党政机关的领导干部,是文坛艺苑诗、书、画"三绝"的大家,是文艺界的领军人物。作家张平说:"'书画队伍的奇才,党政干部的骄傲'。用这样的评价来概括李才旺的领导干部生涯,想来应是非常贴切的。李才旺以其卓越的才华,透亮的人格,非凡的政绩,被誉为一种特有的'李才旺现象',引起了越来越多的人的关注和深思,而这种'李才旺现象'也同样是值得我们骄傲和自豪的。"①

李才旺曾任晋城市(县级)市委副书记、市长,晋城市(地级)市委常委、副市长,山西省政府副秘书长兼办公厅主任,中共山西省委副秘书长兼办公厅主任,中共山西省委宣传部副部长兼山西省文联党组书记、常务副主席,山西省文联主席,山西省书法家协会主席,中国文联第七、八届全国委员,山西省第九届政协常委、文史委员会副主任等职。现任山西省文联名誉主席、山西省书法家协会名誉主席。此外,还担负着许多社会职务,重要的有:中国扶贫书画院院长,山西当代书画院院长,山西老年书画家协会主席,山西省美术家协会顾问,山西花鸟画学会名誉主席,三晋文化研究会副会长,山西省名人联合会副会长,中华名人书画院和中国市长书

---

① 《李才旺艺术、人格和风采》,《华夏英才》1997年全国卷三。

画院院士,山西大学、山西财经大学、太原理工大学、太原师范学院客座教授。李才旺还是中国美术家协会会员,中国书法家协会理事,中国作家协会会员,中国曲艺家协会会员,中华诗词学会会员,中国书画收藏家协会学术委员,中国赵树理研究会副会长。

李才旺的专职职务和社会兼职职务都很多。职务多,说明工作忙、担子重、责任大,但即使是这样,他在艺术领域里还是取得了令人艳羡的突出的成就。

1996年以来,李才旺陆续出版了诗集《有伞的风景》《无雪的冬天》《丰收的季节》《李才旺诗选》《李才旺书画选集》《当代中国书法全集·李才旺卷》《李才旺艺术论》,以及李才旺多种专集或合集的书画作品集等数十部。诗书画作品曾多次获奖。国画《雪竹图》获2000年世界华人艺术展金奖,被文化部等主办单位授予"世界华人杰出艺术家"荣誉称号。

1998年以来,李才旺曾在中国美术馆、上海美术馆、台北国父纪念馆、深圳何香凝美术馆、山西美术馆、山西博物馆、山西晋宝斋,天津和韩国、日本等地举办书画个展。多幅作品被毛主席纪念堂、人民大会堂、周恩来邓颖超纪念馆、中南海以及党和国家领导人和国外政要收藏。

李才旺的成就和影响被业界称为"李才旺现象"。"李才旺现象"的实质是作为一位领导干部应该具备什么样的素质。政治素质好、领导能力强是必须的，而文化素质、文人气节同样是应该具备的。一个卓越的领导干部的才能应是多方面的。这正是"李才旺现象"给我们的启示。正因为如此，李才旺的政艺生涯和艺术活动才引起了全国新闻媒体，包括报纸、刊物、电视台的广泛关注和重视。

新华社、《人民日报》《人民日报·海外版》《光明日报》《工人日报》《中国青年报》《中国经济时报》《中华时报》《科技日报》《书法导报》《大公报》《山西日报》《深圳商报》《三晋都市报》《生活晨报》《山西晚报》《太原日报》《太原晚报》《太行日报》《上党晚报》，台湾《中央日报》等，以及中央电视台、中央电视台书画频道、中国黄河电视台、山西电视台、太原电视台、天津电视台等上百家新闻媒体均有报道，多次介绍其政艺生涯，获广泛赞誉。1998年3月15日，中央电视台一套"新闻联播"中报道党和国家领导人丁关根、邹家华在中国美术馆观看了李才旺书画展，报道中说李才旺的书画"潇洒淋漓，大气自如，画路宽，以花鸟为主，有些作品还多次在国外展出"。

现就全国重要报刊、新闻媒体刊发的评介李才旺的文章、制作的访谈节目和专题片分别作一介绍。

第一节 《中华锦绣》《华夏英才》《华人风采》三刊中的李才旺

一、《中华锦绣》发表李才旺手书《为人民服务》

大型刊物《中华锦绣》1995年5月号（总第5期），以很大的篇幅发表了李才旺手书毛泽东的《为人民服务》，气势雄伟，行笔有力，是李才旺书法代表作之一。同时配发了诗六首，书法作品和国画作品各两件，还有诗人张承信的文章《〈有伞的风景〉——李才旺诗词初识》。《中华锦绣》编者加了简明的按语，使读者通过李才旺的诗、书、画，了解作为一位领导干部的精神世界。

《编者按》说："李才旺，因其家庭出身贫寒，且其父是个勤劳憨厚的石匠，故起笔名'寒石'；又因其籍贯是山西省上党人，故亦时有'上党墨人'之谓。1967年他从山西大学历史系毕业后，一直在党政机关工作，并较早地走上了领导岗位。他现在任山西省政府办公厅主任，是个名副其实的'忙差'。虽然政务繁忙，但他却能忙里偷闲，

李才旺与恩师董寿平先生

醉心翰墨，且或诗或书或画，皆有所成。因此，他被中国诗词学会、书法家协会及书画家联谊会吸收为会员，他的作品曾多次被发表、展出和收藏。本刊本期选登了李才旺的几首诗、几幅字、几幅画，并发表了一篇关于李才旺的评介文章，意在让读者从他这里看到一个党政领导干部，在其工作之余，还有着一个怎样的五彩缤纷的精神世界。"

二、《华夏英才》刊登张平评介李才旺的长篇文章

大型刊物《华夏英才》1997年全国卷三，以9个页码的篇幅发表了中国作家协会副主席、山西省作家协会主席张平的长篇文章《李才旺的艺术、人格和风采》，并配发了李才旺的多幅书画作品和活动照片。

张平在文章中说："在山西等地干部层、文艺界，包括许许多多的老百姓在内，大都知道有这样一位领导干部，不仅政绩突出，不同凡响，而且在诗、书、画方面也有建树，矫矫不群。这便是中共山西省委副秘书长、办公厅主任，曾有10年'儒将市长'生涯的李才旺。"

张平的文章，以生动的笔触，介绍了李才旺幼年贫困的家庭，一边上学一边当干部的生活，晋城十年的市长政绩，主持省委、省政府办公厅工作的"忙差"，以及在国外考察期间，以书画惊世所掀起的阵阵"旋风"，形象地阐释了媒体关注、众人瞩目的"李才旺现象"。

三、《华人风采》的封面人物——李才旺

《华人风采》是世界华人组织联盟宣传部、中美科技文化传播有限公司主办的大型刊物。《华人风采》总第21期以"封面人物"专栏介绍李才旺，发表了该刊执行主编华坷如的文章《神思妙笔著华章 人品艺德担春秋——

访我国著名诗书画家李才旺》的长文。在刊物封面刊登了李才旺的照片,并配发了多幅李才旺的书画作品和活动照片。华坷如的文章分为"学问信奉:天分、勤奋、缘分"、"为官恪守:公生明,廉生威"、"居家秉承:家和万事兴"几个部分。读者通过这一期刊物对李才旺的从政之路、从艺之道、为人之德有个基本的了解,并欣赏李才旺的书画作品。

李才旺与著名书画家启功先生

第二节　中央电视台和中国黄河电视台"走近书画"栏目中的李才旺

一、中央电视台书画频道制作的专题节目"诗韵、书韵、人韵"

2007年10月25日,中央电视台书画频道播放了题为《诗韵、画韵、人韵——诗书画家李才旺》的专题节目。节目分上下集。上集主要是以李才旺的诗歌作品为贯穿线介绍李才旺的人生和艺术道路;下集主要是以李才旺诗、书、画"三绝"的特点评说李才旺的艺术成就。

"放牧出山村,纳凉卧柳荫。牛吃河边草,我观天上云。"一首《放牧》诗打开诗人的儿时记忆,讲述诗人祖辈从河南林县逃荒到山西壶关,童年的苦难生活和对日后创作的影响。"不羡名园住华笼,乐在深山伴老藤。彩屏开与村姑看,金曲唱向樵夫听。""杆壮叶阔花金黄,无须风助自向阳。春去秋来

李才旺与恩师孙其峰先生

不虚度，留与人间一轮香。"专题节目从两首题画诗《孔雀》和《葵花》，入手，以诗书画表现诗人的人生道路和生活理想，充满了诗情画意，蕴含了生活哲理。

下集通过对李才旺在北京、上海、台北、深圳、天津等地，以及韩国、日本等国举办的书画作品展的介绍，书画大师董寿平、孙其峰对李才旺书画艺术的评价，以及李才旺"师古人、师自然、师画友"的艺术主张，评说李才旺书画创作的特点和风格，使观众走近李才旺、感知李才旺，欣赏李才旺的艺术风采。

二、中央电视台书画频道制作的专题节目"品说李才旺——艺术上的奇葩异卉"

中央电视台数字电视书画频道2008年12月播出。这一专题节目是主持人琳子以"品味艺术佳作，话说艺术生涯"为主旨，对诗人、书画家李才旺的采访，节目中包括众多书画大师、名家对李才旺书画艺术的评价和李才旺书画作品的展示。主要内容是主持人生动的提问和李才旺从容的回答，彼此间的交流互动，使整个节目内容丰富，思想深刻，引人入胜，兴味盎然。

主持人首先就提出："听我们的编导说，您在小时候学习绘画的时候，还有一个非常有趣的故事，能给大家讲讲吗？"李才旺就讲了自己七八岁时帮助邻居盖房搬土坯，搬一块土坯邻居就给他一张画着小猫、小鸡的小画片，这就引起了他画画的兴趣，并影响了他的一生，使他后来走向了书画创作的道路，一张画片的小萌芽成就了一位大画家。

主持人提问：董寿平先生曾经说过，李才旺能在接受中国书画博大精深的优秀传统中，"师古不泥，博采众长，领异标新，自成风貌，是非常难能可贵的。"对于这样的评价，李主席你是如何看的？

李才旺说，董寿平先生的评价对自己是一种鼓励，其实我离这个标准，还是有很大距离的。董老鼓励我，不论写字还是作画，一定要大气，要有一种气魄，有一种气势。大气，就是自己书画创作的追求。

主持人提出个人风格的形成，是因为艺术家长期的文化积淀自然而然形成的，还是艺术家刻意追求或者有意识地追寻的呢？李才旺回答，风格是经过长时期的艺术实践自然形成的，不是能刻意追求的。他说，书法也好，绘画也好，要学习古人，学习师长，学习画友，但是一定要有自己的语言，自己的面貌。在这个过程中，就会有意识或者无意识地考虑到自己作品的风格。李才旺说，自己画的花鸟鱼虫，实际上都是写人的，表达人的感情的，这就形成了自己的风格。

主持人同李才旺说起著名书法大家欧阳中石给李才旺书画展的题词"笔健才隽"。主持人认为这四个字是说，李才旺作为一名公务员，书画创作很有水平，很不容易。他的书画能展现出他的胸怀，他的读书能力。李才旺认为，"笔健才隽"有两个意思。首先是你写的字一定要劲健，要有力度，无论是线条、点画，还是整体，都要有一种美感；其次，一定要有才，有读书能力，多读书，要修养自己的字外功、画外功。

主持人说：中央美术学院教授金维诺先生曾经说过，李才旺好就好在能够不断地探索，做到诗书画三者互相补充。他的诗能够促进他的书法，他的书法又能够促进他的绘画。三者互相补充，互相促进，说明他在艺术发展中会前途无量。李才旺说自己的很多诗是题画诗，就是诗书画的结合。他说，如果讲文人画，更离不开文学的功底。诗书画是三位一体的，是不可分割的，是互相影响的，互相补充的。

主持人琳子提的最后一个问题是：李主席，假如说现在再给您一次重新选择的机会，从政和从艺，您会如何选择呢？

这个问题应该是不好直接回答的，但是，李才旺回答得很好，入情入理，准确到位。他说，我认为从政和从艺都是很好的事情。从政吧，为人民服务。从艺嘛，搞自己喜欢的艺术。首先，我认为，人一生干什么、做什么，或者在哪个阶段做什么，是不完全能由个人选择的。所以，我认为从政就要很好地从政，做一个好官，确实是要做到为人民服务到位。这是首先的，必须的。那么从艺就是一条副线，是一个补充。但是，我讲过"宦海生涯有时尽，笔墨情缘无穷期"，就是你做官也好，从政也好，你到一定的时候，一定的年龄，就会退下来。你退下来干什么呢？我觉得艺术就是晚年生活的一种很好的补充。我觉得我对艺术是终生爱好。现在，我渐次从政界退出来了，我就与艺术终生为伴，也就是活到老，写到老，画到老。

三、做客中央电视台书画频道特别节目"6060——向祖国献礼"

2009年10月，迎来了中华人民共和国成立60周年。中央电视台书画频道从全国遴选了60位书画名家，作为嘉宾做客书画频道，制作了"6060——向祖国献礼"这一特别节目，李才旺就是60位书画名家之一。介绍李才旺的这一期节目于10月28日于央视书画频道播出。

节目首先以短片的形式介绍了作为山西省文联主席、山西省书法家协会主席的李才旺的基本情况。主持人以谈话的方式对李才旺进行了采访。

主持人首先从李才旺的家事入手接连提了三个问题，请李才旺述说自己的身世。"别看现在李老师头上有这么多熠熠生辉的光环，大家可能不知道，在李老师上大学的时候，家境贫寒，一件棉袄穿了六个冬天，有这事吗？"李才旺以读者所熟悉的幽默口吻回答了主持人提出的问题。"那说明您当时家里的条件也不是很好啊！""当时条件那么不好，为什么您的名字李才旺的'才'不是财富的'财'，那也是符合当时那个年月的思想啊？"由不是"财旺"而是"才旺"引出了一段读者已经知晓的李才旺和范曾交往的文坛佳话。

主持人："说起多才啊！我查看了一下您的资料，发现这么一个现象：其一，都说您是诗书画三驾马车齐头并进；其二，说您是从政与从艺两不耽误。首先，咱们先来谈第一个问题，就我手上的资料，这三样我最喜欢的是您的诗，要是您给自己的这三种才华排排序，怎么样？"李才旺自己没有排序，只是说："诗书画我都喜欢。我认为，诗书画三者的关系是相辅相成的……至于这三样别人怎么评价，仁者见仁、智者见智吧。我自己也说不来啥比啥好。"

主持人："李老师，接着说您的第二个问题，说您是从政与从艺两不耽误。怎么才能做到两不耽误呢？您的时间从哪儿来？""您是怎么理解从政与从艺的关系？"主持人的问题一个接一个要问个清清楚楚。李才旺以自己的实践回答得头头是道。

主持人最后的一个问题是："从祖国60年来的变化，您有什么切身的体会？"李才旺："我上小学的时候是1950年。可以说从我记事起，就伴随着共和国的成长。我亲眼目睹和亲身体验了共和国60年来在中国共产党的领导下所发生的翻天覆地的变化。我为共和国骄傲，为共和国自豪！我们国家的版图是一个雄鸡的样子，毛主席的诗句说'一唱雄鸡天下白'。我喜欢画鸡。我在以鸡为题材创作的画中，经常爱写一首赞美鸡的诗句。最近我作了一幅以鸡为题材的画，画面画了60只鸡，题了一首诗：'神州大典花甲庆，瀚海挥毫抒激情。盛世高歌歌盛世，雄鸡一唱东方红。'以此庆祝共和国建国60周年。衷心祝愿我们的祖国欣欣向荣，繁荣昌盛！"

李才旺的回答让主持人十分满意。她在节目结束前充满激情地说："'从政李君别有才，寄情书画自悠哉。生花妙笔出新意，顿使愚夫茅塞开。'这是书画大师娄师白先生当年看到李才旺先生画册时题的句子。可以说和李才旺先生畅怀一聊，会被他的人生经历所震撼，会被他的才情所感染，确实也能让大家有一种茅塞顿开的感觉。在节目的最后，我们也祝愿李才旺的诗书画艺术更加至臻化境，为大家献上更多更好的作品。"

四、做客中国黄河电视台栏目"走近书画"

2009年3月1日，山西省文联和中国黄河电视台联合主办的"走近书画"栏目在中国黄河电视台开播。"走进书画"是旨在宣传介绍山西书画艺术、宣传山西书画名家的文化类栏目。开播应邀的首位嘉宾就是省文联主席、省书法家协会主席李才旺。为李才旺制作的节目分绘画和书法两期播出。

在谈绘画的这一期中，李才旺开场就说："大家知道我喜欢画鸡。我画的鸡实际上表现的是人的一种情绪。我也喜欢画葵花。葵花入画，金黄色的花朵、大片的叶子和坚挺有力的葵花杆，寄托着对人的理想的追求。我们青少年一代，要学习葵花这种向日、奉献的精神。"李才旺从他喜欢画的鸡和葵花说起，表达的是画家作画的宗旨和心态，他是以画表达自己的理想和追求的，而不是为画而画的。

接着李才旺从画荷叶、荷杆怎么用笔，讲到"远看看势，近看看致"，既要看画的大的形势、效果，也要欣赏画的笔墨情致，方得读画的要领；讲到诗与画的关系，"一幅好的画看了就是一首诗，同样一首好的诗读出来就是一幅画。"李才旺既通俗又专业的讲述，把观众带到他所营造的艺术殿堂。

李才旺讲到自己所走过的艺术道路和感悟："搞艺术的一定要有胆。可贵者胆，可怕者懒，就是一定要勤奋。你选择了艺术就是选择了孤独和苦恼，要耐得住寂寞。"他把自己的成功归纳为"三分"，即"天分"、"勤奋"和"缘分"。这正是画家自己所走过的一条艰辛道路。

在谈书法的这一期中，从主持人与李才旺的简短对话中开场。

主持人："凡事您都认真对待。"

李才旺："艺术是很严肃的事情。"

主持人："李主席认为人正则字正。"

李才旺："做官和从艺是一个道理。"

在主持人说到"写字要讲气韵，要一气呵成"时，李才旺简要回顾了自己在书法艺术上所走过的道路。他从父亲是石匠在劳作时一斫一凿中感受书法的力度美说起，说到书法的稳定感与和谐美，说到笔法、结字和章法，说到"做字先做人，人正字则正"。李才旺说："有人说我的书法也好，绘画也好，都是一笔不苟，就是一笔一画都不苟且。这一点我确实是努力做到了。"

在讲述中，李才旺引了一首他自己写的，大家都十分熟悉和喜爱的诗："天斋云笺海为砚，笔卷雄风追雷电。权将尺幅当宇宙，腾龙跃虎任狂颠。"（《临池狂想》）说这是自己的创作心态，其实这就是李才旺能够成为独具个性的书法大家的根本原因，在心胸、眼界、胆魄、气度方面均有非凡、过人之处。

第三节　电视专题片中的李才旺

一、"心似白云"

这是中央电视台为1998年3月在中国美术馆举办的"李才旺书画展"制作的一部电视专题片，于1998年4月播出。

在这部电视专题片中，主持人通过介绍和视频把观众带进"李才旺书画展"现场，让观众从李才旺的作品看到艺术家的豁达、豪放，感受一个为官从政者的细腻、严谨。主持人通过采访著名画家卢光照，著名书法家启功、欧阳中石，引导观众欣赏李才旺的书画作品。主持人还通过采访李才旺本人，向观众讲述他的创作心态、作品的艺术特点和所走过的从政、从艺的道路。这就使观众通过看专题片获得同看展览同样的效果，或许还能够获得比看展览更多的感受。

主持人在专题片的结尾时说："读李才旺的诗书画作品，读出了一种淡泊名利的情怀、返璞归真的心境和对美好生活的向往。在问到他，如果能再次选择，他将如何选择时，他说：一个人干什么并不由我们自己决定，从政从艺二者是相辅相成的，为官必须竭尽全力做好本职工作，但是宦海生涯有时尽，笔墨情缘无穷期。在从工作岗位上退下来后，我将与艺术终生为伴，直至永远。"现在，李才旺已经从领导工作岗位上退下来了，他在实践着自己十六年前所说的话，终日与艺术为伴，生活得很快乐，日子过得很舒心。

二、"翰墨情怀"

这是山西电视台《一方水土》栏目为在中国美术馆举办的"李才旺书画展"制作的一部电视专题片，1998年7月20日在山西电视台播出。

专题片首先介绍了李才旺的基本情况和书画展的盛况。主持人先后采访了人民美术出版社副总编、画家孟庆江，军旅书画家寒石，人民日报社社长、书法家邵华泽，书法家欧阳中石、启功，徐悲鸿美术馆馆长廖静文，原文化部副部长王济夫，中央美术学院教授薛永年，画家卢光照，中国艺术研究院常务副院长、文艺理论家曲润海，中国美术馆常务副馆长、画家杨力舟，原文化部部长刘忠德，山西省委书记胡富国，荣宝斋经理侯凯和几位观众，采访了李才旺本人。这些访谈既有对李才旺的从政从艺道路的全面评价，也有对李才旺展出的具体作品的赏析评介，还有李才旺本人对自己的人生和艺术道路的回顾，可以使观众对李才旺的人生道路和书画艺术有一个多侧面的了解，有助于提高观众的书画鉴赏能力，同时又留下了众多知名艺术家和领导同志珍贵的音像资料。

主持人以一段诗一般的语言、火一样的激情来结束这部电视专题片："水墨构成的艺术世界是无声的、纯净的，而它所蕴含的精神力量是博大的、久远的。'文蹊政径两驰名，宦况诗怀一样清'。这是李才旺生命的两条轨迹，又是他心灵的同一境界。'黄涛崩泻入壶中，轰响如雷令人惊。泥沙岂能挡飞流，大河扬波自奔腾'。如果说'为官避世平生耻，贵能人去政声存'是李才旺为官的最高境界，那么'时将翰墨抒胸臆，久赖丹青写人生'当是他不懈的艺术追求。有人说生命如歌，而李才旺却更像一幅画卷，在半个世纪的人生舞台上，在历史构成的一幕幕瞬间里，不断完善着，向前延伸着……"

三、"上党石匠后人"

1999年2月,中央电视台7套(军事 农业频道)《咱们老家》栏目为李才旺制作了一部名为"上党石匠后人"的电视专题片,在央视播出。这部专题片剪辑、插播了一年前即1998年3月在中国美术馆举办的"李才旺书画展"的盛况,而主要内容是围绕"上党石匠后人"这一主题,以主持人和李才旺对话为主要内容,把观众带回到培育了诗人、书画家李才旺的上党地区这一片热土。

主持人通过充满山西特色的悠扬动听的音乐和风光旖旎的画面,把观众带到山西这片黄土地:"你好,观众朋友,欢迎收看《咱们老家》。提起被称作'三晋之地'的山西省,许多远离故土的山西人,都会自豪地说'人说山西好风光'。的确,无论是牧童遥指的三月杏花村,还是连绵的太行山和吕梁山,都使人流连忘返。然而,山西省最引人注目的还是它古老的文化,以及一串串灿若群星的历史名人的名字……"镜头摇到晋祠、董寿平纪念馆,"董老虽已逝世,然而可以告慰他的是一代宗师有传人,他的忘年交和学生李才旺先生已经成为诗、书、画三绝的奇才。我们今天的节目,就将向您讲述李才旺从一个贫苦的农家子成长为一位著名艺术家的历史,从中你能感受到李先生那份深厚的乡情。"

主持人娓娓动听的开场白,引出了专题片的主人公。李才旺:"我的家乡在长治,也叫上党吧,壶关县。人离开了这块土地,有时是工作和生活的需要,但是,心离不开,我想我这一辈子也离不开。因为我生在这样一个地方,长在这样一个地方,对这个地方有特殊的感情。一山一水,一草一木,都觉得那样亲切。所以在作品中总是自觉不自觉地表现它们。""我觉得故乡有写不尽的诗,有抒不完的情。我生于斯长于斯,是故乡的山山水水养育了我,故乡的人民培养了我,所以我写诗的时候也好,写书法的时候也好,特别是作画的时候,我感觉我最熟悉的、最有感情的还是故乡。"李才旺的不少诗是写太行的,不少画是画太行的,就连他的书画作品落款也是写着"上党才旺",因为他永远也不会忘记自己是上党的儿子、上党的诗人、上党的书画家。

　　李才旺在和主持人的对话中,满怀深情地讲到自己幼年生活的壶关县五集村,讲到一生辛勤劳动的石匠——自己的老父亲,讲到自己写字、作诗、画画的从艺历程,讲到自己从一个山村的孩子到成为一个大学生,成为国家干部的人生道路。他要以自己的工作和作品"报效祖国,报效人民,报效家乡的父老乡亲,报效这块热土",永不忘记自己只是一个上党石匠的后人,有着一份浓得化不开的乡情。

第八章

乡土情怀
XIANGTUQINGHUAI

李才旺是一个重乡情、重友情、重亲情的人。正如诗人汪国真所言：李才旺"是一个有情之人。对故乡他有着浓厚的乡情，对朋友他有着真挚的友情，对亲人他有着深切的亲情。"①在他生长的山西壶关县五集村，有他操劳一生的年迈双亲，有他相濡以沫的结发妻子，有他嗷嗷待哺的幼儿小女，有他结伴读书的同窗好友，更有同他命运息息相关的父老乡亲。李才旺长大了，成人了，走出了壶关，当上了"大官"，但他没有忘记养育了他的五集村的父老乡亲，没有忘记几十年来同他共度患难、过艰苦日子的父母和妻子。李才旺是个懂得感恩的人。他捐资兴学为村里办了许多大事、好事。五集村的群众记着这位从太行山走出去的好人、能人，述说着他的许多动人故事。

---

① 《深爱自成佳酿》，1999年5月13日《中国文化报》。

第一节 "方圆几十里的大孝子"

不识一字的父母培养出了一个大学生。在李才旺的眼里，父母就是自己的天，就是自己的地，有天有地才有人，自己是父母用血汗养大的，是父母用泪水泡大的，自己什么时候都不敢忘记父母的恩德。李才旺尊崇孝道，主张"交友孝为先"——交朋友首先看他对父母是否孝顺，如果此人对自己的父母都不孝敬，又如何值得相交——被多人引为交友法则。李才旺有诗云："古刹青莲子母柏，原来树亦有孝心"（《青莲胜景》），可见他对父母的一片深情。

李才旺家乡一些上了年纪的老人们常常说，李才旺是我们这方圆几十里出了名的大孝子。他从小就知道心疼爹娘。四五岁就给爹娘端饭碗、做家务。稍大一点就帮爹娘在外面干些力所能及的活儿。夏天爹娘干活累了，他就蹲在旁边双手抱着个破扇子不停地扇呀扇。后离家上学、外出工作、结婚成家，父母亲一直是他的牵挂。他不是自己回来看望老人，就是打发妻子带着孩子回家瞧瞧，给老人带回些好吃的。怕老人在家寂寞，就给买了电视机，先是黑白的，后来换成彩色的。李才旺在外面当了大干部，但他回到家里在爹娘面前仍然是个孝顺孩子。他每次回家总忘不了给娘梳梳头，洗洗衣服，让娘从心里感到儿子对她的孝敬。

1972年冬天，父亲去世时，李才旺正在长治晋东南地委工作，壶关老家发来电报说，父亲很想见他一面。当时已经是下午4点多，冬天天短，从长治到壶关的最后一班车已经开走。李才旺匆匆交代了一下工作，只好步行几十里往家里赶。当时下着大雪，翻越了好几座山，到家已经半夜了，李才旺浑身皆白，简直成了个大雪人。家里打电话时说是"病危"，其实老人已经去世了。家里人说，老人临终前，滴水未进，只是嘴里喃喃地说："叫……才……旺！"遗憾的是老人最后也没有见上儿子一面。李才旺跪在父亲的灵柩前，用拳头捶打着自己的头，放声大哭："爸，爸，儿子不孝啊！您老生病，儿也没能回来看看您，您为我们操劳了一辈子，临走还不让您心净，您放心吧！儿会好好孝敬我妈的，您老安息吧！"没有见到父亲的最后一面，成了李才旺心底永远的痛。

父亲去世后，每年清明节，李才旺只要能抽出空闲时间，他必回乡为老人扫墓，他没有空，也会嘱咐妻子带着孩子替他上坟。家里只剩下老母一人，老人又不愿意出来，李才旺就尽可能地带着妻子和孩子常回家看看。每次回去，他都要为娘捶捶背、揉揉肩，给娘泡泡脚、剪剪指甲、洗洗衣服，陪娘聊聊天。临走前，他把娘住的房子和院子打扫得干干净净，把娘的日用品置办齐全。临出家门，他还要给娘梳梳头，给老人最大的安慰。

李才旺和妻子多次劝老人和他们一起住，可老人不习惯城里生活，觉得不如在老家自在，嫌不方便，每次接来都住不长时间。只要老人到城里来，李才旺都十分珍惜同老人在一起的时间，给娘盛饭，把筷子递到娘的手里，平时一有时间就坐在娘的身边，同娘拉家常。晚上把娘的被褥铺好，老人睡下后，又一点一点把被子掖好，惟恐冻着。下了班，李才旺还抽时间陪娘到街上散散步，到公园看看风景。李才旺对家里人说，老人吃的苦受的累太多了，要让老人尽量多享点福。

有一次，母亲得了心脏病，疼的时候一天不说话，也不吃饭，她总是觉得自己年纪大了，不忍心因病拖累孩子们，就萌生了死的念头。那次李才旺在病床前一守就是十多天，为老人端屎倒尿，耐心地开导，使老人改变了情绪，终于吃饭了。

1996年，李才旺母亲身患重病，治疗无效，不久病逝。李才旺作长诗《哭慈母》：

> 秋雨沥沥下不停，龙背山前动哭声。
> 人生多少悲痛事，失母令人最悲痛。

李才旺流泪长歌，痛不欲生；

> 千呼万唤喊娘亲，娘你为何不应声。
> 莫非您嫌儿不孝？莫非您嫌女无情？
> 莫非您老还动气？莫非您老还忍痛？

李才旺呼天抢地，放声号啕；

> 此屋是娘亲手建，娘不久住是何情？
> 日后来家儿喊娘，谁来开门谁来应？

李才旺睹物伤情，肝肠寸断；

> 千言万语诉不尽，万语千言哭亡灵。
> 倘若九泉娘有知，年年等儿到清明。

李才旺叩拜祭奠，永怀慈母养育之情。

母亲的去世，使李才旺常常想起彭丽媛演唱的一首歌曲《白发亲娘》："你可是留在村边把我瞭望，你可是又在窗下把我默想。你的那一根老拐杖，是否又把你带到我离开的地方？娘啊，娘啊，白发亲娘！"想起阎维文演唱的

《母亲》:"你入学的新书包有人给你拿,你雨中的花折伞有人给你打,你爱吃的(那)三鲜馅有人给你包,你委屈的泪花有人给你擦,啊,这个人就是娘,这个人就是妈。这个人给了我生命,给我一个家。啊,不管你走多远,无论你在干啥,到什么时候也离不开咱的妈。"这两首歌使他想起自己倚门远望盼儿归的亲娘,不禁潸然泪下,痛断肝肠。

岳母去世,李才旺以诗相送,一曲《哭岳母》,缅怀岳母生前的操劳,抒发自己内心的悲痛,如泣如诉,情景交融,让人动容,催人泪下:

哭求仙鹤慢西行,婿跪灵前放悲声。
生离死别诚难免,只恨诀别太匆匆。
哭向遗容泪满面,焚纸燃香守残更。
慈颜待婿情历历,烹茶煮饭意融融。
甥男甥女膝前长,夏挡暑热冬御风。
生计艰难心憔悴,贵在人穷志不穷。
家境初兴您竟去,报恩无日恨终生。
倘若人生有来世,来世再报今世情。

对于孝敬老人,李才旺说:"敬老是一个人的天职。作为一个国家干部,如果连自己的父母都不孝敬,根本不可能对群众有感情,更不会全心全意为人民服务。父母养育了自己,不论走到哪里,当了多大的官,都必须热爱双亲,钟情桑梓。"李才旺也正是以这样的认识,热爱父母,热爱群众,廉洁为官,坦诚做人,走好自己的人生道路。

第二节　妻子和儿女

一、"畅怀斋"里乐趣多

李才旺家居省政府大院内，书斋兼客厅名叫"畅怀斋"。李才旺说："畅怀，其实就是说我们做人要坦然一点，要旷达一点。"他为此还写了两句诗："胸怀宽阔乾坤大，冷暖从容日月长。"做人如此，何不畅怀。

"畅怀斋"面对梅山，窗含高塔，夜闻钟声清越，日赏众花芳菲；李才旺自题对联，挂在斋门两旁："梅山临窗花无语，高塔入云钟有声"，平添一番雅趣。

"畅怀斋"是李才旺思接千载、视通万里，在书海里漫游的空间，也是他吟诗作画、挥毫泼墨，在艺术殿堂上驰骋的天地，还是他全家团聚尽享天伦乐趣以及文朋画友登门畅谈诗书画之所在，故曰"畅怀斋"。诗人有诗《书斋随吟》：

茶香助墨韵，酒兴畅诗怀。
屋陋书斋雅，时有佳句来。

政余时间，特别是周末双休日和节假日，李才旺在"畅怀斋"或伏案写作，或站立作画，且一坐、一站就是五六个小时，妻子和儿女们常常为他端茶倒水。儿女尚小时，晚上一家人聚在他兼作客厅的书斋，他赋诗写字作画，儿女们各自做作业，互不相干。他看书时，大桌子空下来，孩子们就争先恐后地爬到大桌子上在废报纸上练字学画。李才旺看见笑着说:"钟馗一打盹,小鬼就折腾",言语间充满对儿女们的爱怜。

二、相夫教子好妻子

李才旺是性情中人。他有"放牧出山村,纳凉卧柳荫。牛吃河边草,我观天上云"(《放牧》)之怡然,也有"十年甘苦等闲看,荣辱得失问后人"(《感怀》)之坦然,更有"日后来家儿喊娘,谁来开门谁来应"(《哭慈母》)之怆然,而李才旺为人子,为人夫,为人父,为人友,皆真诚和气,赤忱相待,应对着生活中的各种遭遇。

李才旺 1968 年结婚。妻子冯涛清是他共度岁月的人生伴侣。李才旺身居要职,政事繁忙,很难顾家。以相夫教子为天职,堪称贤妻良母的冯涛清实实在在是全家的顶梁柱。多少年来,她一边上班工作,一边照顾丈夫、抚养儿女,夙兴夜寐,含辛茹苦,是家中的"第一功臣"。冯涛清不仅是丈夫生活上须臾不可离开的好帮手,而且是丈夫事业上的好助手。

李才旺、冯涛清夫妇

李才旺有诗曰《感怀》:

> 少小清贫中年丰,老壮有病伴余生。
> 妻贤能解心烦闷,但愿儿女不伤情。

表达了对妻子的深厚感情。

《山西日报》高级记者展舒写过一篇文章《兼通诗书画 做官也风雅——国家公务员李才旺的艺文家事》说到李才旺的夫人冯涛清和他的儿女们，发表在2002年第2期《家庭》杂志上，讲了许多让人动情、掉泪的事儿。

孩子们小的时候，冯涛清常常是带着两个儿子，推着坐在轮椅上有残疾的女儿，到屋外活动，晒晒太阳，透透风，看看外面的风景。到了星期天，冯涛清就推着女儿的轮椅走在前面，两个儿子在后面拽着她的衣服紧跟着，这一天成了孩子们跟着母亲逛街的最高兴的日子。街是逛了，但是冯涛清很少带孩子们进商店，一是手头不宽裕，没有钱买什么东西；二是推着轮椅进出商店也不方便。尽管孩子们心里也想逛逛商店，但他们知道母亲的为难处，也就从不提出。

有一次，孩子们想去动物园玩儿。到了动物园门口，冯涛清为了省几个门票钱，就哄孩子们说："动物园没啥看的，里面的动物很少，咱们回家画'动物园'去，看谁画的动物多。"回到家，孩子们争显能耐，一阵儿就把客厅的白墙画满了，有狮、虎、鹿、猴、鸡、牛、羊、狗，还有乌龟、青蛙什么的，孩子们画得很高兴，真比逛动物园还开心。

儿子小强上小学五年级时想买一辆自行车，家里经济困难一直没有给他买，他就在墙上画了好多自行车，说等自己长大挣钱了，先给姐姐买一辆轮椅车，再给哥哥买一辆自行车，还要给妈妈买一辆女式车。妈妈笑着问他："你自己呢？"小强搔了搔头皮说："钱花光了，我还是走路上学吧。"冯涛清见儿子这么懂事，不由得一阵心酸，流下了眼泪。

有一段时间，李才旺主攻花鸟画。冯涛清就特地买回来一些花木种在小院里，让丈夫观察、写生。小院子成了小花园，有翠竹、青松、玉兰、牡丹、芍药种种，姹紫嫣红，馨香袭人，满园皆春，表达着一位女性的温情和细心。

李才旺曾勾勒出一幅鸡群啄食的草图，冯涛清看了说："你画的要让老百姓喜爱，要多听听群众的看法。"她带着这幅草图跑到乡亲邻里的家里给大家看。家属院里的男女老少都围拢过来，从画面的鸡头、鸡尾到鸡爪子逐个评点，真还提了不少好意见，连李才旺也觉得妻子搞的这个"民意调查"值。有位老工人还说："画鸡好啊，吉祥！人常说'鸡有德，狗有义，养只懒猫光生气。'"为了丈夫画好鸡，冯涛清还专门买了几只公鸡、母鸡和十几只毛茸茸的小鸡。李才旺日观夜思，用心琢磨，从此，画鸡大有长进，最成功的就是后来创作的彩绘长卷《百鸡图》。"百鸡"长卷浸透的是画家李才旺的才情心血，也饱含着妻子冯涛清的良苦用心。

随着岁月的流逝，李才旺的字写得多了，画画得多了，书出得多了，展览多了，随之而来的有关评论、报道也多了。这一切都靠冯涛清的收集、整理、归档，她成了丈夫的真正的"秘书"。她还编写了《李才旺年谱》，以编年的形式展示了李才旺的生活、工作经历和创作活动，成为研究李才旺的重要参考资料。

1998年3月，《李才旺书画展》在中国美术馆举办。其间，李才旺接受了中央电视台记者的采访。

记者："听说您出版诗集与您的夫人有很大的关系。如果不是她的话，可能就没有现在这一本诗集（指作家出版社出版的《有伞的风景》）。"

李才旺："是的。我这本诗集，原本是在生活中遇到一些人和事，便用五言或七言的句子记在片纸单张上，当时并不曾想过要当诗人出诗集。但我的夫人是个有心人，她把我记在片纸单张上的那些东西居然保存了下来。后来朋友们劝我出本诗集的时候，她就把这些都拿出来了，所以我很感谢她。"

李才旺还说到这次展览同样得到夫人和孩子们的支持，得到领导和社会各界朋友们的支持。李才旺说："就像咱们常说的，这功劳'有我的一半，也有他们的一半'，这枚'军功章'不应该我个人独享。"

三、学优才赡众儿女

为了给李才旺写"评传",我不仅同李才旺熟悉了,而且走近了他的家庭,熟悉了他的子女。李才旺全家 11 口人至今住在一起,是一个非常和谐美满的大家庭。除了孩子们在外地工作没有时间回家外,一回到家里,吃饭时总是围着一张大饭桌坐在一起,尽享天伦之乐。

李才旺有两子一女。他对孩子们要求都很严格。在孩子们还在上中学的时候,李才旺就有言在先:"你们要凭自己的本事吃饭,别指望我。"他还说:"我不要求你们当多大的官,发多大的财,只要求你们好好工作,做个有用之才。"孩子们都很听话,靠着自己的努力,艰苦奋斗,茁壮成长,个个都很有出息。

大儿子李伟,博士学位,现任山西省青年职业学院党委副书记、院长;大儿媳郭亚萍,硕士学位;孙女李雨轩,就读于美国纽约视觉艺术大学。女儿李方,大学本科,现任山西省残联信息中心副主任、山西省肢残协会副主席;女婿苏延恒,大学本科,现任山西博艺轩文化传播有限公司总经理;外甥女李沛轩,就读于深圳大学附中英国剑桥大学预备班。二儿子李强,硕士学位,现任中共古县县委副书记、县长,是那个被誉为"中国好人县"的"父母官";二儿媳蔡世琼,硕士学位,正在读博;孙子李肇轩,就读于山西省实验小学。李才旺一家儿子、儿媳、女儿、女婿六个人,有一个博士、三个硕士、两个大学本科。李才旺由过去父辈的石匠之家成了如今的诗书传家,高学历的文化之家、艺术之家。

李才旺的几个孩子都喜欢写字、画画。特别是孙女小雨轩从小就喜欢写写画画。1998 年 3 月,李才旺在中国美术馆举办书画展。当时只有 4 岁的小雨轩也在展厅现场画画。她能用彩色铅笔画许多动物和花草,最拿手的是画小鸡,画上还分别写着"爷爷吉祥"、"叔叔吉祥"、"阿姨吉祥"等等,送给要画的观众。画上那一只只毛茸茸的小鸡,有的歪着头站着看你,有的

全家福

后排左起：李 伟　郭亚萍　蔡世琼　李才旺　冯涛清　苏延恒
前排左起：李雨轩　李沛轩　李 强　李肇轩　李 方

展开小翅膀作起飞状，有的正津津有味地跟地上的小虫子戏耍，憨态可掬，生动可爱，乐坏了在场的观众，大伙都争着抱她亲她。2001年5月，李才旺在上海美术馆举办书画展，小雨轩又在现场表演，吸引了众多的上海观众。她给参观的人们不停地写字画画，小胳膊早就酸痛了，但她还是坚持着。回到太原后，她右手的三个指头竟脱了一层皮。外甥女小沛轩也是个小书画家，这孩子特聪明，许多唐诗，她7岁时就能背能写。

李才旺曾作《寄语孙女雨轩沛轩》：

雨沛年丰锦绣春，花季姊妹志不群。
轩窗喜闻书声妙，发愤攻读步青云。

表达了对这两个孙女的喜爱之情。

李才旺对孙女雨轩、沛轩如此喜爱，对小孙子肇轩更是疼爱有加，曾作《为爱孙开童车题照》：

福娃生福地，驾车有童趣。
开启人生路，坎坷变通衢。

又作《爱孙肇轩周岁戏吟》：

小帅小帅，实实可爱。
摸爬滚打，各俱风采。
牙牙学语，抓耳挠腮。
翻书玩墨，尽呈憨态。
少哭少闹，笑口常开。
吾家三宝，堪爱堪爱。

现在小肇轩也读到小学四年级了。他酷爱写字画画，还多次获奖。爷爷办展览时，小肇轩也拿出自己的画和爷爷一起展出。

正如鲁迅先生诗云："无情未必真豪杰，怜子如何不丈夫。知否兴风狂啸者，回眸时看小於菟。"（《答客诮》）

李才旺夫妇居家过日子，以工资养家，从来是勤俭为本。李才旺写字作画要用的纸笔墨砚，也是能省就省，将就着用。尽管很多人向他求字索画，但他因为手头拮据不敢多买宣纸，更不敢买优质宣纸。近年来，儿子李伟和儿媳郭亚萍看见父亲经济拮据，手头困窘，便提出给父亲赞助："爸，你有

情系孙辈

时间就尽管写吧,画吧,一应的图书资料和纸笔墨砚,我们保证供应。"李才旺这才放开手脚写字作画,对求字求画者也显得大方多了。他对孩子们风趣地说:"鲁迅批评过'一阔脸就变'的人,而我却是'一阔笔更健'了。"这是李才旺这个和谐美满大家庭里的一支小插曲。

四、言传身教树家风

李才旺有个上和下睦、夫唱妇随的好家庭,有几个学业有成、出类拔萃的好子女,还有活泼可爱的孙子、孙女、外甥女。我很想知道他是怎么培养教育孩子的,想请他谈谈他的"家风"。李才旺说,如果说到家风,就是"诚朴谦和，学习求知"八个字，就是为人处世要诚恳、朴实、谦虚、和气，要孝敬父母、尊重长者，以诚待人、信守承诺，要爱学习、求知识，活到老学到老。这是他在家对子女的要求，也是他为人处世的准则。李才旺的家庭是一个学习型的家庭。家里人都喜欢读书、写诗、习字、作画，连孙子辈的孩子们还是小画家呢，被称为"艺术家庭"。

李才旺教育子女，不靠说教，更不打骂孩子，靠的是言传身教。

他自己不做的事情，要求孩子们也不做。他不打麻将、不玩扑克，孩子们也不打麻将、不玩扑克。他教育孩子们要珍惜时间。他告诉孩子们，时间对每一个人都是公平的，但是怎么利用时间却会使时间具有完全不同的价值。所以，有时间就应该抓紧学习，追求知识，不能虚度时光。在李才旺家里，如果问起谁，"你的时间都去哪了？"都会得到满意的回答。

李才旺的家风、家教还体现在他撰写的一副对联里：

家庭和邻里睦当属至理
待人诚处事平乃为清高
横批："怀畅品端"。

李才旺说："有些从政者，在单位和回到家里是两副面孔，我是一副面孔。在单位严格要求下级，回到家里严格要求孩子。"李才旺确实是一位"严父"，在这样的家庭教育下，孩子们也就一个个成了才。他们不是靠父亲在外面的影响，而是靠自己的努力，走自己的道路，长大成人。

第三节 "带病的向日葵"

在李才旺的三个儿女中，女儿李方是他心中最大的牵挂。1973年李方周岁前，因持续一周的高烧患上了小儿麻痹后遗症。这突如其来的灾难给全家带来了巨大的打击。当时家里经济十分困难，拿不出多少钱给女儿治病。为了让女儿活动肢体，他们教女儿朗诵诗歌、写字、画画。李才旺含泪对女儿说："小方，咱们家拿不出钱来给你治病，但念诗、画画、练字可以帮助你锻炼说话、活动手腕，帮助你树立对生活的信心。孩子，你要坚强啊！"李方人小志气大，性格坚强，她能从早到晚不住嘴地诵诗读文，不停手地写字画画。十多年如一日，李方坚持不懈，她的大脑发育、语言表达能力和手臂活动都很正常。李方在父母的呵护下一天天长大了，成了一个活泼、美丽的大姑娘。

疾患和病残没有使这位美丽的阳光女孩失去生活的勇气，是父母给了她信心和力量。她眼含泪水忍受着七次下肢矫形大手术的巨大痛苦，创造了生命的奇迹。父母对她的关爱和支持给了她巨大的精神力量。父亲对她说："小方，我们相信你能站起来，你一定要站起来。为了能站起来，你必须去忍受这个痛苦，否则你永远也尝不到站起来的滋味。希望你以后不要自己为自己失望。"父亲的话激励了李方。手术时父亲就在她的身边。后来她对采访她的记者说："我没有看到他心里的波澜，却看到了他的坚强。我身上所有坚强和阳光的气质，都是父亲给我的。"

经过和病患的搏斗，李方由躺着变成坐着，她认为"躺在那里，会感觉到痛苦在无限放大，视野就无法随着阳光移动"；她又由坐着变成在轮椅上转出了自己的辉煌。她在父亲的指导和鼓励下，自修完大学本科的全部课程，阅读了许多中外文学名著，还学习书法和绘画，使她由一个弱女子变成了外秀内慧的大才女。李方为了不给家里增加负担，走出家门，坐着轮椅自己创办了"银手杖"书屋，实现了她"读更多的书，帮助更多的人，实现更大的人生价值"的梦想。

李方是一个柔肠侠骨的好姑娘。她不仅自己要自力更生，而且多年来竟然一直在经济上资助着太原的两个残疾人。她常常坐着轮椅送钱、送粮食，还把他们带到自己的家里来看书、聊天。

1989年，17岁的李方随父亲到北京旅游，参观大观园化妆留影。李方年轻姣

2009年7月，李方被评为全国自强模范，受到党和国家领导人的亲切接见

好的容貌，配上雍容华贵的古代服饰，更显靓丽端庄，光彩照人。李才旺目睹女儿的美丽倩影，心头一热，即兴赋诗一首《题芳儿于京都大观园化妆留影》：

春花怒放兴悠悠，凤冠霞帔倩影留。
芳龄将伴岁月去，年年此日忆红楼。

让家里想不到的是，24岁的李方竟要独自南下创业。她不顾父母兄弟的劝阻，说："我知道爸爸妈妈最疼我，最爱我，因为我身有残疾，但越是这样我越需要离开这个暖窝。我不能一辈子靠父母养活啊！"就这样，李方坐着轮椅上了南下的列车，在深圳圆了她独立创业的梦想，创办了自己的文化公司和影视栏目。深圳五年的成功并没有使李方停步不前，而是华丽转身，要回太原进军文化产业，因为她看到了山西建设文化强省的无限商机。她对采访她的《山西广播电视报》记者李磊明说："我很渴望能有一个温馨的港湾，为我遮风挡雨。在深圳打拼的几年，尽管也很风光，但我感觉很累：既要管生意，又要带孩子，身累；既要居安思危，又特想念父母，心累。但最让我动心的，还是山西五千年的丰厚文化底蕴，是山西文化强省战略带来的发展空间。我出身于书香门第，我很喜欢文化，从事文化产业，一直是我的梦想。"

于是，李方回来了。在太原创办了博艺轩文化传播有限公司，担任董事长。她还担任了《山西科技报·企业家》周刊的总编辑。李方事业有成，不忘回报社会，她又献身于爱心慈善事业，投入大量资金，帮助残疾人，支援新农村文化建设。李方实现了自己的愿望："女人不应只做一根藤，她更应该是一棵独立的树，哪怕她并不强壮，哪怕她带给世界的仅仅是一片荫凉。"李方的成就获得了回报，她荣获太原市自强创业标兵、新长征突击手、全国三八红旗手、十大公益事业功臣、新晋商企业家和全国十佳自强模范等等荣誉称号。李方认为自己的成功之路就是："人最难的是敢于打破自己现有的生活状态。不给自己留后路，不顾一切向前冲的人，才更可能成功。"

李才旺有一首咏葵花的诗：

  杆壮叶阔花金黄，无需风助自向阳。
  春去秋来不虚度，留与人间一轮香。

李才旺说自己的女儿就像是一株带病的向日葵，无论风吹雨打，总是面对阳光微笑，张扬着生命的绿色。李方说她特别喜欢这首诗，"父亲说我像一株带病的向日葵，不管风吹雨打，总是面对阳光微笑。我觉得，做人就应该像向日葵一样，'留与人间一轮香'。"

因为喜欢向日葵的缘故，李方喜欢上了黄色。她说，这是太行山的颜色，黄土地的颜色，黄河的颜色，是不惧困难、自强不息、永不言败的炎黄子孙的本色。这也是要做一朵向日葵，"留与人间一轮香"的李方的本色。

2009年7月，李才旺为"女儿李方被评为'全国自强模范'，并出席在北京人民大会堂召开的表彰大会，受到党和国家领导人的亲切接见"倍觉欣慰，赋一长诗《写在方儿荣获"全国自强模范"之际》，称赞女儿的自强自立，表达对女儿的赞许和期待，充满了对爱女的殷殷之情：

> 幼年患病祸临头，自此重度残疾留。
> 手术矫形苦尝尽，依托轮椅度春秋。
> 贵能有书读不厌，坚持自学成绩优。
> 喜得文凭思创业，不达目标誓不休。
> 起步书店银手杖，继闯深圳地王楼。①
> 并州开办博艺轩，经商办报俱丰收。
> 报效乡梓心存爱，济困扶残苦同舟。
> 荣誉面前莫自傲，再接再励争上游。
> 望儿自强复自强，期盼优秀更优秀。

---

① 地王楼，即深圳地王大厦，正式名称为信兴广场。因信兴广场所占土地，当年拍得深圳土地交易最高价格，故称"地王"。地王大厦高383.95米，今为深圳第二摩天大楼，入住单位多为高端企业。

第四节 友情似海

李才旺是古道热肠，性情中人，在学校、单位和社会上都结识了不少至交好友。刘德宝就是其中之一。刘德宝与李才旺是壶关二中、一中初高中六年同班同学，至今有五十多年的交往情谊。1991年，李才旺已是晋城市的副市长，刘德宝在长治县当县长。二人一是副地市级，一是正县级，按说在官场上都应该互相有个照应也不为过。但是，他们之交淡如水，只是互勉互励，而不掺杂任何渣滓。

就在这一年的9月，刘德宝要参加省农口副厅级领导干部的公开选拔，所报志愿为省林业厅副厅长。9月25日，刘德宝参加了考试。9月26日，刘德宝给李才旺、冯涛清夫妇写了一封信，叙说此事。信中说到"考试结果一定不甚理想，不过我压根儿就没有什么思想负担，回去县里照样好好工作，好好为长治县老百姓服务"，信中并无请托求助之意。

李才旺接到信，10月10日复信时给予鼓励，并无半句为之斡旋之言。信中说："省农口副厅级干部公开选拔考试，是干部选任制度改革的一项重要举措。你能抓住机会参加这次考试，是件大好事。虽然你说一没有专业知识，二没受到党校系统培训，三没有时间复习，但我相信你完全有能力闯过这一关。你的学习精神一向我很敬佩，你的专业知识也富富有余。尤其是这些年来你在县长任上积累了丰富的实践经验，这比其他人占有很大的优势。总之，我对你充满信心。正是：公考选拔赐良机，虚位以待是刘君。"刘德宝不负众望，公选合格，担任了省农业厅副厅长。

对于同李才旺的友谊，刘德宝赋诗一首《羡君》："羡君大雅兮书画精，怀我小兴兮仄仄平。大雅小兴兮堪兼容，金银不换兮乃真朋。"这种友情可谓同气相求，同声相应。

第五节　李才旺和五集村

李才旺喜欢画鹤。他在一幅画鹤的作品上题了一首诗：

> 顶丹颈黑腿修长，振翼长空任飞翔。
> 沼泽原本生息地，莫道云是鹤家乡。
> （《题画诗二首·丹顶鹤》）

李才旺说，这幅画的意思是，一个人无论你作多大的官，走多么远，都不能忘记生你养你的家乡故土，都要尽你的可能去关心家乡，关爱家乡的父老乡亲。

作家陈丹燕说："人对留下自己生活记忆的地方都会有感情，就像对自己的家人的感情一样。"[1]李才旺的乡情如同他的亲情、友情一样炽热、浓烈，正像他的诗中所言，"未忘北国故乡土，眷恋漳水太行山"（《赠宋根旺同志》）。

李才旺画太行山，写太行山，在他的作品中，"浓得化不开的是故乡的情结，剪不断的是对乡亲的思念。画家笔下的一山一水，一草一木，无不凝结着浓浓的乡情。"[2]

李才旺说："五集村是我的故乡。几十年来，我深情地眷恋和关注着她，也为她的发展尽心尽力。进入新世纪后，目睹村庄的可喜变化，我为之欢欣鼓舞；企盼父老乡亲的美好未来，我为之热情祝福。"[3]

---

[1] 《用文字记住一座城市的过往》，2012年10月10日《太原晚报》。
[2] 谢玉辉：《海上生明月——李才旺上海美术馆书画展纪行》，《艺谭文聚》，中国戏剧出版社2001年5月。
[3] 《五集村志·序一》，陕西人民出版社2013年8月。

李才旺曾作《故乡行》表达他的故乡情：

半村新瓦一坡松，带露小草舞晨风。
漫步儿时牧牛路，耳边犹闻蛐蛐声。

2004年8月，兴建五集村牌楼时，李才旺欣然撰书楹联：

五谷丰登过日子只要山有林河有水村有新风即称家乡乃福地
集中精力谋发展但愿庄无债民无忧户无白丁何愁故里不繁荣

表达了诗人情系家乡、热爱故里的殷殷心声。

李才旺还把自己创作的咏太行的九首诗书写镌刻在一个大照壁上，作为诗碑立于村中，成为五集村的一道风景。这九首诗包括：《题太行山貌有感》《题三晋山水图》《题太行雄风图》《大鹏颂》《题大鹏图》《故乡行》《题牧牛图》《放牧》《松林抒怀》。这些诗篇既有对太行形胜的描写，又有对古松苍鹰的赞颂，还有诗人儿时的记忆，无不饱含着对故乡眷恋的深情。

一、捐资办学，兴教育人

李才旺的乡土情、乡亲爱，不仅反映在他的作品里，还体现在他捐资办学、回报家乡上。李才旺身居高官，情系故里，从上个世纪70年代起，就竭力支持家乡兴办修造厂、引自来水、修砌大池、开通公路、修葺古庙宇、建设新景观等，多年来关心和积极参与家乡建设，为家乡做出了重要贡献。特别是他情牵乡梓教育事业和民生困难，义卖书画，多方吁请，筹集资金逾500万元，建起现代化的五集小学，同时完成五集村饮水工程。这对培养高素质下一代人才，改善村民生活条件和推动五集村的全面发展，起到了巨大的促进作用。正像李才旺所说的，"兴学育人，俊才辈出，家乡的繁荣、国家的强盛、民族的复兴才会有希望。"

李才旺的家乡壶关县五集村是太行深山里的一个贫困的小山村。村里仅有的一所初级小学非常简陋。2006年清明节，李才旺回家祭祖，同村干部商量如何脱贫致富，感到从长远计，要改变村里的落后面貌，加快建设新农村的步伐，必须先把教育搞好。于是决定由李才旺负责筹资为村里修建一所高标准的小学。原来设想投资七八十万元也就够了，后来附近几个自然村的孩子们也想到这个学校来读书，就改变了原来的设计，扩大了规模，建成了一所有两千平方米的寄宿制小学。附近八个村的孩子们来上学就不需要爬山跑校了。现在建成的这所小学总投资就不是几十万元，而是三百多万元，主要是用李才旺的书画捐赠拍卖所得，购置材料、支付工费建成的。

2009年8月31日，"壶关五集小学暨五集饮水工程竣工典礼"在五集村隆重举行。李才旺在会上讲话，回忆起自己小时候读书的往事，无限感慨。今天，一座崭新的现代化的学校建起来了。他多年的愿望实现了，孩子们有了一个良好的学习环境，不要再像他那时要走五里路到百尺镇念高小。李才旺看着孩子们和乡情们期盼的眼神，表示要为孩子们的成长、为家乡的建设做出更多的贡献。

二、策划修志，功在千秋

五集村，初名小槐庄，千年古村。早在距今5500年前的仰韶文化晚期，已有先人在此聚居，生息繁衍。五集村可谓历史悠久，文化积淀丰厚。历史文化的延续，太行灵秀的孕育，五集村民自古以来勤劳智慧、善良质朴，出现了多少能工巧匠、名士贤人。革命和建设年代更是英烈、劳模涌现，学子、

李才旺捐建的五集村小学

高官辈出，五集村人文荟萃更显光彩。五集村民秦秋梅家门楼砖雕有两副对联："出交天下士，入读圣人书"，"江山千古秀，花木四时新"，可见五集村确为文脉悠长、文化繁荣之地。在这种情况下，不少人提出为五集村修志，以追述以往、记载当今、昭示后人，起到存史、资政、凝聚、育人的功效。李才旺乃山西大学历史系毕业的高材生，正可牵头承担此任。经过六年努力，五易其稿，于是有了这部列入"山西省村志系列丛书"的长达40万字的《五集村志》，2013年8月由陕西人民出版社出版。

《五集村志》记述了五集村的自然、社会、人文、经济等方面的历史和现状，以概述、纪事、专志、附录等部分组成，以文为主，以图补文，图文并茂，可谓资料翔实，内容丰富。书中彩色插页上，从七亩沟古遗址、玉皇观、关帝庙、商铺药店旧址、老宅院可知昔时之繁荣；现代化的五集小学，"万世师表"孔子塑像，进院入户的饮水工程，排排农家新居，条条村中道路，更见今日村容村貌的变化，都给人深刻的印象。

这部由李才旺担任策划、张建柱担任编撰委员会主任、张润棠担任主编的《五集村志》印制精美、装帧讲究的志书出版后受到山西省地方志办公室、壶关县史志办公室、壶关县百尺镇等部门和群众的广泛好评。

曾任壶关县县长的刘德宝在《知识襄乡修村志》（序二）中说："才旺与润棠都是学历史专业的。才旺德高望重，见多识广，对家乡热爱有加，支援巨大，担任家乡村志总策划是为不二；润棠一生从事文史工作，应用专业，倾心修志，回报桑梓，担纲家乡村志主编堪称唯一；编委会主任张建柱及时有效统筹、协调解决涉志重要事宜，可谓恪尽职守，服务到位。"[①]盛世修志，功在当代，惠泽千秋，刘德宝对编撰出版《五集村志》的三位乡贤的评价可谓到位。

作为总策划的李才旺履行了"志稿成书时，作序言、题书名和筹资付梓"的承诺。他在《家乡未来一定更美好》（序一）中说："一村虽小，但可以以小见大，更直观地折射一个地区的政治、经济、文化状况，可以更具体地反映一个地区的风土人情。""《五集村志》的编撰者，遵循'客观公正，秉笔直书'的修志原则，把家乡的历史文化、进步发展的状况真实地记录下来了。这部志稿的内容丰富翔实，特色明显；纪事贯串五千年、姓氏宗谱全面系统、人物事迹记述生动、村史佐证真切客观等，尤其是在编撰中以口碑资料为基础、以文物考古为依据、以文史档案为旁证，将资料性、纪实性、可读性熔于一炉，是很有学术品位的；彩页集中形象地展现了家乡的历史、人文和新貌，正文也选配了相应的图片，可谓图文并茂，雅俗共赏。付梓后将成为一部值得一读和珍藏的村级志书，在进行传统教育中，将是一部很好的乡土教材。"[②]李才旺的序言就《五集村志》成书的宗旨、内容的概括，以及社会价值等作了全面准确的评述。

在这部书稿就要脱稿之时，我想告诉读者的是，李才旺准备把自己的价值数千万元的书画作品捐赠家乡。长治市委、市政府和壶关县委、县政府决定在壶关县城建立一座"李才旺美术馆"，以长期保存、陈列李才旺的作品，彰显这位太行之子的成就和贡献，传承和弘扬上党文化。李才旺要把根留住，留在太行山，留在壶关县，回馈人民，回馈故乡。

---

① 《五集村志·序二》，陕西人民出版社2013年8月。
② 《五集村志·序一》，陕西人民出版社2013年8月。

李才旺年表
LICAIWANGNIANBIAO

1943年 癸未
出生于山西省壶关县百尺镇五集村。

1950年 庚寅
入五集村小学读书，任班长。

1954年 甲午
以第一名的优异成绩考入壶关县百尺高小，任少先队大队长。

1956年 丙申
以优异成绩考入壶关县第二中学校（初中），
加入中国共产主义青年团，任校团委副书记。

1959年 己亥
保送壶关县一中（高中），任学生会主席。

1962年 壬寅
考入山西大学历史系，任系分会主席，校学生会副主席。

1964年 甲辰
加入中国共产党。

1967年 丁未

毕业于山西大学历史系，获学士学位。

1968年 戊申

天津军粮城4568部队农场劳动锻炼，任班长、党支部宣传委员兼宣传队指导员。

1970年 庚戌

壶关县革命委员会宣传办公室工作。

被选举为共青团壶关县委委员。

1971年 辛亥

调原中共晋东南地区革命委员会宣传办公室工作。

1972年 壬子

任晋东南对台办公室副主任。

书法《孺子牛》参加《晋东南地区书画展》。

1973年 癸丑

书法《岳阳楼记》参加《晋东南书法大赛》，并入编作品集。

1975年 乙卯

任晋东南地区革命委员会宣传办公室宣传科副科长（副处）。

1977年 丁巳

任晋东南地区革命委员会宣传办公室文艺科副科长（副处）。

1980年 庚申
率晋东南地区代表团出席山西省文学艺术界联合会第四次代表大会。
编写剧本《金钗案》(合作)。

1982年 壬戌
任晋东南地委宣传部文艺科科长(正处),主持晋东南行署文化局工作。
加入中国戏剧家协会山西分会。

1983年 癸亥
调晋城市工作,任晋城市(县级)市委副书记、市长。

1984年 甲子
被聘为山西人民广播电台特约记者。

1985年 乙丑
当选为晋城市(地级)第一届政府副市长,分管公检法、城市建设、文教卫生等工作。
被聘为《中国杂文报》编辑。

1986年 丙寅
任中国赵树理研究会副会长。

1987年 丁卯
书法作品篆书《静思远瞻》参加《全国书法大赛》,获纪念奖。

1988年 戊辰
加入中华诗词学会。
被聘为晋城市书画院顾问。

1989年 己巳
被评为高级经济师。
被选为中国市长联谊会理事。
加入中国土木协会。
加入中国建筑协会。

1990年 庚午
被选为山西省红十字会理事。

1991年 辛未
任中共晋城市委常委、副市长。
挂职山东淄博市副市长。
论文《加强城市环境综合整治是城市政府的一项十分紧迫而极其重要的任务——城市环境对策初探》入编《中国市长谈城市建设》一书。
随山西省建筑考察团赴美国考察。

1992年 壬申

主编《来自齐鲁的报告》(中国经济出版社)。

论文《论优生优育》获中国优生科学大会优秀论文奖。

1993年 癸酉

调任山西省政府副秘书长、办公厅主任。

书法作品参加《中国长沙国际和平杯书画大赛》,获一等奖。

书法作品《卓越》、《伟大女性》参加《宋庆龄诞辰一百周年纪念展》,被宋庆龄基金会收藏。

被聘为山西省《市场信息导报》顾问。

率山西作家代表团访问泰国、新加坡、香港。

1994年 甲戌

加入中国书法家协会。

被聘为晋城市诗词学会名誉会长。

《李才旺自吟诗》书法集出版(北岳文艺出版社)。

随山西省政府代表团访问美国、巴西、墨西哥、澳大利亚、新加坡、香港、澳门。

1995年 乙亥

当选为中国书画家联谊会理事。

担任九集电视连续剧《情洒太行》总策划。

书法《遥览群山》参加《中国自作诗词书法展》,作品被中央电视台收藏。

主编《中国当代名商》(山西卷),并作序(中国商业出版社)。

被聘为《中国企业报》山西记者站顾问。

1996年 丙子

当选为中共山西省委第七届委员。

被聘为中国书画收藏家协会学术委员。

加入山西省美术家协会。

出版诗集《有伞的风景》(作家出版社)。

《李才旺书画展》在山西省晋宝斋举办。

被聘为山西大学师范学院书法专业客座教授。

1997年 丁丑

调任中共山西省委副秘书长,办公厅主任。

作为山西省代表团秘书出席中国共产党第十五次代表大会。

被聘为山西省美术家协会顾问。

被聘为山西省书法家协会顾问。

被聘为中国名人书画院院士。

《李才旺书画选集》出版(人民美术出版社)。

1998年 戊寅

《李才旺书画展》在中国美术馆举办。

被聘为《中国书画篆刻名家系列丛书》编委会顾问。

被聘为山西省花鸟画学会名誉会长。

被聘为山西省老年书画研究会顾问。

巨幅国画《祖国万岁》、书法八条屏《沁园春·长沙》被人民大会堂收藏。

巨幅国画《丰碑》，书法八条屏《为人民服务》被毛主席纪念馆收藏。

巨幅国画《铁骨冰魂》被周恩来邓颖超纪念馆收藏。

诗作《邻里情》、《放牧》获《全国田园诗大赛》三等奖。

中央电视台制作播出专题片《心似白云》，介绍李才旺书画。

山西电视台制作播出专题片《翰墨情怀》，介绍李才旺书画。

巨幅国画《七鹤图》、《五鹰图》、《凤动葵香》被中南海收藏。

主编《回顾与展望——三晋农村小康之路》（中国统计出版社）。

1999年 己卯

诗作《南京夫子庙遇雨》、《哭邓政委》入编《中华诗词鉴赏辞典》（中国妇女出版社）

《李才旺画作理趣》（吴国亭著）出版（人民中国出版社）。

巨幅国画《太行雄风》被中央电视台收藏。

中央电视台制作播出电视专题片《上党石匠后人李才旺》。

国画《听雨》在香港、泰国参加《第三届世界华人艺术大会香港大型艺术展》，获特别金奖。

诗书画作品参加中国美术家协会主办的"庆祝建国五十周年暨迎接澳门回归——全国诗人、书法家、画家作品展览"并荣获成就奖。

被聘为中国市长书画院院士。

被聘为《当代改革发展理论研究中心》特约研究员。

被聘为中国管理科学研究院学术委员会特约研究员。

被聘为四川省社会科学院知识经济研究所特约研究员。

被聘为《远东经济书画报》杂志社顾问。

传略入编《中国书协会员名鉴》。

2000年　庚辰

国画《柱天拂云自怡然》（230×53cm×4），被国家领导人收藏。

国画《事事如意》入展《世界华人艺术家书画精品大赛》，获金奖。

巨幅国画《雪竹图》参加《2000年首届世界华人艺术展》，获金奖，并被授予"世界华人杰出艺术家"称号。

主编《历史大跨越——三晋农村扶贫攻坚之路》（中国统计出版社）。

中国电信出版李才旺书法《龙马精神》电话卡。

中国网通山西通信公司用《红梅》、《寿桃》等八幅国画制作出版《笔墨真情——李才旺国画200电话卡》。

中国邮政出版《中国邮政明信片·李才旺专辑》（三套）。

2001年　辛巳

调任中共山西省委宣传部副部长兼山西省文学艺术界联合会党组书记，常务副主席。

出席中共山西省委第八次党代会。

加入中国美术家协会。

率团出席中国文联第七次全国代表大会，当选为全国文联委员。

在上海美术馆举办《李才旺书画展》。

在山西博物馆举办《李才旺书画展》。

国画《柿榴桃梅》四条屏被上海美术馆收藏。

国画《黄浦清芬》被上海市委收藏。

书法《黄浦清芬题画诗》被上海市政府收藏。

上海电台专栏播出《李才旺诗话》。

山西电视台制作电视专题片《海上生明月》，介绍李才旺上海书画展。

《李才旺书杜五安咏太旧诗词》出版（山西人民出版社）。

诗集《无雪的冬天》出版（作家出版社）。

率全国书画代表团赴韩国举办《二十一世纪汉城·中国书画艺术展》，部分作品被韩国金汉圭等政要收藏，国画《事事如意》被收入艺术展作品集《和平·友谊·未来》。

被聘为中国《经济师》杂志社特约研究员。

2002年 壬午

加入中国作家协会。

出席山西省书法家协会第四次代表大会，当选为山西省书法家协会第四届主席。

在杭州出席中国文联工作会议。

加入中国曲艺家协会。

受台湾永龄教育基金会邀请赴台北国父纪念馆举办《李才旺书画展》。

巨幅国画《霜风吹白花千丛》，榜书《台岛风情》四条屏均被国父纪念馆收藏。

台北羲之堂文化出版事业有限公司出版《李才旺书画选集》。

深圳何香凝美术馆举办《李才旺书画展》。

书画作品在天津参加全国第二届书法艺术节。

创作巨幅长卷《百鸡图》（70cm×3600cm）。

2003年 癸未

出席山西省文学艺术界联合会第七次代表大会，当选为七届省文联主席。

当选为中国书法家协会艺术发展委员会委员。

当选为第八届山西省政协常委。

任命为山西省政协文史委员会副主任。

随中国文联代表团出访奥地利、意大利、法国三个国家。

有感于白衣战士在"非典"期间的献身精神，创作了巨幅长卷《百鹤图》（124cm×5500cm）。

创作巨幅国画《松林抒怀》（250cm×1000cm）《竹林》（248cm×500cm）《仙桃庆寿》（248cm×500cm）《中华魂》（248cm×500c）《鹤舞空山》（248cm×500cm）。

2004年 甲申

在北京国务院所属杏林山庄为国家领导人作画。

率全国书画代表团赴日本考察、展览。

被聘为中国书法研究院理事。

创作潞安鼓书《千秋万代怀邓公》,获第三届中国曲艺文学牡丹奖。

策划《山西省第六届书法篆刻展》,并主编《山西省第六届书法篆刻展作品集》。

《李才旺艺术论》(中国戏曲出版社)出版。

在山西省文联展厅展出《李才旺书画近作展》。

国画《塘趣》及传略入编《中国书法美术作品集》(2004,日本)。

策划由中国书协和山西省书协主办的"三晋杯"全国首届公务员书法大赛。

2005年 乙酉

当选为中国书法家协会第五届理事。

书法《群贤毕至》入编中国书法家协会第五次全国代表大会纪念册。

2006年 丙戌

出席中国文联第八次代表大会,并当选为第八届中国文联全国委员。

率中国文联代表团出访俄罗斯,巨幅书法作品被中国驻圣彼得堡领事馆收藏。

策划《农行杯》山西省中青年书法篆刻作品展，并主编《书法篆刻作品集》。

策划《金海湾杯》山西省第七届书法篆刻展，并主编作品集。

书法作品11幅入编中国邮政《全国著名书法家协会主席作品邮票精品》。

书法《大鹏颂》捐赠宁夏银川希望小学，并入编《兰亭风》中国书法家协会百名理事书法作品集。

与江西瓷画大师汪平孙、任义平、彭元清切磋画艺，并创作瓷板画《雄风》。

出版周历《运交旺年》。

2007年　丁亥

参加中国文联在广州召开的全国基层文联工作座谈会。

被聘为山西省工笔画协会名誉主席。

被聘为中国书画研究院院务委员。

被聘为中国名人书法家协会终身名誉主席。

被聘为第五届桂林·圣保中巴国际书画名家交流大展赛组委会名誉主任。

获东西方艺术家协会（纽约）终身成就奖。

巨幅国画《金秋南疆》（124cm×248cm）被新疆自治区党委收藏。

为壶关县紫团会堂创作巨幅国画《松鹤呈祥》

（238cm×780cm）。

音乐剧《三月三》，获中部六省曲艺大赛金奖。

中央数字书画频道作个人专访，制作"诗韵·墨韵·人韵——著名艺术家李才旺"专题片。

为晋城赵树理文学馆撰联并书："赵树理铁笔圣手万象楼颖出才隽；文曲星盛年华章十里店陨落霜秋。"

出版《百鸡图》、《百鹤图》（山西人民出版社）。

出版书法《大悲咒》。

出版戊子年《盛世年丰》周历。

2008年　戊子

当选为中国扶贫开发协会副会长，并被任命为中国扶贫开发协会文化教育委员会副主任、中国扶贫书画院院长。

为家乡五集村投资300余万元修建希望小学。

为四川汶川地震灾区捐赠书画二十幅。

组织书画家，为四川汶川地震灾区义卖书画作品，所得资金50万元，捐给山西省红十字会。

为奥运会捐赠书法作品。

为中国书协在新疆捐建兰亭小学，捐赠书法作品。

在海口参加中国书协理事会。

出版《李才旺书法集》（山西人民出版社）。

《李才旺书法集》首发式暨李才旺书画艺术研讨会在并举行。

《李才旺自书联语》出版。

为23集电视连续剧《黑金地的女人》题写片名。

中央数字书画频道制作专题《品说》，以《艺术上的奇葩异卉》

为题，介绍李才旺书画艺术。

被聘为《山西省农村城乡经济促进会》理事。

被聘为《三晋文化研究会》顾问。

2009年 己丑

在安徽合肥参加中国书协第五次理事会。

参加安徽省第四届中博会由中部六省书协主席共写一条《江山如此多娇》（120cm×500cm），永久收藏在安徽省博物馆，中央电视台实况播出。

《6060》——"向祖国献礼"大型书画艺术电视展播，介绍了李才旺的政艺生涯。该片荣获全国此类电视节目二等奖。

出任山西当代书画院院长。

2010年 庚寅

参加中国文联第八届全国委员会第五次会议。

在河北参加中国书协第五届理事会第六次扩大会议。

出席山西省第五届书法家协第五次代表大会，被聘为名誉主席。

当选为山西老年书画家协会主席。

随中国书协义捐书法作品7幅，用于捐建兰亭小学。

《李才旺诗集·诗想》出版（山西人民出版社）。

世博中国组委会授予李才旺"世博中国题贺艺术名家"荣誉称号。

出席中国扶贫书画巡展（重庆）。

出席中国山西韩国济州岛书法交流展。

出席山西省读书援助协会成立大会，出任会长。

作巨幅国画《祖国万岁神州永年》，被国防部收藏。

出版台历《虎运连年》。

2011年 辛卯

被聘为全国产业经济国情调查办公室顾问。

被聘为山西青年书法家协会顾问。

被聘为山西省产业（企业）文联名誉主席。

被中国书协授予纪念中国书法家协会成立30周年"荣誉奖"。

在北京参加中国文联第八届全国委员会第八次会议。

参加"中国老年书画研究会第三次全国会员代表大会"，被当选为常务理事。

出席2011年山西老年书画家协会工作会暨运城现场会。

上海人民美术出版社出版《当代中国书法全集》（李才旺卷）。

天津美术出版社出版《当代影响力书法名家》（李才旺卷）。

2012年 壬辰

在人民大会堂参加中国文联主办的2012年春节大联欢。

在上海参加中国书协召开的六届二次理事会。

被聘为中国国家书画院名誉院长。

被世界教科文组织聘为"世界教科文组织首席艺术家"。

纪念习仲勋逝世十周年，创作书法《国家栋梁，历史丰碑》（180cm×48cm），被陕西渭南县收藏。

被中国民族艺术家联合会、中国诗书画联谊会评选为"首届中国民族艺术领袖奖终身成就奖"，同时授予"弥足文艺领袖人物"荣誉称号。

2013年 癸巳
出席山西省第八届文学艺术界联合会第八次代表大会，荣任山西省文学艺术界联合会名誉主席。
当选为三晋文化研究会副会长。
应山西省图书馆邀请，在"文渊讲坛"做《我的政艺生涯》演讲。
被中国诗书画联盟网聘请为名誉主席。
为中国书协新春寄语"群贤毕至欢歌笑语辞旧岁，少长咸集笔飞墨舞迎新春"。
为中国数字书画频道"百联迎春书法名家精品展"撰联并书"书画辞旧岁笔飞墨舞，频道迎新春笑语欢歌"。
书法作品《画案乡思》参加为雅安地震灾区义捐拍卖会。
出席在宁夏银川举办的沿黄河九省老年书画家书画联展。
剧本《金钗案》获山西省戏曲杏花奖（创作）。
出席"壶关县李才旺美术馆"奠基仪式。

2014年 甲午
出任中国扶贫书画院顾问。
出任山西老年书画家协会名誉主席。
出任山西三晋文化研究会顾问。

出任"三晋文化名人名品"大屏幕展播总顾问。

创作大型山水画《太行抒怀》（246cm×124cm×8cm）。

中央电视台拍摄李才旺书画专题片。

中央书画频道拍摄李才旺书画专题片《有伞的风景》。

书画作品入编《荣宝斋》艺术期刊。

策划的《五集村志》出版（陕西人民出版社）。

出版《李才旺书画》。

后记
HOU JI

为李才旺先生写评传，是他2001年到省文联任职后说起的事。我同才旺交往已久，觉得他是一位奇才、大才，诗、书、画皆通的上党才子，值得研究，于是就萌发了为才旺写一本书的念头，而且要写成一本有思想见地、有知识含量、有阅读价值，文字朴实清新的好读的书。想法有了，但一直没有动手，始终是处于学习、研读和收集资料阶段。

这期间，我其实并没有闲下。几年来，编了四部书：第一、二部是受省文联党组和李束为、郑笃同志家属的委托，主编了三卷本《束为文集》，2004年9月山西人民出版社出版，三卷本《郑笃文集》，2006年7月山西人民出版社出版；第三部是应山西电影制片厂领导的要求主编了《银幕记忆：山西电影制片厂50年》一书，2011年6月出版；第四部是列入省文化厅编辑出版的"山西文化六十年丛书"的《韩玉峰艺术评论选》，2012年10月三晋出版社出版。编著这些书都需要大块的时间。再加上每年发表的，别人让写的和自己想写的十多篇文章，以及为省委宣传部审读山西重大革命历史题材影视作品，这样就基本上没有整块的时间为李才旺先生写评传了。所以时间比较集中用来撰写《李才旺评传》也就是从2011年下半年起至今的三年时间。对李才旺先生来说，这部书是计划早，完成得晚，深感抱歉。就我自己来说，如果要问："你的时间都去哪了？"倒也觉得确实没有荒废，也不敢荒废。

今天，这部30余万字的书稿《李才旺评传》终于脱稿了。至于能否达到原先设想的写成一部"有思想见地、有知识含量、有阅读价值,文字朴实清新的好读的书",只能有待读者的检验和指正了。

这里想说的是这部书的资料是怎么收集的。因为撰写传记一类的书,资料是第一位的。要忠实地反映传主的人生道路和艺术成就,就必须建立在客观事实的基础上,而不允许任意虚构。

我的资料大体上来源于以下几个方面:

一、对李才旺先生的采访。多年来,在他的办公室,在我家里或者在他家里,品茗畅谈,多次听才旺讲他的过去和现在,讲他的政艺生涯,特别是讲他的人生感悟和创作体会。这是我写书的主要依据。

二、听李才旺先生的报告、讲座,看电视媒体为李才旺先生制作的电视节目和电视专题片。报告、讲座主要是2007年12月12日在省文联干部培训班上的报告;2013年1月13日在山西省图书馆"文源讲坛"上的讲座。电视节目和电视专题片是中央电视台综合频道、书画频道和军事农业频道,山西电视台,以及中国黄河电视台自1998年至2009年制作、播放的节目和专题片。

三、听李才旺先生报告、讲座的录音。主要有2007年6月8日在榆社县高级讲习班上的报告,2009年3月22日在壶关县书画爱好者座谈会上的讲话。其实这也等于直接听李才旺先生的报告、讲座。只是我得先把录音整理出来,再仔细阅读,费点劲儿。

四、阅读有关李才旺的报道、评论,特别是媒体记者采访李才旺后所写的长篇报道文章。这些文章大都收在中国戏剧出版社2004年8月出版的《李才旺艺术论》一书中。这部长达40万字的书我全部通读过，有的文章还不只读了一遍。我从中吸收了许多资料用在书中，在书中都一一作了说明。吴国亭先生撰写的《李才旺画作理趣》一书也给了我很大的教益。这些都是应该特别感谢的。

书末附了"参阅图书、文章"目录，以示所引资料出处，并向作者表示感谢。

在这部书的撰写过程中，应该特别提到的是李才旺先生的夫人冯涛清女士。涛清为才旺编写了年谱，为我提供了许多资料，对我写这部书帮助很大。山西博艺轩文化传播有限公司美术设计师张杰亮在设计、编排方面作了许多工作，山西省新闻出版广播电视局局长齐峰，山西人民出版社社长、总编辑李广洁，山西人民出版社副总编辑石凌虚，以及责任编辑侯浩天先生在出版过程中给予了大力支持。在此一并表示感谢。

韩玉峰

2014 年 12 月 31 日

参阅图书、文章

01　《李才旺艺术论》，中国戏剧出版社2009年8月

02　董寿平：《李才旺书画选集·序》，《李才旺书画选集》，人民美术出版社1997年7月

03　孙其峰：《貌离神合，似非而是——读才旺同志画作》，《李才旺书画选集》，人民美术出版社1997年7月

04　吴国亭：《李才旺画作理趣》，人民中国出版社1999年4月

05　《中国大百科全书·美术卷》，中国大百科全书出版社1990年12月

06　华柯如：《神思妙笔著华章，人品艺德担春秋——访我国著名诗书画家李才旺》，《华人风采》总第21期

07　徐令超：《细读李才旺》，香港《华夏风情》2003年

08　解敏凌：《李方：见证奇迹的商界单手玫瑰——访山西博艺轩传播有限公司董事长，<山西科技报·企业家>周刊总编李方》，《天下山西名人》2010年第1期

09　杜五安：《杜五安书艺理论99》

10　张平：《李才旺艺术、人格和风采》，《华夏英才》1997年7月号

11　刘德宝：《名家初步》，2003年7月19日《上党晚报》

12　冯骥才：《照夜轩两篇》，2004年2月16日《山西晚报》

13　马作楫：《诗境画意有真情——读〈有伞的风景〉》，《李才旺艺术论》，中国戏剧出版社2004年8月

14　梁石、梁栋主编：《中国对联宝典》，中国文联出版公司，1994年5月

15　李景峰：《中国古今巧对妙联大观·序言》，《中国古今巧对妙联大观》，中国文联出版公司1990年2月

16　梁秀亭：《李才旺诗词研讨会在并召开》，《山西文联通讯》2010年第5期

17	刘小云：《山水风情流动景 铿锵音符淡泊心——拜读＜李才旺诗选＞有感》，《山西文联通讯》2010年第5期	
18	李茂盛：《"儒将市长"的风采——记晋城市常务副市长李才旺》，《开拓者》第7集，1993年1月	
19	赵春波：《墨香京都三月风——"李才旺书画展"侧记》，1998年4月3日《山西日报》	
20	涵父：《收获在有意无意之间——读〈李才旺书画选集〉随想》，《李才旺画作理趣》，人民中国出版社1999年4月	
21	倪连存 崔莹玺：《宦况如画 情怀如诗》，1998年10月13日《中国经济时报》	
22	展舒：《兼通诗书画 做官也风雅——国家公务员李才旺的艺文家事》，《家庭》2002年第2期	
23	《李才旺答中央电视台问》，《李才旺艺术论》，中国戏剧出版社2004年8月	
24	乔傲龙：《李才旺：政艺双馨》，2003年《中华时报》	
25	《山西地方戏曲汇编》第7集，山西人民出版社1983年2月	
26	赵尚文编著：《三晋大戏考》，中国戏剧出版社1999年7月	
27	李文虎、阎玉庭、徐秉梅编著：《山西戏曲剧目总揽》，三晋出版社2010年7月	
28	李杜：《写诗贵有大性情——读李才旺〈有伞的风景〉》，1996年11月24日《太原晚报》	
29	谢玉辉：《海上生明月——李才旺上海美术馆书画展纪行》，见《艺谭文聚》中国戏剧出版社2001年5月	
30	刘琦：《才高旺达诗书画 泼墨激扬两岸情——著名诗人、书画家李才旺作品在台湾国父纪念馆开展获得广泛赞誉》，《中外故事》2002年第6期	
31	刘琦、刘晓军：《大气自如 气势磅礴——"李才旺书画展"在鹏城精彩亮相隆重开幕》，《民间传奇故事》2002年第6期	

32　吴国亭：《中国水墨画家李才旺画作理趣》，《艺术家》（台湾）2002年3月号

33　赵占锁、王悦：《真爱触心 大美掀情——上海"李才旺书画展"评述》，2001年8月3日《山西日报》

34　崔莹玺：《白云常自在 清露不染尘——李才旺书画观感》，1998年3月7日《山西日报》

35　史乃谨：《墨映春晖 笔挽蛟螭——浅谈李才旺的画与书》，1999年1月23日《山西日报》

36　刘现云：《勤业勤政的书画家李才旺》，2003年5月4日《大公报》

37　白军君：《畅怀斋说字记——与李才旺对话》，2003年11月19日《书法导报》

38　白景峰：《笔卷雄风 墨追雷电——说说李才旺先生和他的书法》，2003年11月19日《书法导报》

39　徐炳林：《心由根本发毫端 逸兴湍飞味自长——李才旺题画诗浅析》，《李才旺艺术论》，中国戏剧出版社2004年8月

40　靳钟：《诗书画奇才——李才旺》，《李才旺艺术论》，中国戏剧出版社2004年8月

41　姚剑：《诗有甘苦画有情——读李才旺的诗与画》，1999年4月16日《山西日报》

42　姜捷：《濡毫行墨才旺出》，台湾《典藏》2002年第3期

43　王泽庆：《博采众长 领异标新——读李才旺诗书画》，《李才旺艺术论》，中国戏剧出版社2004年8月

44　李福顺：《艺政双辉 相得益彰——读李才旺绘画作品有感》，《美术之友》1998年第2期

45　刘小原：《李才旺〈雪竹图〉赏析》，2002年8月20日《生活晨报》

46　李国维：《笔情墨趣 自然天成——小议李才旺中国画》，2003年7月

47	李明：《风流尽在笔墨间——李才旺先生诗书画印象》，《李才旺艺术论》，中国戏剧出版社 2004 年 8 月	
48	黄天才：《我看李才旺先生的诗书画》，2002 年 3 月 24 日台湾《中央日报》	
49	弓德旺、赵炎林：《太行山花正烂漫——李才旺诗书画艺术成就述略》，1998 年 5 月 23 日《太行日报》	
50	程应峰：《碑铭仙手李邕》，《火花》2012 年第 7 期	
51	魏丕植：《巧夺天工 匠心独运——解读欧阳中石书法作品》，《火花》2013 年第 7 期	
52	郭宝厚：《董寿平艺术人生》，三晋出版社 2013 年 6 月	
53	祥子：《老舍夫妇与齐白石的交往》，《火花》2013 年第 8 期	
54	阎爱兰：《〈李才旺书画展〉在台湾展出》，2002 年 4 月 19 日《三晋都市报》	
55	何专连：《工笔花鸟画创作随想》，《文艺研究》2007 年第 10 期	
56	李磊明：《三绝诗书画 一官正清和——访全国著名诗人书画家、山西省文联主席李才旺》，《天下山西名人》2012 年第 1 期	
57	王晋平：《中国传统画家的山水画情结》，《新美域》2012 年第 2 期	
58	胡正：《太行胜景在陵川》，山西旅游局编：《晋善晋美：文化名人眼中的山西名胜》，山西人民出版社，2012 年 8 月	
59	王保安：《中国山水画的精神》，2013 年 3 月 15 日《文艺报》	
60	范丽庆：《气势磅礴 真力内充——李才旺书画浅析》，1998 年 2 月 27 日《太原日报》	
61	文关旺：《大气出天然——读〈李才旺书画选集〉》，1997 年 12 月 18 日《人民日报·海外版》	
62	宋波鸿：《黄胄：心中有爱，笔下丹青才真实》，2012 年 2 月 22 日《太原晚报》	
63	李磊明：《要留人间一轮香——访全国自强模范李方》，《山西艺术家》	

2012年1月号

64　王也：《打破安逸才能成功》，2011年3月9日《山西晚报》

65　张润棠主编：《五集村志》，陕西人民出版社2013年8月

作者简介

韩玉峰 1933 年 3 月 17 日出生，山西大同人。山西省文联荣誉委员，研究员。1961 年 8 月山西大学中文系本科毕业。1961 年 9 月至 1963 年 8 月师从姚奠中、陈过先生就读于山西大学研究部中国古典文学研究生班。

中国作家协会会员，中国电影家协会会员，中国电视艺术家协会会员，中国曲艺家协会会员，中国民间文艺家协会会员，中国戏剧文学学会会员，中国赵树理研究会理事；三晋文化研究会常务理事，山西省名人联合会名誉理事，山西省现当代文学研究会顾问，山西省诗词学会顾问。享受国务院特殊津贴专家。

曾任中国人民解放军 111 师、106 师，志愿军 106 师，建筑工程第一师政治部宣传员、摄影员，山西大学中文系助教，中共山西省委宣传部文艺处干事、处长，山西省文联党组副书记、常务副主席，山西省文联顾问等职。

自 1959 年起从事文学艺术理论研究和评论工作。主要是研究赵树理及其他山西作家作品，后扩大到戏剧、影视、舞蹈、曲艺、美术、民间文艺等领域作家作品的研究。出版有专著《赵树理的生平与创作》(合著，执笔)，评论集《山西文谭百篇》《山西艺谭》《韩玉峰艺术评论选》。主编《山西文学艺术界人才录》《山西文艺创作 50 年精品选·理论评论卷》《银幕记忆——山西电影制片厂 50 年》等。

作品获山西省文学艺术创作奖、赵树理文学奖、山西省社会科学优秀成果奖、《批评家》杂志优秀论文奖、晋冀鲁豫"山河杯"曲艺奖等。

图书在版编目（CIP）数据

李才旺评传/韩玉峰著，--太原：山西人民出版社，2015.2
ISBN 978-7-203-08955-1

Ⅰ.①李⋯ Ⅱ.①韩⋯ Ⅲ.①李才旺-评传 Ⅳ.①K825.6

中国版本图书CIP数据核字（2015）第022333号

李才旺评传

著　　者：	韩玉峰
责任编辑：	侯浩天
装帧设计：	李　桐

出 版 者：	山西出版传媒集团·山西人民出版社
地　　址：	太原市建设南路21号
邮　　编：	030012
发行营销：	0351-4922220　　4955996　　4956039
	0351-4922127（传真）　　4956038（邮购）
E-mail：	sxskcb@163.com　　发行部
	sxskcb@126.com　　总编室
网　　址：	www.sxskcb.com

经 销 者：	山西出版传媒集团·山西人民出版社
承 印 厂：	山西臣功印刷包装有限公司

开　　本：	787mm×1092mm　　1/16
印　　张：	25.75
字　　数：	370千字
印　　数：	1-3000册
版　　次：	2015年2月　　第1版
印　　次：	2015年2月　　第1次印刷
书　　号：	ISBN 978-7-203-08955-1
定　　价：	98.00元

如有印刷质量问题请与本书社联系调换